왕초보 자미두수

왕초보 자미두수

글쓴이 김선호

②

동학사

1 책 중간에 언급된 『자미두수전서(紫微斗數全書)』 또는 『전서(全書)』는 모두 진희이(陳希夷) 선생이 쓰신 자미두수의 유일한 고전의 명칭으로, 이 책의 상당 부분을 여기에서 인용하였다.

또한 『자미두수전집(紫微斗數全集)』 또는 줄여서 『전집(全集)』이라고 표시한 책도 역시 『자미두수전서』와 대동소이한 내용이다.

2 이 책에 나오는 성(星) 이름은 경우에 따라서는 약자로 표기한 경우가 많다. 가령 좌보·우필이면 보필, 문창·문곡은 창곡, 화성·영성이면 화령, 경양·타라면 양타 하는 식으로 표기하였다.

보좌살화성(補佐煞化星)은 보성·좌성·살성·사화성을 줄여서 표현한 말로 보성인 보필·괴월, 좌성인 창곡·록마, 살성인 양타·화령·공겁, 사화성인 화록·화권·화과·화기를 통칭한 용어이다.

또 모기(耗忌)는 대모와 화기를 말하며, 독수(獨守)는 어느 궁에 성이 홀로 앉아 있다는 것을 말한다.

왕초보 자미두수 2
차례

1. 보좌성 15
   1) 보성 · 좌성 · 살성 15
   2) 보성 18
   3) 좌성 25

2. 살성 42
   1) 경양 · 타라 43
   2) 화성 · 영성 51
   3) 지공 · 지겁 57

3. 잡성 64
   1) 잡성의 분류 65
   2) 천형 · 천요 66
   3) 공망 제잡성 71
   4) 백관조공 제잡성 74
   5) 도화 제잡성 83
   6) 사선성 · 삼덕성 · 기타 제길성 87
   7) 고독손모 제성 91
   8) 장박세장전 십이신 104

4. 사화 126
    1) 화록 129
    2) 화권 138
    3) 화과 147
    4) 화기 153

5. 격국 182
    1) 웅숙건원격 184
    2) 풍류채장격 187
    3) 석중은옥격 188
    4) 명주출해격 189
    5) 탐무동행격 190
    6) 재여수구격 194
    7) 마두대전격 196
    8) 기량회양타격 198
    9) 삼합화탐격 201
    10) 화양격 · 영타격 203
    11) 삼기가회격 206
    12) 거일동궁격 208
    13) 월랑천문격 211
    14) 영창타무격 213
    15) 명무정요격 215
    16) 노상매시격 217

6. 이것이 궁금합니다 218
    1) 자미에서 윤달을 보는 방법 218
    2) 자미두수도 여러 가지? 219

3) 『심곡비결』에 대하여 221

   4) 자미두수는 별이 많다? 222

   5) 형제궁이나 부모궁에서 대한이 시작된다는 말의 진위는? 222

   6) 유년과 소한 중 어느것을 쓰나? 224

   7) 오행의 생극제화 문제 226

7. 논명개념과 방법 229

   1) 자미두수 논명의 개념과 요령 230

   2) 자미두수의 활반응용 개념 234

   3) 사화의 응용방법 236

   4) 운의 개론 241

   5) 남·북두의 응험 242

   6) 두수의 성정의 분포 244

   7) 성정의 3대 계통 245

   8) 성의 음양 249

   9) 성의 중화 252

   10) 주동과 피동 254

   11) 성정의 명암 255

   12) 성정의 격국 258

   13) 십이지지궁의 기본의미 259

8. 제가논명실례 261

   1) 『심곡비결』 262

   2) 자운 선생 265

   3) 『두수선미』의 관운주인 271

   4) 중주파 275

   5) 북파 논명 285

9. 논명관념 289

10. 논명의 자료 297
    1) 1년운의 판단 297
    2) 삼멸관 299
    3) 행운과 남·북두의 관계 302
    4) 양타질병 303
    5) 칠살중봉 306
    6) 명주·신주·죽라삼한 306

11. 이두식 추론법 311
    1) 사화를 생각한다 312
    2) 이두가 운을 보는 관점 329
    3) 명운세의 관계 333
    4) 실례 추론 338

    참고문헌 356
    글을 마치며 358
    특별부록 〈명반포국 CD〉 사용환경 360

왕초보 자미두수 1
차례

들어가기 전에
    자미두수의 역사/자미두수의 특징/진희이 선생에 대하여

1. 명반 작성
    시간을 소중히/명궁과 자미성을 찾는다/십사정성을 찾는다
    생시 기준으로 찾는 성/생월 기준으로 찾는 성/생일로 찾는 성
    연간 기준으로 찾는 성/연지 기준으로 찾는 성
    박사 · 태세 · 장전십이신 · 십이운성
    대한 · 소한 · 두군 찾는 법/유성법

2. 기본적인 용어의 이해
    삼방사정과 본궁 · 대궁 · 합궁 · 협궁/십이궁과 십이사항궁
    성의 분포와 묘왕리함

3. 배치의 몇 가지 원칙

4. 기본명반의 구조

5. 기본명반과 자미사해궁

6. 성계 조합의 특성

7. 자미두수 전설의 이해

8. 자미두수 전설의 응용

9. 명반 바라보기
    기본명반에서 본 사대 계통/전설로 본 사대 계통

10. 명반을 보는 몇 가지 규칙
    차성안궁/성을 볼 때의 규칙

11. 십이궁의 의미
    명궁/형제궁/부처궁/자녀궁/재백궁/질액궁/천이궁
    노복궁/관록궁/전택궁/복덕궁/부모궁

12. 십사정성의 특징
    성의 화기/성의 오행/성의 주사/성의 소속분야
    전설 속의 인물/성의 이름

13. 십사정성의 이해
    자미성/천기성/태양성/무곡성/천동성/염정성/천부성/태음성
    탐랑성/거문성/천상성/천량성/칠살성/파군성

14. 십이궁
    명궁/형제궁/부처궁/자녀궁/재백궁/질액궁/천이궁
    노복궁/관록궁/전택궁/복덕궁/부모궁

왕초보
자미두수
②

1. 보좌성

보좌성(輔佐星)이란 보성(輔星)과 좌성(佐星)으로서, 일반적으로 말하는 육길성(六吉星)에 녹마(祿馬)를 추가하여 따로 분류한 것이다. 보좌성은 빈부귀천과 격의 고하에 결정적인 영향을 미치는 매우 중요한 星이다.

1) 보성 · 좌성 · 살성

자미두수에 관한 책들은 대체로 십사정성 뒤에 육길성 · 육살성(六煞星)의 순서로 설명한다. 그런데 유독 홍콩의 중주파에서는 육길성과 육살성을 보성 · 좌성 · 살성으로 나누어 설명한다. 육길성 · 육살성으로 나누든, 보성 · 좌성 · 살성으로 나누든 무슨 차이가 있느냐고 하겠지만, 여기에는 독특한 차이가 있다.

육길성이란 문창·문곡·좌보·우필·천괴·천월을, 육살성이란 경양·타라·화성·영성·지공·지겁을 말한다. 녹존과 천마는 빠져 있는 것이다. 그래서 중주파에서는 보성·좌성·살성으로 나누어서 열네 개 별을 구분하고 있다.

중주파의 견해에 의하면 보성에는 타력(외부로부터의 유형무형의 도움), 좌성에는 자력(나의 노력에 의해 길하게 되는 것)의 의미가 있다고 한다.

보성과 좌성은 다음과 같이 나뉜다.

보성 : 좌보·우필·천괴·천월
좌성 : 문창·문곡·녹존·천마

십사정성을 몸체라고 한다면 육길성과 녹마는 팔다리라고 할 수 있다.

몸이 아무리 튼튼해도 팔다리가 없으면 꼼짝할 수 없듯이, 십사정성이 아무리 좋아도 육길성과 녹마의 도움이 없으면 별것 아니게 된다. 반대로 팔다리만 있고 몸이 부실하다면 그 역시 활동하기가 힘이 들 것이다. 결국 십사정성과 보좌성은 불가분의 관계에 있다고 하겠다.

육길성과 녹마를 보성과 좌성으로 구분하여 타력과 자력이라는 특징이 있다고 하는 것은, 어느 한쪽의 성향만 비친다면 그에 따른 흠을 찾을 수 있다는 말과 같다. 가령 타력을 의미하는 보성만 비친다면 자기 노력은 없이 요행으로만 살아가기 쉽고, 반대로 자력을 의미하는 좌성만 비친다면 내가 고생을 해야만 좋아지니 길성이지만 길성 같아 보이지 않게 될 것이다. 그래서 이런 별들이 골고루 비치는 것이 중요하다.

예를 들어보자. 천괴·천월은 보성에 해당한다. 괴월은 제도나 시행령, 회사 내의 사규, 조직의 규율이 바뀜으로써 얻게 되는 반사이익을 뜻한다. 도시계획으로 인해 어느 날 갑자기 소유하고 있던 넓은 논밭을 보상받게 되어 큰 이익을 얻게 되었다든지, 건축법 때문에 비좁은 레스토랑을 확장하지 못하여 이리저리 궁리하던 중에 갑자기 건축법이 완화되어 확장을 하게 되었다든지 하는 경우가 될 것이다.

좌성의 예도 들어보자. 문창·문곡, 즉 창곡은 시험이나 공부에 유리한 星이다. 그러나 시험이나 공부는 반드시 자기의 노력이 뒤따라야 한다. 운이 아무리 좋다 한들 책 한번 보지 않고 어떻게 국가고시에 합격할 수 있겠는가?

이러한 특징을 『전서』의 「문창편」에서는 '선난후이(先難後易)' 즉 처음에는 어렵다가 나중에 편해진다라고 언급하고 있다. 창곡이 보성이라면 다른 표현을 썼을 것이다.

좌성은 자력의 속성이 있으므로, 등불 아래서 공부하는 시기는 고생스러우나 시험에 합격하거나 결과를 얻은 뒤로는 편해질 것이니 이렇게 표현했던 것이다.

녹존과 천마를 통칭하는 녹마 역시 좌성이므로 이런 성질이 있다. 녹마는 한마디로 돈을 버는 星인데, 자기가 장사를 하거나 움직이지 않으면 돈을 벌 수가 없다.

이런 설명을 들으면 아마 다음과 같은 질문을 하는 사람이 있을 것이다.

"노력해서 된다면 누구나 다 하겠네? 그런 게 무슨 길성이야?"

하지만 아무리 노력해도 돈을 벌기 힘든 경우도 있고, 수년을 공부해도 시험에 합격하지 못하는 경우도 있다.

창곡과 녹마의 역할은 열심히 노력하여 공부하면 시험이나 각종

고시에 이롭다는 것이고, 열심히 장사하면 반드시 돈을 벌게 된다는 것이다.

명반을 살피다 보면 이런 것들이 없는 게 얼마나 아쉬운지 느끼게 될 것이다.

2) 보성

(1) 육길성

육길성은 흔히 귀인성이라고 한다. 보필(輔弼)은 평배귀인(平輩貴人 : 친구나 동창 등), 괴월(魁鉞)은 장배귀인(長輩貴人 : 윗사람, 상사 등), 창곡(昌曲)은 만배귀인(晩輩貴人 : 부하, 제자 등)의 의미가 있다.

괴월은 연간기준으로 배치하기 때문에 장배귀인이 되고, 보필은 생월기준으로 배치하므로 평배귀인이 되며, 창곡은 생시에 의해 배치되므로 만배귀인이라고 하는 것이다.

이러한 구분은 육길성의 힘의 강약을 이해하는 데도 그럴듯한 근거를 제공한다. 이 세 쌍의 귀인 중에서 괴월은 年에서 나오므로 역량이 가장 강하면서 오래가고, 月에서 나오는 보필은 그 다음이며, 창곡은 時에서 나오므로 역량이 가장 약하다.

또한 좌보·우필, 문창·문곡, 천괴·천월의 육길성은 그 특성에 따라 정도(正途)와 이도(異途)로 구분할 수 있다. 정도와 이도의 구분은 해석하기에 따라 양·음, 강·유로 나누거나 부와 귀, 남성과 여성, 이지와 정서, 문관과 무관, 안정과 불안정, 학(學)과 술(術) 등으로 나눌 수 있다. 좌보·문창·천괴는 정도의 의미가 있고, 우필·문곡·천월은 이도의 의미가 있다.

여자 명궁에 이도가 비치면 정도가 비칠 때보다 훨씬 감정이 풍부하여 감정적인 일에 휘말릴 소지가 크다. 또 육살 중 몇 개가 비치면서 이도의 길성이 비친다면 그 사람은 이도적인 경향, 즉 이과적인 경향이 농후하다. 이런 식으로 이 분류를 해석해보면 상당히 적중률이 높다는 것을 알 수 있다.

또한 육길성은 모두 짝성이어서 혼자 있는 것을 좋아하지 않는다. 반드시 짝으로 만나야(삼방·대충궁·협으로 영향을 준다는 의미) 힘이 강하며, 혼자만 있을 경우 그 역량이 떨어진다.

예를 들어 보필이 짝성이 아니라 혼자서 육친궁에 비치는 경우, 부모궁에 있으면 두 부모, 형제궁에 있으면 배다른 형제, 자녀궁에 있으면 배다른 자녀, 부처궁에 있으면 삼자개입 또는 재혼 등 그다지 좋지 않은 의미가 있다.

물론 이런 경우 반드시 살을 보거나 도화성들이 있어야 한다. 어떤 경우든 전체적인 상황을 무시하고 하나만으로 판단해서는 안 된다는 것이다.

육길성 중에서도 보필은 괴월·창곡에 비할 때 짝성으로서의 성질이 더욱 중요한 별이다. 앞에서도 분류했듯이 좌보보다 우필이 훨씬 감정적인 어감을 가지고 있으니 당연히 그러한 경향이 더 강하다.

(2) 좌보·우필

左輔 : 陽土, 主宰之宿, 化氣主善, 到處降福
右弼 : 陰水, 司制令, 在數主善, 傳令의 星

좌보는 양토, 우필은 음수에 해당한다. 그 기본적인 성질은 조력이다. 즉 돕는 힘을 가지고 있는 별이다. 좌보는 오행이 土로서 양적인 속성이 있기 때문에, 만일 단성으로 만난다면 좌보의 역량이 우필에 비해 조금 강하다.

『자미두수전서』「제성문답편」에는 보필의 가장 큰 특징이 몇 가지 열거되어 있다. 그중 단서가 되는 구절은 '실군위무용 삼합의견군(失君爲無用 三合宜見君)'이라는 구절이다. 보필은 (섬길) 임금이 없으면 쓸데없게 되어버리니 삼합에서 임금을 보는 것이 좋다는 뜻이다.

여기에서 '君'이란 가장 직접적으로는 자미를 뜻하지만 넓은 의미에서는 '주성'이 모두 포함된다고 볼 수 있다. 즉 자미·천부·낮생인의 태양·밤생인의 태음이 여기에 해당된다. 따라서 일차적으로 보필은 이러한 별들과 만나는 것을 좋아한다.

보필은 진술궁에서 시작하므로 진술궁에서는 보필이 서로 마주보고 축미궁에서는 동궁하거나 협하게 된다. 축미궁에서 보필이 협하면서 주성이 있으면 대개 좋은 조합이라고 할 수 있다. 축미궁에서의 자미·파군, 태양·태음, 천부·독좌 등이 이런 조합들이라고 하겠다.

이러한 궁 외에 다른 궁에 있을 때도 당연히 보필이 주성을 보는 것이 좋지만, 이런 궁들에는 특히 좋다는 것이다.

보필 중 하나는 재백궁, 하나는 관록궁에 있으면서 명궁을 향해 쌍으로 비치는 것도 아주 좋은 배치 중 하나다. 이런 배합 속에서 보필은 강력한 조력을 드러낸다.

이것으로 보면 보필은 말 그대로 강력한 조력의 힘이 있다는 것을 알 수 있다.

좌우에 보필하는 신하가 있으면 임금이 안정되고 편안한 것처럼 보필은 어떤 상황에 대해 안정감을 가져다준다. 『전서』에서는 이런 특징에 대해 형모가 돈후하다고 표현했다.

보필이 명·신궁에 있으면 복이 있고 강개하며 풍류가 있다. 보필은 놀아도 주성과 놀기 때문에 존귀의 본질과 더불어 지위가 있게 한다. 그래서 어떤 별이든 보필을 만나면 그 명격을 안정시키고 격을 높이는 효과가 있다.

보필과 관련된 몇 가지 경험을 소개하면 다음과 같다.

- 명궁에 정성(正星)이 없으면서 보필 중 하나가 있고 부모궁에서 화령을 보면 후처소생이나 다른 사람에게서 키워진다.
- 염정화기가 경양과 동궁하면서 보필을 보면 도둑이 되거나 도둑을 맞거나 하며 가벼우면 도둑질하는 습관이 있게 된다.
- 부처궁에 거문 조합이면서 보필 중 하나만 비치고 화기가 되면 삼각관계에 빠지거나 연애에 좌절이 있기 쉽다.

(3) 천괴·천월

天魁 : 陽火, 司科名, 和合之神 又名 天乙貴人
天鉞 : 陰火, 主로 科名, 和合之神 又名 玉堂貴人

괴월은 보필과 함께 보성에 해당하는 길성이다. 보성이란 자기의 노력과는 상관없는 조력과 도움이라고 앞에서 설명했다. 보필에 조력의 의미가 있다면 괴월에는 기회의 의미가 있다. 소위 말하는 캐스팅 즉 발탁이다.

자평명리에서 천괴는 천을귀인, 천월은 옥당귀인에 해당하는 귀인성이다. 선거에서 중앙당의 공천을 받느냐 받지 못하느냐는 정치를 지망하는 사람에게는 목숨이 달려 있는 것과 마찬가지인데, 괴월이 있으면 중앙당으로부터 발탁되는 경우가 많다.

이것을 『전서』에서는 '관원우차고천탁(官員遇此高遷擢 : 관원이 괴월을 만나면 높은 곳으로 뽑혀 올라간다)'이라고 했다. 이 말을 통해서도 괴월에게 있는 귀인의 속성이 어떤 것인가를 짐작할 수 있다.

중주파에서는 이러한 속성을 더욱 분명하게 표현하고 있는데, 제도가 바뀌거나 정치제도나 강령이 바뀜으로써 얻는 기회, 현대에서는 기업의 정책이 바뀜으로써 얻는 기회까지 뜻한다고 설명한다.

발탁된다는 기회의 의미를 통해서, 괴월이 주사(主司)하는 '과명(科名)'의 뜻도 더욱 분명하게 이해할 수 있다. 이때의 과명이란 창곡처럼 시험성적이 좋다거나 공부를 잘해서가 아니라 발탁됨으로써 얻게 되는 과명을 말한다.

가령 많은 대학총장이 있는데 유독 어떤 사람만 신당의 자리에 뽑혀서 정계진출을 한다고 했을 때, 이때의 정치적인 감투는 발탁됨으로써 얻게 되는 과명에 해당된다고 할 수 있다.

괴월은 갑무경년생은 축미궁에, 을기년생은 자신궁에, 병정년생은 해유궁에, 신년생은 오인궁에, 임계년생은 묘사궁에 있게 되는데, 축미궁에 괴월이 있는 것을 유명한 '좌귀향귀(座貴向貴)'라고 해서 부귀하지 않음이 없다고 했다. 하나는 앉아 있고 하나는 서로를 향해 보고 있어서 붙은 이름으로, 괴월이 강력한 영향을 발휘하는 구조이다.

좌귀향귀 구조가 되면 괴월의 기본적인 의미인 제도나 법령이 바뀜으로써 생기는 반사이익을 얻고, 정성이 강하면 부귀가 적지 않게 된다.

그러나 축미궁의 괴월은 40세 이후에는 '봉묘고(逢墓庫)'로 인해 기회보다는 소인의 방해로 변하고, 여기에 살성을 보면 고질병을 않는 경우가 있다.『전서』에 보면 '중봉(重逢)'이라고 했으므로 운에서 다시 운의 괴월이 중첩되면 그렇다는 것을 알 수 있다.

병정년은 해유궁, 임계년은 묘사궁으로 술궁과 진궁을 괴월이 협하고 있으며, 을기년은 자신궁으로 진궁을 삼합에서 만난다. 좌귀향귀를 비롯하여 진술궁을 협하거나 진궁을 삼합으로 만나는 등의 상황을 볼 때, 괴월 역시 짝성으로 만나는 것이 중요함을 알 수 있다. 단성으로 볼 때는 그 역량이 현저히 떨어진다.

중주파에서는 괴월을 볼 때 두 가지를 강조한다. 첫째는, 반드시 선천의 괴월에 운의 괴월(대운의 괴월, 유년의 괴월)이 중첩되는가를 살펴야 한다. 선천과 운의 괴월이 중첩되었을 경우, 괴월의 기본적인 의미인 제도나 시행령이 바뀜으로 인해 반사이익을 얻게 되는 경우가 많다.

둘째는, 괴월을 단성으로 볼 때는 반드시 음양의 조화에 주의해야 한다. 천괴는 양이므로 태음·염정·칠살·파군 등 음의 성질의 정성과 동궁하는 것을 좋아하고, 천월은 음이므로 태양·천동·탐랑·천상·천량 등 양의 성질의 정성과 동궁하는 것을 좋아한다. 만약 음양을 거슬러 만나면 음양의 조화를 잃게 되어 기회를 쉽게 잃거나 기회가 와도 깨닫지 못해 시간이 지나서 후회하는 등의 일이 발생하게 된다.

학자에 따라서는 천괴는 일귀인(日貴人) 또는 양성(陽性)의 귀인이고, 천월은 야귀인(夜貴人) 또는 음성(陰性)의 귀인이라고 한다. 여명이라면 천괴는 동성(同性)의 귀인이 되고 천월은 이성(異性)의 귀인이 된다고 본다.

또한 천괴는 언제 어느 곳에든지 출현해서 도와주는 귀인이고, 천월은 간접적 또는 무의식적으로 도와주는 귀인이라고 해석하기도 한다.

• 예 1) 1942년 11월 ○일 유시 남명

破天巨 碎鉞門 　旺平 飛亡病　24~33　60乙 廉神符【福德】　　生巳	解天天恩八陰天廉 神福貴光座煞相貞 　　　　　　旺平 喜將太　34~43　61丙 神星歲【田宅】　　浴午	天天天 空刑梁 　　旺 　　祿 病攀晦　44~53　62丁 符鞍氣【官祿】　　帶未	旬孤天三天地七 空辰傷台馬劫殺 　　　　旺廟廟 大歲喪　54~63　63戊 耗驛門【奴僕】　　冠申
寡年鳳貪 宿解閣狼 　　　廟 奏月弔　14~23　59甲 書煞客【父母】　　養辰	음력 1942년 11월 ○일 유시 남자 命局 : 金4局 命主 : 文曲 身主 : 火星		天天紅天 廚才鸞同 　　　平 伏息貫　64~73　64己 兵神索【身遷移】　旺酉
天台天天太 壽輔喜魁陰 　　　廟陷 將咸天　4~13　70癸 軍池德【命】　　胎卯			天天天龍火陀武 月官使池星羅曲 　　　　廟廟廟 　　　　　　　忌 官華官　74~83　65庚 府蓋符【疾厄】　　衰戌
截蜚天地左天紫 空廉巫空輔府微 　陷廟廟廟 　　　　　科權 小指白　　　69壬 耗背虎【兄弟】　絶寅	大文文天 耗曲昌機 　廟廟陷 青天龍　　　68癸 龍煞德【夫妻】　墓丑	紅天天鈴擎右破 艷虛哭星羊弼軍 　　　陷陷旺廟 力災歲　94~　67壬 士煞破【子女】　死子	封天祿太 誥姚存陽 　　　廟陷 博劫小　84~93　66辛 士煞耗【財帛】　病亥

을해년 쉰네 살 때 살던 집이 도시계획에 걸려 보상을 받아 훨씬 더 넓은 아파트를 샀다. 해궁의 삼방사정에서 괴월이 걸리는데, 이 괴월은 축미궁에 있는 대한의 괴월과 만난다. 정성의 조합도 태양·거문으로 계약에 이로운 조합이다. 또한 이 궁은 대한의 전택궁이고 선천의 재백궁이므로 집으로 인한 돈이 나왔는데, 괴월 때문에 도시계획이 바뀜으로써 이익을 얻게 된 것이다.

3) 좌성

(1) 문창 · 문곡

文昌 : 陰金, 司科甲, 又名 文貴, 主名聲
文曲 : 陰水, 司科甲, 主名聲, 舌辯之土

창곡은 육길성 중 유일한 좌성으로, 과명(科名)이나 과갑(科甲)을 主로 하는 길성이다. (과명이나 과갑 등은 좋은 시험성적 정도로 이해하면 된다.)
총명하고 머리가 좋아서 공부를 잘할 수 있게 하고, 학문이나 학술 등으로 명성을 얻거나 두각을 나타내게 해준다. 그러나 좌성이기 때문에 스스로 공부를 하지 않으면 머리만 좋을 뿐 실제로 드러나는 결과는 없기 쉽다.
창곡은 매우 유용한 별이다. 집안에 누가 죽거나 할 때는 종종 문창이나 문곡이 화기(化忌)가 되고, 결혼할 때나 집을 살 때도 창곡이 보인다. 그 밖에도 시험에 합격할 때, 이혼하거나 사기를 당할 때도 창곡은 약방의 감초처럼 어김없이 끼여 있다. 이처럼 창곡은 괴월이나 보필과는 비교할 수 없을 정도로 사용빈도가 높다.
이러한 속성은 아마도 창곡이 時에서 나오는 별이기 때문인 것으로 보인다. 그래서 우리 인간사의 직접적이고 피부에 와닿는 분야에 관련되는 것이 아닌가 한다.

문창과 문곡 앞에 글월 문(文) 자가 붙은 것에서도 의미를 발견할 수 있다.
文이란 글자와 관계된 것, 글자로 씌어진 서류나 문서와 관계된 것을 의미하므로 이 별들이 긍정적으로 작용하면 글과 문서 방면에서 길을 얻지만 부정적으로 작용하면 그것으로 인해 오히려 흉한 일을 당하게 된다.

특히 문창이나 문곡에 화기(化忌)가 붙을 때 흉하게 작용하는데, 궁에 따라 상황이 다르지만 가령 문서궁(부모궁)에 있으면 문서로 인한 사기를 당할 수 있고, 재백궁에 있으면 서류나 수표·보증·증권 등으로 인한 재백의 손실을 볼 수 있다.

형제궁이나 노복궁에 있으면 인간관계에서 배신 또는 사기를 당하며, 관록궁에 있으면 직장 변동, 부처궁에 있으면 이혼 등으로 암시가 발현된다.

물론 모든 사안이 이처럼 단순한 것은 아니다. 하지만 적어도 이런저런 문제가 발생하는 데 상당한 비중을 차지하므로 소홀히 해서는 안 된다.

반대로 문창이나 문곡에 화과(化科)가 붙거나 삼방사정에서 길성을 많이 보면 길하게 작용한다. 문장력이 뛰어나다든지, 말재주가 탁월하다든지(말재주를 主하는 문곡에 화과가 붙을 때는 더욱 말재주가 좋다), 교양이 풍부하고 공부하기를 좋아한다든지 또는 문서나 학위를 취득하거나 취직이나 승진이 된다든지, 계약이 성사되는 등의 일들이 있게 된다.

앞에서 집안에 누가 죽거나 할 때 문창·문곡화기가 종종 보인다고 했는데, 그것은 창곡이 문서뿐만 아니라 예의(禮義)를 主로 하는 의미도 있기 때문이다. 결혼할 때는 혼례(婚禮)를 치르고 상(喪)을 당할 때는 상례(喪禮)를 치르므로 창곡이 보이는 경우가 많다. 같은 의미로 부부의 禮를 끝내는 이혼에도 창곡의 화기가 비치는 경우가 많다.

육길성은 모두 도화로 化할 가능성이 있는데, 그중에서도 창곡이 가장 많다. 이 역시 민감하고 예민한 시계성(時係星)인 탓일 것이다. 창곡 중에서는 문창보다 문곡에 더욱 그런 성향이 있다. 오죽했으면 옛사람들이 "양귀비가 호색했던 것은 삼합에서 창곡을 봤기 때문이다"라고 했겠는가.

여명이 다른 길성이 없이 창곡만 보고, 거기에 도화성과 살을 보면 박복할 소지가 많다. 흔히 말하는 '미인박명' 유의 팔자가 이런 명에 많다.

창곡의 속성에 대해, 『전서』에서는 주인이 우아하고 여유로우며 생김새가 깨끗하고 빼어나며 박학다식하고 임기응변에 뛰어나며 복수(福壽)쌍전한다고 했다. 문곡은 여기에 더하여 설변(舌變), 즉 말재주가 뛰어난 특징이 있다. 또한 문창은 문학·학술적인 성향이 강한 반면 문곡은 예술적·공예적인 측면, 수리적인 측면, 구재(口才)적인 측면이 강하다.

어느 별이나 묘왕리함(廟旺利陷)별로 차이가 상당한데 창곡도 마찬가지이다. 대체로 사유축궁은 묘왕지가 되고 인오술궁은 함지가 된다.

창곡은 보필이나 괴월보다 예민한 반응을 보이는 길성이다. 『전서』에서는 창곡이 함지에 있으면서 살을 보면 창곡의 재주와 지혜, 재능은 헛된 명예만 높게 되어 이름없는 설변가에 불과하다고 했다. 그러나 묘왕지에 있고 길성을 보면 재관(財官)이 밝게 드러나고 부귀하며 단숨에 높은 자리에 올라가고 선비는 과거급제한다고 표현하고 있다.

정성(正星)과의 관계에서도 지나치게 유약한 별이나 강한 별들은 창곡의 기질이 왜곡되어 나타나기 때문에 여러 곳에서 좋지 않은 반응을 언급하고 있다. 물론 이런 별들이 묘왕지에 있으면 문제가 없지만 함지에 있게 되면 결점이 더욱 두드러진다.

창곡은 시계성으로 변화가 빠르고 민감한데, 천기같이 가볍고 민감한 별과 만나면 어떻게 될까? 천기가 함지에서 창곡과 만나면 생활이 안정되지 못하거나 성격이 꾸미기를 좋아하고, 겉만 번지르르하면서 경박하거나 성실하지 못하며, 심하면 간사한 데로 흐르기도 한다. 살을 보면 더욱 그렇다.

창곡과 관계된 격국들을 살펴보면 다음과 같다. 살파랑·염정·무곡과 같은 강성(强星)이 함지에 있으면서 창곡과 만나면 상당히 좋지 않은 반응을 보인다. 특히 파군과 인묘궁에서 만나면 '중수조동(衆水朝東)'이라고 해서 많은 물이 동쪽으로 휩쓸려가듯 인생에 파동이 많다.

해자축궁에서 파군과 문곡화기가 만나면(이때 문곡화기는 暗星이 된다) '수중작총(水中作塚)', 즉 물 속에서 묘를 만드는 것처럼 일생이 고생스럽고 이룬 것이 없게 된다.

또 탐랑이 사해궁에서 창곡을 만나면 '작사전도(作事顚倒)'라고 해서 하고자 하는 일이 뒤집어엎어지게 된다고 했다.

진술궁에서 문창이 무곡·영성·타라와 만나면서 문창이나 무곡이 화기가 되면 '영창타무(鈴昌陀武)'라고 해서 물에 빠져 자살하거나 사고를 당하며, 자기 잘못으로 인해 큰 낭패를 당하게 된다.

염정·칠살이 경양과 동궁하면서 창곡을 보면 허위(虛僞)에 차고 간사하다고 했다.

반면 태양이 묘궁에서 천량과 문창·녹존·화록을 만나면 '양양창록격(陽梁昌祿格)'이 형성되어 시험이나 경쟁에 매우 유리한 조합이 된다.

• 예2) 부모상 — 문창·문곡화기

1961년 4월 ○일 술시 남명

旬截天天龍天天 空空福哭池貴機 　　　　　　平 將指官 24~33 41癸 軍背符【夫妻】　 生巳	天大天紫 廚耗鉞微 　　　廟 小咸小 14~23 42甲 耗池耗【兄弟】 養午	天右左 虛弼輔 　廟廟 靑月歲 4~13　43乙 龍煞破【命】　 胎未	天陰天鈴陀破 才煞喜星羅軍 　　旺陷陷 力亡龍　　　44丙 士神德【父母】 絶申
天台天七 壽輔姚殺 　　　旺 奏天貫 34~43 40壬 書煞索【子女】 浴辰	음력 1961년 4월 ○일 술시 남자 命局 : 金4局 命主 : 武曲 身主 : 天相		紅蜚天年鳳祿地 艶廉官解閣存劫 　　　　　旺平 博將白　　　45丁 士星虎【福德】 墓酉
恩八天太 光座梁陽 　　廟廟 　　　權 飛災喪 44~53 51辛 廉煞門【身財帛】帶卯			解寡擎天廉 神宿羊府貞 　　廟廟旺 官攀天 94~　46戊 府鞍德【田宅】 死戌
天孤天天紅天天武 月辰使空鸞魁曲相曲 　　　　平廟閑 　　　　　　　科 喜劫晦 54~63 50庚 神煞氣【疾厄】 冠寅	破地火巨天 碎空星門同 　　陷旺旺陷 　　　　　祿 病華太 64~73 49辛 符蓋歲【遷移】 旺丑	天封天文貪 傷詰刑昌狼 　　　旺旺 　　　　忌 大息病 74~83 48庚 耗神符【奴僕】 衰子	三天天太 台巫馬陰 　　平廟 伏歲弔 84~93 47己 兵驛客【官祿】 病亥

1999년 음력 12월에 아버지가 사망했다.

명반을 살펴보니 1999년에 선천부모궁 신궁으로 문창화기와 문곡화기가 비치고 있다.

• 예 3) 사업투자착오 — 문곡화기
1955년 2월 ○일 묘시 여명

旬天天封天左天 空月傷詁馬輔同 　　　平平廟 青歲弔 56~65 47辛 龍驛客【奴僕】　冠巳	天天武 廚府曲 　旺旺 小息病 66~75　48壬 耗神符【身遷移】　旺午	截天天文文太太 空使才曲昌陰陽 　　旺平平平平 　　　　　　忌 將華太 76~85 49癸 軍蓋歲【疾厄】　衰未	紅解天孤天天紅地天貪 艷神福辰空巫鸞空鉞狼 　　　　　　　　廟廟平 奏劫晦 86~95 50甲 書煞氣【財帛】　病申
天寡擎破 官宿羊軍 　　廟旺 力攀天 46~55 46庚 士鞍德【官祿】　帶辰	음력 1955년 2월 ○일 묘시 여자 命局 : 火6局 命主 : 貪狼 身主 : 天相		台右巨天 輔弼門機 陷廟旺 　　祿 飛災喪 96~　51乙 廉煞門【子女】　死酉
蜚年鳳八祿 廉解閣座存 　　　　旺 博將白 36~45 57己 士星虎【田宅】　浴卯			天天紫 刑相微 　閑閑 　　科 喜天貫　　52丙 神煞索【夫妻】　墓戌
天天地陀廉 喜姚劫羅貞 　　平陷廟 官亡龍 26~35 56戊 府神德【福德】　生寅	破天天鈴 碎壽虛星 　　　陷 伏月歲 16~25 55己 兵煞破【父母】　養丑	大天恩陰火天七 耗貴光煞星魁殺 　　　　平旺旺 大咸小 6~15 54戊 耗池耗【命】　胎子	天龍三天 哭池台梁 　　　陷 　　　權 病指官　　53丁 符背符【兄弟】　絶亥

45세 기묘대한 기묘년 관록궁에 태음화기와 문곡화기가 붙어 있다. 그 해에 큰 카페를 차렸다가 투자착오했다.

• 예 4) 승진 — 문곡화과
1967년 6월 ○일 오시 남명

30　왕초보 자미두수

勾孤流大天天地地陀右天 絞辰祿馬廚馬劫空羅弼梁 　　　　　　平閑廟陷平陷 博亡貫 士歲索 力歲弔　　83~92　　35乙 士驛客　【官祿】　病巳 　　　【大遷】【流田】	血流流大天天祿七 蠱曲羊鉞傷姚存殺 　　　　　　旺旺 力將官 士星符 博息病　　73~82　　36丙 士神符　【奴僕】　衰午 　　　【大疾】【流官】	直天流紅天八三擊 符喜鉞艷貴座台羊 　　　　　　　　廟 青攀小 　龍鞍耗 官華太　　63~72　　37丁 府蓋歲　【遷移】　旺未 　　　【大財】【流奴】	流解大孤天天天天封天紅廉 馬陀神陀辰使壽才空詰巫鸞貞 流　　　　　　　　　　　廟 昌 　　小歲歲 　　耗驛破 伏劫晦　　53~62　　38戊 兵煞氣　【疾厄】　冠申 　　　【大子】【流遷】
飛天流寡陰鈴文天紫 　財哭陀宿煞星昌微 　　　　　　旺旺旺陷 官月喪　　　　　忌 府煞門 青攀天　　93~　　34甲 龍鞍德　【田宅】　死辰 　　　【大奴】【流福】	음력 1967년 6월 ○일 오시 남자 命局 : 木3局 命主 : 巨門 身主 : 天相		暴大天左 敗祿鉞輔 　　　廟陷 將息龍 軍神德 大災喪　　43~52　　39己 耗煞門　【財帛】　帶酉 　　　【大夫】【流疾】
將火旬截蠻天年鳳火巨天 軍血空空廉月解閣星門機 　　　　　　　　平廟旺 　　　　　　　　忌科 伏咸晦　　　　　　祿 兵池氣　　　　　　忌 小將白　　　　　　45癸 耗星虎　【福德】　　墓卯 　　　【大官】【流父】			大文破 羊曲軍 　陷旺 奏華白 書蓋虎　　　　　　科 病天貫　　33~42　　40庚 符煞索　【子女】　浴戌 　　　【大兄】【流財】
大大天天天貪 曲魁官喜刑狼 　　　　　平 大指太 耗背歲　　　　　　祿 將亡龍　　　　　　44壬 軍神德　【父母】　絶寅 　　　【大田】【流命】	寡紅流破天恩太太 宿鸞魁碎虛光陰陽 　　　　　　廟陷 　　　　　　　祿 病天病　　　　　　權 符煞符　　　　　　權科 飛咸小　　3~12　　43癸 奏煞破　【身宮】　胎丑 　　　【大福】【流兄】	血大解大台天武 刃昌神耗輔府曲 　　　　　廟旺 喜災弔 神煞客 飛咸小　13~22　　42壬 廉池耗　【兄弟】　養子 　　　【大父】【流夫】	奏券天天龍天天 書舌福哭池魁同 　　　　　　旺廟 　　　　　　　權 飛劫天 廉煞德 喜指官　23~32　　41辛 神背符　【夫妻】　生亥 　　　【大命】【流子】

　무인년 32세에 인궁의 삼방사정에서 문곡화과가 비치고 유년본궁은 탐랑화록에 쌍록이 협하고 있다.

　그 해에 승진했다.

・예5) 승진탈락 — 문창화기

　1957년 2월 ○일 축시 남명

　44~53세까지 대한관록궁 묘궁 대궁에서 문창화기가 비친다. 기묘년까지 승진시험에 매년 계속해서 다섯 번 떨어졌다.

旬天天破天陀文左天 空月廚碎貴羅曲輔梁 　　陷廟平陷 力指白　94～　　45乙 士背虎【田宅】　生巳	三紅祿七 台鸞存殺 　　旺旺 博咸天　84～93　46丙 士池德【官祿】　養午	紅寡天台擎 艶宿傷輔羊 　　　　廟 官月弔　74～83　47丁 府煞客【奴僕】　胎未	解八天廉 神座巫貞 　　　廟 伏亡病　64～73　48戊 兵神符【遷移】　絶申
火天紫 星相微 閑旺陷 青天龍　　　　44甲 龍煞德【身福德】浴辰	음력 1957년 2월 ○일 축시 남자 命局：金4局 命主：祿存 身主：天同		天天恩天文右 使哭光鉞昌弼 　　　廟廟陷 大將太　54～63　49己 耗星歲【疾厄】　墓酉
截天封巨天 空虛詰門機 　　　廟旺 　　　忌科 小災歲　　　　55癸 耗煞破【父母】帶卯			天天地破 空刑空軍 　　陷旺 病攀晦　44～53　50庚 符鞍氣【財帛】　死戌
天大天貪 官耗姚狼 　　　平 將劫小　4～13　54壬 軍煞耗【命】　冠寅	天年鳳龍太太 壽解閣池陰陽 　　　廟陷 　　　　　祿 奏華官　14～23　53癸 書蓋符【兄弟】　旺丑	陰天地天武 煞喜劫府曲 　　陷廟旺 飛息貫　24～33　52壬 廉神索【夫妻】　衰子	蜚天孤天天鈴天天 廉福辰才馬星魁同 平廟旺廟 　　　　　　　權 喜歲喪　34～43　51辛 神驛門【子女】　病亥

(2) 녹존 · 천마

흔히 녹마(祿馬)라고 불리는 녹존(祿存)과 천마(天馬) 역시 좌성에 해당한다. 이 두 성은 짝성이기는 하지만 다른 육길성처럼 반드시 다른 한쪽이 필요한 것이 아니라 따로 떨어져 있을 때도 자기만의 색깔이 있다. 녹존만의 성질, 천마만의 성질이 별도로 존재한다는 말이다.

녹마는 돈을 벌고 불리는 일에 특기가 있는 조합이다. 녹존은 돈을 의미하는 星이고 천마는 이동이나 원행을 의미하는 역마성이어서, 옛사람들은 녹마를 보면 먼 곳에서 돈을 버는 데 이롭다고 했다. 오늘날의 경우 무역이나 다국적기업, 여행업, 운수업, 원거리의 상품으로 도소매하는 장사, 인터넷을 이용한 전자상거래(이것은 거래 자체가 역마적인 속성을 띠고 있다고 할 수 있다)와 같은 부분에서 돈을 버는 데 유리하다고 할 수 있겠다.

따라서 명궁의 삼방사정에 녹마가 보이면 부자가 되거나 최소한 재정적으로 궁핍하게 살지 않으리라는 것을 짐작할 수 있다. 명궁의 정성이 무곡·천부·태음 같은 재성(財星)이면 부자가 될 확률은 더욱 높아진다.

그러나 녹마는 좌성의 성질이 있으므로 스스로의 노력, 즉 돈을 버는 노력과 행동이 있어야 돈을 벌 수 있다. 게으르면 녹마를 부릴 수 없는 것이다.

그런데 왜 서로 그다지 관계가 없어 보이는 재성(녹존)과 역마성(천마)이 짝성을 이루고 있을까? 이것은 녹존의 특수한 성향 때문이다.

녹존은 항상 양타의 협을 받고 있기 때문에 재성이기는 하지만 정적(靜的)인 속성이 있다. 따라서 녹존에게는 정적인 財를 유통시켜주는, 동적(動的)인 속성이 있는 천마가 필요하다. 녹존이 물이라면 천마는 수로의 역할을 하는 것이다. 고여 있는 물은 썩게 마련이다. 수로를 통해서 물이 흘러야 살아 있는 물이 되고 널리 만물을 이롭게 한다. 바로 이것이 녹존이 천마를 만나야 제구실을 하는 이유이다.

자미두수의 星 중에는 반드시 협궁(夾宮)의 상황을 고려해야 하는 별이 있는데, 정성 중에서는 천상이고 그 다음이 좌성의 녹존이다. 녹존은 항상 양타의 협을 받고 있기 때문에 협의 상황을 간과할 수 없다.

'2. 살성'에서 양타에 대해 언급하겠지만, 간단히 말해서 경양은 녹존의 돈을 빼앗으려는 칼 든 도둑이고 타라는 호시탐탐 기회를 노리면서 돈에 대해 투기하고 시기하는 염탐꾼이라고 할 수 있다. 녹존은 이 두 무리의 위협에 끼여서 그야말로 꼼짝달싹못하고 있다. 그래서 녹존의 성질이 정적인 財가 되는 것이다.

화록이나 천마를 보지 않고 녹존만 보면 고정적인 월급이 나오는 직장생활이 알맞고, 목돈이 있다면 은행에 돈을 저금해두고 정기적인 이자를 받는 것이 좋으며, 장사를 한다면 현금 위주의 장사를 하는 것이 좋다.

星의 배치를 살펴보면 녹존은 반드시 타라와 경양의 사이에 있게 된다. 시계방향으로 타라, 녹존, 경양의 순으로 배치되는 것이다. 앞뒤에서 양타가 위협하고 있으니 위험천만한 상황이라고 하겠다. 그래서 녹존이 명궁에 있는 사람은 그 위험으로부터 자기를 보호하기 위해 웅크려들려고 하기 때문에 성격이나 사상이 상당히 보수적인 경향이 있다. 게다가 수렴성이 강한 무곡이나 천부와 동궁해 있다면 더욱 그런 경향이 강하다.

또 녹존이 있으면서 정성이 없고(이렇게 되면 돈을 사용할 주인이 없는 격이니 돈만 있게 된다) 삼방사정에서 길성이 비치지 않으면 수전노가 된다(예6). 자기 보호가 지나치기 때문이지만 실제로 이런 경우를 여러 번 봤다.

녹존은 財를 주로 하므로 좋기는 한데, 돈을 꽉 쥐고만 있고 유통시키지 않는다면 잃어버리지는 않겠지만 그 돈이 무슨 쓸모가 있겠는가? 설사 황금이라 한들 버려진 쇳덩어리와 같고, 큰 액수의 수표라 할지라도 쓰지 않으면 폐지나 다름없다.

그래서 녹존이 있을 때 녹존의 財를 쓸 수 있는 정성, 즉 자미·

천부·천상·천동·태음·무곡·탐랑·거문 등과 동궁하면 부귀하게 되는 것이다.

흔히 자미두수가 심오한 인생의 철리를 바탕으로 만들어졌다는 것에 대한 근거로 녹존을 언급한다. 녹존이 항상 양타의 협을 받도록 배치되는 것을 통해, 돈(녹존)이란 시비(타라)와 재앙(경양)을 불러들이는 근원이라는 옛사람들의 관점을 엿보게 되는 것이다. 그래서 돈은 절대적으로 좋다고만은 볼 수 없다. 돈에 집착할수록 양타의 힘도 따라서 커지므로, 이런 배치를 통해 옛사람들은 은연중에 중생들의 탐심을 경계한 것인지도 모른다.

운에서도 마찬가지이다. 운이 올 때는 반드시 녹존이 있는 운에 오는데, 녹존이 있는 궁의 정성이 화기가 되거나 살을 많이 보면 돈에 대한 집착을 버리고 허심(虛心)한 상태가 되어야 재앙을 면할 수 있다. 돈(녹존)에 무게가 실릴수록 양타도 같이 무게가 실리므로 돈만 좇다가는 양타에게 무자비하게 당하게 된다.

실제로도 녹존은 재성으로 길하기도 하지만 적지 않은 부분에서 그렇지 않은 경우를 보게 된다. 녹존이 있는 궁에 정성이 없고 살이 동궁하거나, 정성이 동궁하더라도 정성이 화기가 되거나 삼방사정에서 화기와 살이 비치면 거대한 파재(破財)와 불길한 상황이 발생한다(예7).

그래서 필자도 녹존을 볼 때는 습관적으로 녹존이 있는 궁의 정성에 화기가 붙는지, 살이 있는지를 먼저 살핀다.

신기한 것은 정성 중에는 천상이, 보좌살성 중에는 녹존이 형기(刑忌)의 협을 받는다는 것이다. (천상은 거문의 忌와 천량의 刑을, 녹존은 경양의 刑과 타라의 忌의 협을 받는다.) 천상은 십사정성 중에서 가장 길한 별이고, 녹존은 십사정성 외의 보좌살성 중에서 매우 중요한 위치를 차지하고 있는 별이다.

이처럼 길하고 좋은 별에 刑(형극, 형벌, 송사……)과 忌(시기, 투기, 암투, 모략……)가 붙는다는 것은 매우 의미 있는 배치라고 보여진다. 자미두수의 星의 배합에서 철학적인 원리를 발견하게 되는 것이다.

천마는 말 그대로 말[馬]이다. 명리에서 말하는 역마다. 인신사해에 배치되는 것도 똑같다. 천마가 녹존과 동궁하면 '녹마교치(祿馬交馳)'가 되어 원방의 구재(求財)에 이롭다. 천마의 속성이 역마이니, 선천명에서나 운에서 천마가 들어오면 동상(動象) 즉 움직이게 된다.

정성 가운데 역마적인 속성이 있는 천기와 같은 별이 천마와 동궁하거나 만나면 더욱 동적이게 된다. 다른 길성이 없이 천기와 천마만 만나면, 천기 자체가 후중하지 못한데 천마까지 만나니 성격적으로도 가벼워서 촐싹거리는 경향이 있다.

사마지(四馬地)인 사해궁에 동량이 있는 경우(천동이 있으면 대궁에 천량, 천량이 있으면 대궁에 천동), 옛사람들은 그 자체로 '낭탕(浪蕩)'하다고 했다. 그래서 구속을 싫어하고 변동을 좋아하는데, 여기에 동성인 천마가 붙으면 불에 기름을 끼얹은 격이 되어 주위 상황이 좋지 않으면 방탕하거나 인생이 불안정해진다.

반면에 천부처럼 무거운 별은 천마를 만나도 쉽게 움직이지 않는다. 이런 경우는 선천의 천마에 운의 천마까지 같이 붙어야 겨우 움직인다. 정성의 본질이 안정적이기 때문이다.

『전서』에서는 천마가 다른 별과 조합이 될 때 여러 가지 별명을 붙이고 있다.

가령 자부와 동궁하면 부여마(扶輿馬), 형살과 동궁하면 부시마(負尸馬), 화성과 동궁하면 전마(戰馬), 일월과 동궁하면 자웅마(雌雄馬), 공망을 만나면 사망마(死亡馬)라고 한다. 절지에서 만나면 사마(死馬), 타라를 만나면 절족마(折足馬)라고 하는데 이중에서도 절족마는 상당히 잘 맞는다.

절족마는 말 그대로 '다리가 부러진 말'이라는 뜻으로, 일이 진행되다가 좌절하게 되거나 중간에서 그만두게 되는 현상이 발생한다. 임상경험에 의하면 부처궁에서 타라와 천마가 비치면서 정성이 약간이라도 좋지 않으면 부부간에 이혼하거나 사별하는 일까지 있었다. 부처궁이나 명궁의 성계가 기량에 양타의 '조유형극 만견고(早有刑剋晚見孤)' 같은 격이 형성되면 십중팔구는 그러했다.

타라 · 천마의 징험은 십이궁 모두에 확대해서 응용해보면 상당히 잘 맞는다. 특히 천이궁에서 절족마가 걸리고 정성의 상황이 좋지 않으면 교통사고로 다리가 부러지는 경우도 볼 수 있었다(예8).

또한 화성과 천마의 경우는 전마(戰馬)라고 했는데, 전쟁터에서 싸우는 말처럼 분주하고 정신없이 바쁘며 피곤하다. 정성과 주변의 상황이 좋으면 좋은 의미로 분주하겠지만, 좋지 않으면 고생만 하고 소득이 없이 헛고생만 하는 것으로 나타난다.

• 예6) 수전노 — 무정성에 녹존 동궁
1924년 1월 ○일 자시 남명
인궁에 녹존이 있으면서 정성이 없고 화성이 동궁하며, 재백궁에는 태양화기에 영성이 동궁하면서 명궁으로 비친다.
자식에게 빌려준 돈에 대해서도 이자를 받을 정도로 수전노이다.

天破天貪廉 廚碎巫狼貞 　　　陷陷 　　　　祿 小劫小　36~45　78己 耗煞耗【田宅】　冠巳	紅天天台巨 艷虛哭輔門 　　　　旺 將災歲　46~55　79庚 軍煞破【官祿】　旺午	天天大天天 官傷耗鉞相 　　　旺閑 奏天龍　56~65　80辛 書煞德【奴僕】　衰未	截解蜚天天 空神廉梁同 　　　陷旺 飛指白　66~75　81壬 廉背虎【遷移】　病申
龍三文左太 池台曲輔陰 廟廟閑 青華官　26~35　77戊 龍蓋符【福德】　帶辰	음력 1924년 1월 ○일 자시 남자 命局 : 火6局 命主 : 祿存 身主 : 火星		天天恩天天七武 福使光喜刑殺曲 　　　　　閑旺 　　　　　　科 喜咸天　76~85　82癸 神池德【疾厄】　死酉
天紅擎天 貴鸞羊府 　　陷平 力息貫　16~25　88丁 士神索【父母】　浴卯			旬天寡年鳳八鈴文右太 空月宿解閣星昌弼陽 　　　　　　　廟陷廟陷 　　　　　　　　　忌 病月弔　86~95　83甲 符煞客【財帛】　墓戌
孤天天封祿天火 辰壽才誥煞存馬星 　　　　廟旺廟 博歲喪　6~15　87丙 士驛門【身命】　生寅	天天陀天破紫 空姚羅魁軍微 　　　廟旺旺廟 　　　　　　權 官攀晦　　　86丁 府鞍氣【兄弟】　養丑	天 機 廟 伏將太　　　85丙 兵星歲【夫妻】　胎子	地地 劫空 旺陷 大亡病　96~　84乙 耗神符【子女】　絶亥

• 예7) 대파재 — 녹존에 무곡화기 동궁

1952년 10월 ○일 신시 남명

선천재백궁에 녹존이 있는데 무곡이 화기가 되어 있으며 양타가 협하고 있다.

일생 동안 돈을 모으지 못했으며, 44~53세 사이에는 대한사업궁이 되어 사업을 벌이기만 하면 거대한 파재가 있었다.

녹존이 있는데 정성이 화기가 되자 양타가 돈을 겁탈하는 깡패로 돌변하는 명례이다.

大大大孤天恩三天天天 馬曲陀辰空光台喜鉞相 廟　　　　　旺平	大旬蜚天天年鳳天鈴天 祿空廉月福解閣星梁 　　廟廟　　　　　祿	大天地七廉 羊才劫殺貞 　　平旺廟	天龍陰天 傷池煞巫
飛劫晦　24~33　　50乙 廉煞氣　【福德】　生巳 　　　　【大夫】	喜災喪　34~43　　51丙 神煞門　【田宅】　浴午 　　　　【大兄】	病天貫　44~53　　52丁 符煞索　【身官祿】　帶未 　　　　【大命】	大指官　54~63　　53戊 耗背符　【奴僕】　冠申 　　　　【大父】
解巨 神門 　平 　忌	음력 1952년 10월 ○일 신시 남자 命局：金4局 命主：文曲 身主：文昌		大大天八 昌鉞廚座
奏華太　14~23　　49甲 書蓋歲　【父母】　養辰 　　　　【大子】			伏咸小　64~73　　54己 兵池耗　【遷移】　旺酉 　　　　【大福】
天地天貪紫 貴空魁狼微 平廟地旺 　　　　權			天天天封天火陀天 官使虛詰姚星羅同 　　　　廟廟平 　　　　　　　權
將息病　4~13　　60癸 軍神符　【命】　胎卯 　　　　【大財】			官月歲　74~83　　55庚 府煞破　【疾厄】　衰戌 　　　　【大田】
截天台天文太天 空哭輔馬昌陰機 　　　旺陷閑旺 　　　　祿科	破寡右左天 碎宿弼輔府 　　廟廟廟 　　　　科	紅擎文太 艷羊曲陽 陷廟陷	大天大紅祿破武 魁壽耗鸞存軍曲 　　　　廟平平 　　　　　　忌
小歲弔　59壬 耗驛客　【兄弟】　絶寅 　　　　【大疾】	青攀天　58癸 龍鞍德　【夫妻】　墓丑 　　　　【大遷】	力將白　94~　　57壬 士星虎　【子女】　死子 　　　　【大奴】	博亡龍　84~93　　56辛 士神德　【財帛】　病亥 　　　　【大官】

• 예8) 교통사고 ― 타라 · 천마 절족마

1957년 2월 ○일 축시 남명

신해대한 34~43세까지 대한명궁에 천마, 대한천이궁에 타라로 절족마가 이루어진다. 을해년에 대한과 중첩되자 교통사고가 나서 다리가 부러졌다.

旬天天破天陀文左天 空月廚碎貴羅曲輔梁 　　　　陷廟平陷 力指白　94～　　45乙 士背虎【田宅】　　生巳	三紅祿七 台鸞存殺 　　　旺旺 博咸天　84～93　46丙 士池德【官祿】　　養午	紅寡天台擎 艷宿傷輔羊 　　　　廟 官月弔　74～83　47丁 府煞客【奴僕】　　胎未	解八天廉 神座巫貞 　　　廟 伏亡病　64～73　48戊 兵神符【遷移】　　絶申
火天紫 星相微 閑旺陷 青天龍　　　　44甲 龍煞德【身福德】　浴辰	음력 1957년 2월 ○일 축시 남자 命局 : 金4局 命主 : 祿存 身主 : 天同		天天恩天文右 使哭光鉞昌弼 　　　　廟廟陷 大將太　54～63　49己 耗星歲【疾厄】　　墓酉
截天封巨天 空虛誥門機 　　　廟旺 　　　忌科 小災歲　　　　55癸 耗煞破【父母】　帶卯			天天地破 空刑空軍 　　　陷旺 病攀晦　44～53　50庚 符鞍氣【財帛】　　死戌
天大天貪 官耗姚狼 　　　平 將劫小　4～13　54壬 軍煞耗【命】　　冠寅	天年鳳龍太太 壽解閣池陰陽 　　　　廟陷 　　　　　祿 奏華官　14～23　53癸 書蓋符【兄弟】　　旺丑	陰天地天武 煞喜劫府曲 　　　陷廟旺 飛息貫　24～33　52壬 廉神索【夫妻】　　衰子	蜚天孤天天鈴天天 廉福辰才馬星魁同 　　　　平廟旺廟 　　　　　　　權 喜歲喪　34～43　51辛 神驛門【子女】　　病亥

• 예9) 1960년 4월 ○일 인시 남자

　명궁이 묘궁인데 정성이 없어 대궁 유궁의 자탐을 끌어다 쓴다.

　임오대한인 35～44세는 태양화록운이다. 대한의 삼방사정을 보면 대한재백궁에 신궁에서 끌어다 쓴 기월과 화과에 녹존, 인궁 대한재백궁에 천마가 있어 녹마교치가 이루어져 있다.

　대한명궁의 삼방사정에는 쌍록에 천마가 있어 녹마교치가 되고, 대한의 임간 천량화록이 자궁에 있으면서 대한을 정조하고 있으며, 이 대한의 화록이 신궁의 녹존까지 비치고 있다. 즉 임오대한의 삼방사정에 녹이 세 개나 비치고 있다.

대한의 재백궁인 인궁에 유년이 오자(무인년) 7억 원짜리 복권에 당첨되었다.

破破武 碎軍曲 閑平權	截天天天文太 空福虛哭曲陽 陷廟祿	天大陀天右左天 壽耗羅鉞弼輔府 廟旺廟廟廟科	蜚天台天陰祿文太天 廉傷輔貴煞存昌陰機 廟旺平閑
大劫小 25~34 42辛 耗煞耗【福德】 絶巳	伏災歲 35~44 43壬 兵煞破【田宅】 胎午	官天龍 45~54 44癸 府煞德【身官祿】養未	博指白 55~64 45甲 士背虎【奴僕】 生申
旬封龍八天火天 空詰池座姚星同 閑平忌	음력 1960년 4월 ○일 인시 남자 命局 : 土5局 命主 : 文曲 身主 : 火星		天擎貪紫 喜空羊狼微 廟陷平平
病華官 15~24 41庚 符蓋符【父母】 墓辰			力咸天 65~74 46乙 士池德【遷移】 浴酉
天紅 才鸞			紅解寡天年鳳恩三巨 艷神宿使解閣光台門 旺
喜息貫 5~14 52己 神神索【命】 死卯			靑月弔 75~84 47丙 龍煞客【疾厄】 帶戌
天天孤天 月廚辰馬 旺	天地天七廉 空劫魁殺貞 陷旺廟旺	天鈴天 刑星梁 陷廟	天天天 官巫相 平
飛歲喪 51戊 廉驛門【兄弟】 病寅	秦攀晦 50己 書鞍氣【夫妻】 衰丑	將將太 95~ 49戊 軍星歲【子女】 旺子	小亡病 85~94 48丁 耗神符【財帛】 冠亥

2. 살성

　육살성은 보좌성과 함께 정성과 배합되어 명반에 변화를 주는 중요한 요소이다. 특히 명반의 좋고 나쁨을 파악하는 데 가장 선명한 색깔을 드러낸다. 육살성은 단순히 살적인 기능뿐만 아니라 권위적인 기능도 하므로, 육살의 기본적인 의미나 작용을 분명하게 파악하는 것은 자미두수를 쉽게 공부하는 지름길이 될 것이다.
　육살성이란 경양·타라·화성·영성·지공·지겁을 가리키는 말이다. 그중에서도 경양·타라·화성·영성을 가리켜 사살(四煞)이라고 한다.
　육살은 자미두수 명반에서 악역을 맡는 주인공으로, 명반에 비치지 않는 것이 가장 좋지만 명반의 배합상 어느 궁에든 들어갈 수밖에 없다. 인간은 제아무리 잘나도 육살을 안고 갈 수밖에 없는 존재이니 '인생은 고해(苦海)'라는 말이 나오는 모양이다.
　자미두수의 특징 중 하나는 육살성이 많이 비치는 명이나 운은 대부분 좋지 않다는 것을 한눈에 알 수 있다는 것이다. 실제로 운에서 육살이 모두 비치면서 정성마저 약한 경우 정말로 좋지 않은 경우가 많았다

1) 경양 · 타라

擎羊 : 陽金, 化氣曰刑
陀羅 : 陰金, 化氣曰忌, 北斗의 助星

경양과 타라는 육살 중 으뜸으로, 줄여서 양타(羊陀)라고도 한다. 양타는 연간 기준에서 나오는 星으로 세력이 아주 강하다. 그래서인지 유년의 유살(流煞)을 살펴보면 육살 중 유일하게 양타만 유양(流羊)과 유타(流陀)가 있다. 화령이나 공겁은 들어가지 않는다. 그만큼 강력한 영향력을 발휘한다고 하겠다.
『전서』에는 양타에 대해 상당히 위험한 수준의 표현들이 많다. 경양의 경우 명 · 신궁에 있으면 성격이 거칠고 폭력적이며 고단하고, 친한 사람에게는 소홀히 하고 은혜를 베푼 사람에게는 원망을 한다고 씌어 있다. 성격이 강하며, 원만한 조직생활이나 단체생활에 부적합하다.
타라에 대해서도 명 · 신궁에 있으면 마음을 쓰는 것이 올바르지 못하고 남몰래 눈물을 많이 흘리게 되며, 성격이 강하고 위맹하다고 씌어 있다. 또 일할 때 진퇴(進退)가 많고 갑자기 이루었다가 갑자기 깨지며 안정되지 못하다고 했다.
물론 반드시 정성과 배합해서 판단해야 하고, 다른 길성과 살성의 배합도 봐야 하며, 묘왕지인가 함지인가도 살펴야 하기 때문에

꼭 이러한 표현처럼 살벌한 것은 아니다. 그러나 대체로 양타를 만나면 사업적인 측면으로는 파동을, 재물의 측면으로는 손실을, 건강의 측면으로는 상해(傷害)를, 육친적인 측면으로는 고독과 분리와 감정적인 고통을 가져다준다. 양타에 화령과 공겁이 더해진다면 이러한 경향은 더욱 심해질 것이다.

양타의 성질을 알기 위해 오행부터 살펴보자. 경양은 양금이고 타라는 음금이다. 『전서』에는 양타 모두를 '속화금(屬火金)'이라고 쓰고 있는데, 이 말은 양타의 오행이 火이기도 하고 金이기도 하다는 것이 아니라 火의 속성을 띤 金이라는 뜻이다. 여기에는 불로 쇠를 단련해서 그릇을 만드는 격발할 수 있는 가능성과, 불이 쇠를 녹여서 쇠가 파괴될 수 있는 가능성이 잠재되어 있다.

그러므로 양타를 무조건 좋지 않다고 단정짓는 것은 양타의 일면만 보고 하는 말이다. 당연히 양타의 잠재적인 격발의 능력에 대한 긍정적인 평가가 요구된다. 명리에서 말하는 식신제살처럼 양타도 잘만 쓰면 화살위권(化殺爲權) 할 수 있는 여지가 많다. 특히 군·경·사법이나 의학·과학기술 계통은 이 살(煞)을 제화(制化)해서 쓰는 경우가 많으므로, 이런 계통에서는 살의 잠재적인 격발의 능력이 긍정적으로 드러나는 경우가 많다.

양타가 격발로 작용하려면 몇 가지 조건이 있다. 일단 양타 자체가 건전해야 한다. 그래서 양타가 묘왕지 즉 진술축미궁에 있으면 격발할 가능성이 많다. 또 경양이 화성을 만나 화양격(火羊格)이 되거나 타라가 영성을 만나 영타격(鈴陀格)이 되면 격발이 이루어진다. 그러나 이 경우라도 다른 살이 간섭을 하게 되면 격발이 아니라 흉한 살로 돌변한다.

화양격과 영타격의 이치는 간단하다. 경양은 양금, 화성은 양화,

타라는 음금, 영성은 음화이다. 양의 살성은 양끼리 음의 살성은 음끼리 뭉쳐야 뒤탈이 없이 그들끼리 제화가 되어 격발된다는 원리이다. 그러나 경양과 영성의 영양(鈴羊), 타라와 화성의 화타(火陀)는 음양의 균형이 무너진 상태로 만나기 때문에 격발이 아니라 오히려 불협화음이 발생되어 좋지 않게 된다.

다음으로, 양타의 속성을 이해하는 또 하나의 단서는 양타의 화기(化氣 : 星의 별명)이다. 경양의 화기는 刑이고 타라의 화기는 忌이다.

경양의 본질은 양금이고 타라의 본질은 음금이다. 본질적으로 양금은 명(明)적인 속성이 있고 음금은 암(暗)적인 속성이 있다. 이것은 화성과 영성의 경우도 마찬가지인데 화성은 양화, 영성은 음화이므로 화성은 明적인 속성이 있고 영성은 暗적인 속성이 있다.

明과 暗의 속성은 양타를 이해하는 데 많은 단서를 제공한다. (화성과 영성을 이해할 때에도 마찬가지이다.) 우선 明적인 속성으로 인해 경양은 화(禍)가 분명하게 드러나는 반면 타라는 禍가 물밑에서 서서히 진행되다가 어느 순간 드러난다. 이것을 질병으로 비유해보면, 경양의 질병은 당장 수술을 해야 할 병이고 타라는 당뇨처럼 서서히 진행되는 병이라고 하겠다.

또 禍로 인한 경양의 고통은 모든 사람에게 알려지는 반면, 타라의 경우는 다른 사람은 모르게 혼자서만 고통을 느끼게 된다. 그래서 거문과 같이 暗적인 별이 감정의 별인 천동과 동궁하면서 暗적인 성질의 타라와 영성을 만나고, 게다가 거문이 화기라도 만나게 되면, 감정적으로 남모르는 고통이 매우 많게 된다.

술사들은 이러한 양타의 성격적인 속성에 대해 경양은 진소인(眞小人), 타라는 위군자(僞君子)라고 비유했다. 진소인이란 속으로도 겉으로도 그저 소인 그 자체로서 소인이 아닌 척 위장하고 꾸미는 것이 없다는 것이고, 위군자란 속은 그렇지 않으면서 겉으로만 짐짓 군자인 체하는 것을 말한다.

이 비유를 통해서도 明과 暗의 차이를 엿볼 수 있다. 그 차이는 '진(眞)'과 '위(僞)'로 나타나는데, 眞은 정정당당함이요 僞는 그런 척하는 거짓꾸밈이니, 싸움을 하더라도 경양은 정정당당하게 싸우고 타라는 암투나 음모로 싸운다. 그래서 경양은 刑이라는 별명이 붙고 타라는 忌라는 별명이 붙은 것이다.

刑은 형극·형벌·형상(刑傷)의 刑이고, 忌는 시기(猜忌)·투기(妬忌)의 忌이다. 흔히 경양의 刑은 파괴력이나 다된 밥에 재 뿌리는 상황으로 발생되고, 타라의 忌는 막히고 지체되며 불리함이 오래도록 지속되는 현상으로 나타난다.

그러나 보좌성이 그렇듯이 살성도 항상 정성과의 관계로 길흉을 논해야 한다. 정성이 체(體)라면 보좌성·살성·화성(化星)은 그 體에 대한 쓰임, 즉 용(用)이 되기 때문이다.

양타는 정성과 함께 몇 가지 특수한 격을 형성하기도 한다. 먼저 탐랑이 해자궁에서 양타와 동궁하면 범수도화(泛水桃花)라고 하는데, 이때의 양타는 도화로 변질되어 나타난다. 또한 탐랑이 인궁에서 타라와 동궁하면 풍류채장(風流綵杖)이라는 역시 유명한 도화 조합이 구성된다. 이처럼 대체로 탐랑이 양타와 만나면 도화적인 암시가 농후해진다.

반면에 무곡과 같은 재성이 양타와 화성을 만나면 돈 때문에 목숨을 잃게 되며, 무곡·칠살에 경양을 보면 돈 때문에 칼부림이 난다. 또 칠살과 같은 흉성이 화성과 경양을 만나면 빈천해지고, 절지의 칠살이 양타를 만나면 공자의 제자 안회처럼 요절하며, 거문과 같은 암성이 경양과 화성을 만나면 목매달아 죽는다. 앞에서도 언급했지만 타라와 천마가 만나면 절족마가 된다(예 2).

이와 같이 료에 따라 불리한 암시가 조금씩 달라지고, 정도의 차이는 있지만 어쨌든 양타가 있는 것이 좋지 않은 건 사실이다. 특히 정성계가 감정에 불안한 료이면서 살을 보는 기량 조합, 정탐 조합, 일월 조합, 거동 조합 등에서는 더욱 좋지 않다.

양타는 항상 녹존을 협한다. 이때 녹존과 동궁하는 정성이 튼튼하고 강하면 양타는 보디가드 역할을 하지만, 만약 녹존과 동궁하는 정성이 약하면(동궁한 정성이 화기가 되는 경우는 더욱 그렇다) 양타는 깡패로 변해서 돈을 겁탈하게 된다. 이것은 마치 우리 몸에 바이러스가 항상 존재하고 있다가 면역력이 약해지면 틈을 타서 공격하여 병을 일으키는 것과 같다.

녹존과 동궁하는 정성이 돈을 부릴 능력이 있으며 힘이 튼튼하고 강왕하면, 양타는 주인의 돈을 견고하게 지켜주는 경비원이나 보디가드 역할을 한다. 그러나 정성이 돈을 부릴 능력이 없고 유약하고 힘이 없으면, 양타는 갑자기 강도로 돌변해서 빼앗아버린다. 양타협기(羊陀夾忌 : 양타가 화기를 협하는 것)의 형국에서 이런 일이 많다.

양타협기란 녹존과 동궁한 정성이 화기(化忌)가 되는 경우를 말하는 것으로, 료이 가지고 있는 속성, 宮이 가지고 있는 성질에 따라 불리함이 나타나게 된다. 옛사람들은 이런 경우를 가리켜 '양타협기 위패국(羊陀夾忌 爲敗局 : 양타가 화기를 협하면 패국이 된다)'이라고 했는데, 주로 좋지 않은 재앙이나 실패 · 좌절 · 손실 · 사고 · 질병 등이 있게 된다

양타의 속성이 이처럼 이중적이다 보니 그 사이에 끼여 있는 녹

존은 자기를 보호하려는 경향이 강해질 수밖에 없고, 양타가 언제 또 심통을 부릴지 의심하는 마음이 생기게 된다. 그래서 명궁에 녹존이 있는 사람은 정성의 강약을 떠나서 보수적인 경향이 있다. 정성이 약하면 양타가 더욱 두려우니 의심을 증폭시키고, 정성이 강하면 양타가 두렵지는 않으나 그래도 조심해야 하므로 행동을 하더라도 조심스럽게 하고 사려(思慮)가 깊게 된다.

• 예 1) 1962년 12월 ○일 축시 남명

孤天天文天 辰傷鉞曲梁 旺廟陷 祿 飛亡貫 53~62 40乙 廉神索【奴僕】 病巳	解天龍七 神福池殺 旺 喜將官 63~72 41丙 神星符【遷移】 死午	天台天 使輔喜 病攀小 73~82 42丁 符鞍耗【疾厄】 墓未	天年鳳天天廉 虛解閣刑馬貞 旺廟 大歲歲 83~92 43戊 耗驛破【財帛】 絶申
旬天天恩陰鈴天紫 空壽哭光煞星相微 旺旺陷 權 奏月喪 43~52 39甲 書煞門【官祿】 衰辰	음력 1962년 12월 ○일 축시 남자 命局 : 木3局 命主 : 貪狼 身主 : 天梁		天破大文 廚碎耗昌 廟 伏息龍 93~ 44己 兵神德【子女】 胎酉
天封八天左巨天 空詰座魁輔門機 廟陷廟旺 將咸晦 33~42 50癸 軍池氣【田宅】 旺卯			蜚天地陀破 廉官空羅軍 陷廟旺 官華白 45庚 府蓋虎【夫妻】 養戌
截天天火貪 空月才星狼 廟平 小指太 23~32 49壬 耗背歲【身福德】 冠寅	寡紅太太 宿鸞陰陽 廟陷 青天病 13~22 48癸 龍煞符【父母】 帶丑	紅天天地擎天武 艷貴姚劫羊府曲 陷陷廟旺 科忌 力災弔 3~12 47壬 士煞客【命】 浴子	三天祿右天 台巫存弼同 廟閑廟 博劫天 46辛 士煞德【兄第】 生亥

48 왕초보 자미두수

명궁에 경양과 지겁, 살기등등한 무곡화기가 동궁하고 있으며, 재백궁에 천형이 있어 경양의 형극적인 속성이 배가 되고 있다. 관록궁의 화권은 과강필절(過强必折)하여서 살성의 역량을 더욱 더해준다. 신궁(身宮)에는 탐랑과 화성에 질병성인 천월이 동궁하고, 삼방에서 천형·타라·지공이 비치고 있다. 결국 명·신궁으로 모든 살성이 다 비치고 있다.

어려서부터 소아마비로 심하게 다리를 절며, 한때 목사도 했다가 인쇄소 사장도 했다가 여러 가지를 했지만 모든 것이 뜻대로 되지 않았다. 가정적으로도 부인이 집을 나가 형극이 심하다.

• 예2) 1963년 5월 ○일 사시 여명

명궁의 정성이 축궁의 일월이다. 태양과 태음이 축궁이나 미궁에 있으면 기본적으로 살을 만나지 않아야 한다. 여명이라면 더욱 그렇다. 태양이나 태음이 살을 만나면 육친에게 직접적으로 불리한데, 여명의 경우에는 혼인이 좋지 않은 경우가 많다. 옛사람들은 "일월이 양타를 만나면 사람은 헤어지고 돈은 흩어진다"고 해서 일월이 살을 만나는 것을 좋지 않게 보았다.

명반을 살펴보니 일월이 축궁에 있으면서(태양이 축궁에서는 함지다) 경양과 천형이 동궁하고 있다. 천형이 경양을 만나면 성격적으로 경양의 형극적인 측면을 더해주므로 심성은 굳고 분명해지겠지만, 감정적으로는 불리한 역할을 가강시킨다. 이런 상태에서 명궁에 과숙이 동궁하고 있으며 관록궁에서는 고진이 비치고 있다. 여기에 정신의 공허를 主하는 순공·절공이 비치고, 감정적으로 우울함을 가강시키는 곡허가 유궁에서 걸리며, 감정을 부스러뜨리는 파쇄까지 있다. 또한 대궁에는 화개가 있다.

신궁(身宮)은 부처궁에 있는데 천동이 있고, 본궁과 대궁에서 타

蜚天破孤天天天天天 廉福碎辰巫姚馬鉞昌梁 旬　　　　　平旺廟陷 空	天天陰天地右七 官傷煞喜空弼殺 　　　廟旺旺	天年封鳳龍 月解誥閣池	紅天大左廉 艷使耗輔貞 　　　平廟
奏歲喪 44~53 39丁 書驛門【官祿】　生巳	飛息貫 54~63 40戊 廉神索【奴僕】　浴午	喜華官 64~73 41己 神蓋符【遷移】　帶未	病劫小 74~83 42庚 符煞耗【疾厄】　冠申
天天天三地天紫 才空貴台劫相微 　　　　陷旺陷	음력 1963년 5월 ○일 사시 여자 命局：金 4局 命主：巨門 身主：天同		天文 虛曲 　廟
將攀晦 34~43 38丙 軍鞍氣【田宅】　養辰			大災歲 84~93 43辛 耗煞破【財帛】　旺酉
天鈴天巨天 哭星魁門機 　廟廟廟旺 　　　　權			八破 座軍 　旺 　祿
小將太 24~33 49乙 耗星歲【福德】　胎卯			伏天龍 94~　 44壬 兵煞德【子女】　衰戌
天火貪 壽星狼 廟平 　忌	截寡天擎太太 空宿刑羊陰陽 　　　廟廟陷 　　　　　科	解恩紅祿天武 神光鸞存府曲 　　　旺廟廟	天台陀天 廚輔羅同 　　陷廟
青亡病 14~23 48甲 龍神符【父母】　絶寅	力月弔 4~13 47乙 士煞客【命】　墓丑	博咸天 46甲 士池德【兄弟】死子	官指白 45癸 府背虎【身夫妻】病亥

라·천마의 절족마가 있으니 천동의 감정에 절족마가 더해졌으므로 감정적으로 좌절은 필연적인 일이다.

　결혼 전에 사랑하는 애인이 있었으나 가난하다는 이유로 헤어지고, 집안도 좋고 직장도 좋은 남자에게 시집을 갔다. 그러나 결혼 후 남편이 직장을 그만두고 투기 등으로 빚을 잔뜩 지게 되어, 결국 이 여자가 하는 피아노 학원의 운전을 하면서 소일하고 있다. 이 여자는 결혼 10년이 넘도록 돈은 모으지 못하고 힘들게 가르쳐서 번 돈을 남편이 진 빚의 이자치레 하기가 바쁘다.

2) 화성 · 영성

화성(火星)과 영성(鈴星)은 육살 중의 한 쌍이면서 사살(四煞)에 해당하는 살이다. 양타 다음으로 강렬한 살로서, 이름이 말해주듯 오행이 火에 속하는 星들이다. 화성은 병화(丙火)에 해당하고 영성은 정화(丁火)에 해당한다. 명리를 살펴보면 병화는 태양이요 정화는 등촉이라고 해서 물상으로 丙 · 丁의 성질을 파악하는데, 자미에도 그런 부분이 있다.

우선 힘의 강약부터 화성이 훨씬 맹렬하고 강하며 영성은 덜하다. 빛의 밝기에도 차이가 있다. 촛불이 제아무리 밝아봐야 태양빛을 당하겠는가? 명리의 『궁통보감』에 '병탈정광(丙奪丁光 : 丙이 丁의 빛을 빼앗는다)'이라는 용어가 있는 것처럼, 촛불이 제아무리 밝아봐야 태양에 비하면 어둡다.

그래서 중주파에서는 화성 · 영성의 성질을 가리켜 '화명영암(火明鈴暗)'이라고 표현하면서 화령의 성질을 캐는 열쇠로 사용하고 있다. 즉 화성은 明적인 성질이 있고 영성은 暗적인 성질이 있다는 것인데, 이것은 화령의 오행인 丙 · 丁의 차이와 같다고 하겠다.

태양이든 촛불이든 불이라는 질료(質料)는 같다. 명암의 차이는 있을지언정 불의 본래적인 맹렬함은 화령 모두에 존재한다는 것이다. 또한 불은 한번 붙었다 하면 그 기세가 맹렬할 뿐만 아니라 순간적으로 번지면서 폭발적인 위력을 과시한다. 홍수가 나면 건질 것이라도 있지만 화재가 나면 건질 것조차 없다는 말이 있다. 불이 가지고 있는 이러한 성질은 불을 태우는 원료가 많으면 많을수록 기세등등할 것이다.

또한 불은 쓰기에 따라서 없어서는 안 되는 이로운 것이기도 하지만, 반대로 아주 위험한 것이기도 하다. 화령에도 이러한 성질이 있다. 공교롭게도 육살에는 모두 火의 속성이 있는데 여기에는 커다란 의미가 있다. 독약도 상황에 따라서는 보약이 되고, 원자 에너지도 쓰기에 따라 원자탄의 재료가 되기도 하며 원자력 발전을 일으키기도 한다. 옛사람들이 육살을 모두 火의 속성으로 보았던 것은, 오행 가운데 살이 가지고 있는 이중적인 속성을 火만큼 극명하게 드러내는 것도 없기 때문이 아닌가 싶다.

그리고 사람은 본질적으로 불(煞의 도전)이 있어야 사람이 되는 것이라고 보았기 때문인지도 모른다. 불 화(火)에서 점 두 개만 빼면 사람 인(人)이 된다. 결국 불 속에는 사람이 들어가 있는데, 이것은 인간이란 본질적으로 불[煞]의 도전을 거치면서 진화해가는 존재라는 것을 이야기하려 했던 것은 아닐까 싶다.

火의 양면성, 즉 이기(利器)와 손해(損害)는 양타와 공겁에도 똑같이 나타난다. 그런데 옛사람들의 언급을 살펴보면 특히 화령은 양타에 비할 때 탐랑과 같은 별과 결합되어 좋은 격을 형성하므로 상당히 좋은 부분이 많다.

"화령상우 명진제방(火鈴相遇 名振諸邦 : 화령이 만나면 이름을 널리 떨친다)."

"화령왕궁 역위복론(火鈴旺宮 亦爲福論 : 화령이 왕궁에 있으면 복으로 논한다)."

"탐랑화성봉묘왕 명진제방(貪狼火星逢廟旺 名振諸邦 : 탐랑과 화성이 만나면 이름을 떨친다)."

"영탐병수 장상지명(鈴貪並守 將相之名 : 영성 · 탐랑이 같이 있으면 장상의 이름이 있다)."

이 구절들은 모두 화령의 긍정적인 측면을 이야기하고 있다. 자운 선생에 의하면 영성은 삼방사정의 상황이 길하면 길을 돕고 흉하면 흉을 돕는 성질이 있다고 한다. 특히 화령은 정성 가운데 탐랑과 사이가 아주 좋아서 화령과 탐랑이 만나면 화탐격(火貪格)과 영탐격(鈴貪格)이 형성되어 아주 길하게 작용한다. 이것은 화령만의 특징이라고 할 수 있다.

그러나 화령의 흉적인 측면도 만만치 않다.

"화령협명 위패국(火鈴夾命 爲敗局 : 화령이 명을 협하면 패국이 된다).”
"화령이 함지에 있으면 요절하고 얼굴을 다치며 고향을 떠나고 두 부모가 있다(예 3).”
"화성이 운에서 함지에 있으면 피를 흘리고 잃어버리며 관재구설이 있고 까닭 없는 화가 임하게 된다.”

화령의 길흉은 이처럼 극단적으로 갈린다. 화령이 묘왕지에 있느냐(『전서』에는 화령의 묘왕지인 인오술궁뿐만 아니라 태어난 곳이 동남이면 길하고 서북이면 성패가 있다고 해서 지리적인 것과 관련 짓기도 한다) 탐랑을 만나느냐 아니면 다른 살의 간섭이 있느냐의 여부에 따라 이롭게도 작용하고 해롭게도 작용한다.

화령의 성격은 불의 속성과 닮은 부분이 많다. 불처럼 조급하고 열광적이며, 갑자기 흥분했다가 식어버리는 등 충동적이고, 침착하지 못하고 불안정해 보이며 끈기가 없고, 화끈한 면은 있으나 그로 인해 경거망동하기 쉽다. 그래서 화령은 적당한 출구가 있으면 화탐격·영탐격처럼 불이 일어나듯 폭발하는 성질로 나타나 만방에 이름을 떨치지만, 이러한 속성이 왜곡되면 불이 타고 난 자리처럼 모든 것이 사라지고 떠나버려 파재 · 관재 · 구설 · 이조(離祖) · 두부모 등이 있게 된다.

양타를 설명할 때 언급했지만 '화명영암(火明鈴暗)'은 화령의 중요한 속성 중 하나이다. 즉 화성은 明적인 속성이 있고 영성은 暗적인 성질이 있는데, 길흉 모두 이 속성에 따라 나타난다.

明적인 속성이 있는 화성은 길이 와도 분명하고도 명명백백하게 모든 사람이 알게 오지만, 영성은 보이지 않게 오거나 혼자만 알게 오거나 불현듯 예기치 않게 온다. 또 화성으로 인한 피해는 눈에 보이는 물질적인 손실을 동반해도 일시적인 불행에 그치나, 영성은 눈에 보이지 않는 정신적인 상처를 가져다주므로 겉으로 보기에는 문제가 없어 보여도 오랜 시간 동안 상처로 남는다. 길흉이 오는 속도도 화성은 빠르고 영성은 늦다.

똑같이 탐랑을 만나서 화탐격과 영탐격이 이루어질 때도 화탐은 폭발의 역량이 훨씬 크고 빠르나 빨리 폭패하는 경향이 있고, 영탐은 폭발이 늦고 둔중하나 지속되는 경향이 있다. 이러한 속성은 질병에서 한열허실(寒熱虛實)을 파악할 때도 쓴다.

왕정지는 화명영암에 대해 확실한 이해를 할 수 있는 예를 든다. 가령 전택궁에 파패(破敗)하는 성계가 있을 때, 실화(失火)는 화성의 明적인 측면의 재앙이고 방화는 영성의 暗적인 측면의 재앙이다. 또 자녀궁에 정성이 없이 화성만 있을 때 만약 대궁의 정성이 길하다면 자식이 孤하지 않는데, 똑같은 상황에서 영성이 혼자 있다면 서자가 되거나 첩에게서 자식을 낳게 된다. 이때 본처에게서 자식을 얻는 것은 明적인 측면이고, 서자가 되거나 첩에게서 자식을 얻는 것은 暗적인 측면이라고 설명한다.

이러한 화명영암의 속성은 매우 광범위하게 응용되므로 확실하게 알고 있어야 한다.

살이 살을 만나면 이살제살(以殺制殺 : 살로써 살을 제한다)하는 원리가 있다. 화성과 경양이 만나거나 영성과 타라가 만나면 격발하는 격을 이루어 이살제살할 수 있다.

화성은 양화, 경양은 양금이므로 불로 쇠를 단련하여 그릇을 만드는 것과 같다. 그래서 경양이 화성과 만나면 격발하고 단련하는 의미가 있는 화양격이 형성되어 길하게 본다.

영성과 타라 역시 음화가 음금을 만나는 것이므로 광석을 캐어 은은한 불로 녹여 금은보화를 뽑아내는 것과 같다. 따라서 영타가 만나면 격발이나 단련이라기보다는 탁마나 어떤 시련을 거쳐서 빛을 보는 의미가 있다. 그러기까지의 고생이 만만치 않으나 결국 이살제살되어서 길하게 변한다고 본다.

그러나 이 경우에도 예외가 있다. 화양은 이살제살이 되지만 거문과 만나 거화양(巨火羊)을 이루면 '종신액사(終身縊死)'한다고 해서 목매달아 자살하는 격국이 된다. 또한 영타는 탁마를 이루지만 문창과 무곡을 만나 영창타무격(鈴昌陀武格)이 이루어지면 '한지투하(限至投河)'라고 해서 탁마는커녕 물에 빠져죽는다는 악격이 형성된다. 그래서 화양이나 영타가 이루어져도 이런 격이 형성되는지를 자세히 살펴야 한다.

반대로 영성이 경양을 만나 음화가 양금을 만나는 영양(鈴羊)이 되거나 화성이 타라를 만나 양화가 음금을 만나는 화타(火陀)가 되면, 격발을 하기보다는 모순을 촉발시켜 좋지 않게 한다.

이 부분에 대해서는 중주파의 논리와 대만의 요무 거사나 자운 선생의 견해가 다르다. 중주파에서는 영양과 화타는 제살이 되지 않는다고 주장하지만 자운 선생이나 요무 거사는 영양과 화타도 격발로 본다. 필자의 임상경험에 의하면 영양이나 화타가 있어도 다른 살이 비치지 않고 길성이 비치면 이살제살의 형국으로 나타났다.

• 예3) 1981년 1월 ○일 신시 여명

截天破天 空福碎巫	天紅鈴天天 廚鸞星鉞機 　　　廟 廟	寡天地破紫 宿壽劫軍微 　　平廟廟	解陀 神羅 　陷
病指白　　　21癸 符背虎【兄弟】生巳	大咸天 4～13　22甲 耗池德【命】浴午	伏月弔 14～23 23乙 兵煞客【父母】帶未	官亡病 24～33 24丙 府神符【福德】冠申
左太 輔陽 廟旺 　權 喜天龍　　　20壬 神煞德【夫妻】養辰	음력 1981년 1월 ○일 신시 여자 命局：金 4局 命主：破軍 身主：天同		紅天天天祿天 艶官哭刑存府 　　　　旺陷 博將太 34～43 25丁 士星歲【田宅】旺酉
天天三地七武 才虛台空殺曲 　　　平陷陷 飛災歲 94～　31辛 廉煞破【子女】胎卯			天天封天擎右太 月空誥貴羊弼陰 　　　　廟廟旺 力攀晦 44～53　26戊 士鞍氣【身官祿】衰戌
大台陰天文天天 耗輔煞魁昌梁同 　　　陷廟閑 　　　　　忌 奏劫小 84～93 30庚 書煞耗【財帛】絶寅	旬天年鳳龍天天 空使解閣池姚相 　　　　　　廟 將華官 74～83 29辛 軍蓋符【疾厄】墓丑	恩天文巨 光喜曲門 　　廟旺 　　科祿 小息貫 64～73 28庚 耗神索【遷移】死子	蜚孤天八火貪廉 廉辰傷座馬狼貞 　　　　平平平陷 青歲喪 54～63 27己 龍驛門【奴僕】病亥

　명궁에서 천기가 영성과 동궁하고 있으며 삼방에서 경양과 문창 화기를 만나고 있다.
　명궁에 화령이 있으면 주로 어릴 때 고향을 떠나고, 양타·형기(刑忌)가 거듭 충하면 심지어는 남의 집의 대를 잇는다든지 후처소생이 된다고 하는데 이 명이 바로 그런 형국이다. 부모궁에는 자미·파군이 있으면서 보필 등 육길성은 없고, 공겁·순공·고진·

과숙·비렴·화개·천허·조객·관부·상문·재살 등 좋지 않은 星들이 비치고 있다.

부모가 이혼한 후 아버지와 살다가 아버지가 죽은 후 다시 엄마에게 가서 사는데, 엄마는 또 다른 남편과 이혼하고 다른 남자와 살고 있다.

3) 지공·지겁

육살의 하나인 지공(地空)과 지겁(地劫)은 줄여서 '공겁(空劫)'이라고 부르기도 한다. 지공은 음화(陰火), 지겁은 양화(陽火)로 모두 火에 속하는 살성이다. 화령의 경우 양화인 화성은 물질적인 측면, 음화인 영성은 정신적인 측면으로 타격이 크듯이 공겁도 마찬가지이다.

공겁의 이러한 속성은『자미두수전서』에도 언급되어 있다.『전서』에서는 지공을 '공망의 신〔空亡之神 : 공허하고 허망한 신〕', 지겁을 '겁살의 신〔劫煞之神 : 물질을 겁탈하는 신〕'이라고 하는데, 이러한 속성상의 차이로 인해 공겁은 좋아하고 싫어하는 궁에 차이가 있다. 지공은 복덕궁·부처궁·자녀궁 등 정신적인 의미가 있는 궁에 있는 것이 불리하고, 지겁은 명궁·관록궁·재백궁 등 비교적 물질적인 의미가 있는 궁에 있는 것이 불리하다.

또『전서』에서 지공은 '작사허공(作事虛空)하면서 불행정도(不行正道)'하고, 지겁은 '작사소광(作事疏狂)하면서 불행정도(不行正道)'하다고 표현하고 있다. 이 말은 둘 다 '정도(正道)' 즉 사회적인 규칙·도덕·전통 등을 행하지 않는 것〔不行〕은 똑같지만, 지공은 '허공(虛空)'의 특징이 있고 지겁은 '소광(疏狂)'의 특징이 있다는 것이다.

허공이란 말 그대로 공허하다는 뜻으로 환상이나 이상(理想)적인 경향이 있다는 것이고, 소광이란 행동이 거칠고 난잡하다는 뜻으로 작은 것에 얽매이지 않는 것을 말한다. 즉 중주파에서 표현하는 것처럼 지공에는 '반전통(反傳統)'적인 경향이 있고 지겁에는 '반조류(反潮流)'적인 경향이 있다.

전통에 반하거나 조류를 거스르는 행동은 정도를 벗어난 것이므로 옛사람들의 눈에는 영 거슬렸던가 보다. 그래서 지공의 반전통적인 행동에 대해서는 성패가 다단하다고 보았고, 지겁의 반조류적인 행동에 대해서는 사벽(邪僻)한 것으로 보았던 것이다.

옛사람들이 살던 시대에는 창조성은 억압되고 새로운 사고나 사상은 배척당하며 혁명은 대체로 실패했다. 따라서 전통적인 인습과 도덕에 반하거나 그 시대를 지배하는 조류에 반하는 행동은 좋지 않게 보일 수밖에 없었다.

이러한 사회적인 틀 속에서 지공이 지향하는 반전통적인 행동은 '반천절시(半天折翅)'라 하여 하늘에서 날갯짓을 하던 새가 날개가 부러져 날지 못하는 좌절을 겪을 수밖에 없었다. 또한 지겁이 자아내는 반조류적인 행동과 사상 역시 '낭리행주(浪裡行舟)'라 하여 파도 속에서 배를 타고 가듯 아찔하고 위험한 파동을 동반할 수밖에 없었다. 이것은 조광조나 전봉준 같은 사람들의 꿈이 좌절된 것과 맥을 같이한다고 하겠다.

그러나 공겁의 이러한 속성은 얼마쯤은 고대사회의 사회적인 틀에 의해 규정된 면이 없지 않다. 오늘날은 오히려 반전통과 반조류가 장려되는 세상이 되었으므로 어쩌면 공겁이 가장 필요한 시대가 되었는지도 모르겠다. 요즘 유행하는 벤처 기업 붐은 공겁의 반전통·반조류적인 창조성과 아이디어가 관건이 되기 때문에 더욱 유리한 면이 있다.

예술가나 과학자·사상가·작가 역시 아이디어와 창조성이 필요하므로, 이런 직업에 종사하는 사람들에게 있는 공겁은 무조건 흉으로 판단할 수 없다(예 4). 필자가 본 몇 명의 컴퓨터 프로그래머의 명에서도 겁공이 비치고 있었다.

대만의 두수가(斗數家) 오동초는 개인적으로 육살 중에서 공겁을 가장 좋아한다고 했는데, 이것도 역시 현대사회에서 공겁이 갖는 잠재적인 순기능에 초점을 맞춘 견해라고 생각된다.

그러나 한 가지 주의할 것은, 명궁의 정성이 공겁의 성향을 충분히 이용할 수 있는 행동적인 별이어야(무곡·칠살, 묘왕지의 탐랑, 파군화록, 자미·칠살 등) 그 장점을 이용할 수 있다는 것이다. 그렇지 않고 이상적인 경향이 농후하나 실천력이 없는 정성에(천기나 거문 조합 등) 공겁이 비친다면, 단순히 공상이 많고 이상은 매우 높지만 행동은 따르지 못해 매사에 우물쭈물하거나 말 그대로 '환상'에 빠질 수 있으니 주의해야 한다.

공겁이 재백궁에 있다면 어떻게 될까? 시대적인 배경과 관계없이 재백궁은 좌절과 파동을 싫어하므로 흉하다고 판단한다. 특히 자시나 오시에 태어나면 사해궁에서 공겁이 동궁하고, 축시나 미시에 태어나면 사해궁을 공겁이 협하게 되는데, 생시가 이와 같고 사해궁이 재백궁이라면 財적인 측면에서 매우 불리하다.

옛사람들은 이것을 두고 "공겁이 재백궁·복덕궁에 있으면 날 때부터 빈천하다"고 극언을 하고 있다. 다른 살성이 비치지 않는다면 모르지만 다른 사살이 간섭을 하면 돈이 잘 모이지 않고, 모았더라도 쉽게 흩어지기 쉽다. 게다가 이 궁에 화기(化忌)라도 있으면 대파재(大破財)를 면하기 어렵다. 필자도 임상에서 수없이 경험해본

일이다. 공겁이 동궁하거나 협하는 궁이 재백궁이 아니라 명궁일 때도 좋지 않다.

중주파에 의하면, 공겁이 동궁하거나 마주보면서 수명(守命)하면 대부분 소년에 불리하거나 부모의 도움을 받지 못하거나 병약하거나 빈곤하거나 재액이 많거나 하는 등의 현상이 있다고 한다. 그러나 그렇더라도 반드시 각 궁의 星의 조합을 상세히 살펴 그 불길함이 어떠한가를 정해야 한다.

『전서』에는 "공겁이 협명(夾命)하면 패국(敗局)"이라고 해서 고독하고 가난하며 형상을 면치 못하다고 했는데, 옛사람들은 이러한 국을 두고 종종 출가(出家)하는 경향이 있다고 보기도 했다. 대표적인 경우가 '자탐이 공망을 만나면 탈속승(脫俗僧)'이라고 한 것이다. 그러나 오늘날에는 반드시 출가하는 것으로 보지는 않으며, 현실세계에 안주하지 못하고 현실을 초월하려는 경향이 많다고 파악한다. 임상경험상으로도 확실히 사고방식에 탈속적인 경향이 잠재해 있는 경우가 많았다.

이런 사람은 대체로 무료한 것을 싫어하며 정신적인 욕구가 크고 현실적이지 못하며 일생 동안 일이 잘 풀리지 않는다. 그러나 철학적인 일이나 종교적인 일 혹은 예술적인 일에 종사함으로써 공겁의 속성을 이용하여 성공하는 사람도 있으니, 전체적인 상황을 보지 않고 함부로 단정해서는 안 되겠다.

명리에서도 언급되는 이야기지만 공겁에 대한 설명 가운데 '금공즉명 화공즉발(金空則鳴 火空則發 : 金이 공망을 만나면 울리고 火가 공망을 만나면 발한다)'이라는 말이 있다. 그런데 이것에 대해서는 여러 학자들 간에 의견이 분분하다.

어떤 학자는 金과 火를 局으로 해석하며, 어떤 학자는 화공이란 공망(여기서 空亡은 지공과 지겁 중에서 지공만을 의미한다. 즉 明하고 發하는 것은 지공이 있을 때에 한한다)이 화궁 즉 사오궁에 있는 것을 말하고 금공이란 금궁 즉 신유궁에 있는 것을 말한다고 주장한다. 또 어떤 학자는 화공이란 공망이 오행이 火인 星과 동궁하면서 화궁에 있는 것을 말하고, 금공이란 오행이 金인 星과 동궁하면서 금궁에 있는 것을 말한다고 한다.

어떤 학자는 어느 궁이든 상관없이 화공이란 오행이 火인 星과 지공이 동궁하는 것을 말하며, 금공이란 오행이 金인 星과 지공이 동궁하는 것을 말한다고 하는데, 중주파는 이 견해를 취용하고 있다. 즉 화공이란 염정·태양·칠살과 같이 火에 속한 星과 지공이 동궁하는 것으로, 천천히 발전해서 국면전환을 하게 된다고 한다. 또한 금공이란 무곡·칠살·천동과 같이 金에 속한 星과 지공이 동궁하는 것으로, 고생을 겪은 뒤에 발달한다고 한다.

공겁은 앞에서 말한 것처럼 정신적·물질적, 반전통·반조류로 속성을 나눠볼 수도 있고, 자타(自他)로 성질을 분석해볼 수도 있다. 즉 지공은 비교적 자발적인 손재로서 함부로 낭비하거나 일시적인 객기를 부린다거나 하면서 쓰는 것이며, 지겁은 환경이나 조건, 다른 사람들에 의해 손재하는 속성이 있다. 예를 들어 부득불 돈을 쓴다든지 생각지 않은 손실이 있다든지 하는 것이다.

이러한 속성으로 인해 명반 가운데 공겁이 있거나 삼방에서 비치면 돈에 관한 불필요한 손실이 있게 되는데, 지겁의 상황이 지공보다 더욱 엄중하다. 지공으로 인한 파재에는 다소간이나마 대가가 있지만 지겁으로 인한 파재는 그렇지 못한데, 그것은 원인이 외부에서 비롯되기 때문이다.

따라서 공겁이 비치면 장사나 투기, 도박만 하지 않으면 나름대로의 수확이 있을 수도 있다. 공겁의 반전통과 반조류적인 속성을 창조적으로 발휘하여 걸출한 기술자나 전문가 · 작가 · 종교가가 되거나 사회복지나 봉사에 관계하는 등 얼마든지 능력을 발휘할 수 있는 것이다.

• 예4) 병진년 10월 ○일 오시 남명

天孤天天祿地地天 官辰空喜存劫空機 廟閑廟平 權	蜚天年鳳天天擎紫 廉月解閣貴刑羊微 平廟		封龍陰天火破 誥池煞巫星軍 陷陷
博劫晦 2~11　26癸 士煞氣【身命】　絶巳	力災喪 12~21　27甲 士煞門【父母】　胎午	青天貫 22~31　28乙 龍煞索【福德】　養未	小指官 32~41　29丙 耗背符【田宅】　生申
截解八鈴陀文七 空神座星羅昌殺 旺廟旺旺 科	병진년 10월 ○일 오시 남자 命局：水2局 命主：武曲 身主：文昌		天天天 壽才鉞 廟
官華太　　25壬 府蓋歲【兄弟】墓辰			將咸小 42~51　30丁 軍池耗【官祿】浴酉
天太 梁陽 廟廟			天天三天文天廉 傷虛台姚曲府貞 陷廟旺 忌
伏息病　　36辛 兵神符【夫妻】死卯			奏月歲 52~61　31戊 書煞破【奴僕】帶戌
紅天天天武 艷哭馬相曲 旺廟閑	破寡右左巨天 碎宿弼輔門同 廟廟旺陷 祿	旬天天天台恩貪 空廚福使輔光狼 旺	大紅天太 耗鸞魁陰 旺廟
大歲弔 92~　35庚 耗驛客【子女】病寅	病攀天 82~91　34辛 符鞍德【財帛】衰丑	喜將白 72~81　33庚 神星虎【疾厄】旺子	飛亡龍 62~71　32己 廉神德【遷移】冠亥

시인 이태백의 명이다.

명궁이 사궁의 천기이다. 여기에 지공·지겁·천공이 동궁하고 있다. 천기에는 기변·기획의 속성이 있는데 화권이 되어 천기의 기변이 힘을 얻고 있다. 게다가 공겁까지 있으니, 천기의 기변이 반전통과 반조류적인 기변, 즉 시적인 상상력과 창조력으로 나타났던 것이다.

3. 잡성

　십사정성 · 육길성 · 육살성 · 녹마 외의 별들을 잡성(雜星)이라고 한다.
　잡성은 정성과 보좌성에 비해 중요도는 떨어지지만 정성의 성질에 변화를 주는 역할을 하므로 절대로 소홀히 해서는 안 된다. 잡성을 무시하는 것은, 우리 몸에서 가장 중요한 것은 심장과 동맥과 정맥이므로 이것만 남겨두고 모세혈관은 걷어내버리자고 말하는 것과 같다.
　대만의 두수명가 혜심제주는 십사정성 · 보성 · 좌성은 甲급성으로, 잡성은 각기 乙 · 丙 · 丁 · 戊급으로 나누어 분류하고 있다. 이 분류법은 그 간편함으로 인해 많은 사람들이 채용하고 있다.
　그러나 중주파는 혜심제주의 계급적인 星의 분류법은 옳지 않다고 주장한다. 왜냐하면 戊급성으로 분류되는 별일지라도 전체 성계에 큰 영향을 끼치는 경우가 많기 때문이다.

甲·乙·丙·丁·戊……와 같은 식으로 별을 파악하다 보면 무의식적으로 乙급은 甲급보다 못하다, 戊급은 丁급보다 힘이 없다는 고정관념을 갖기 쉬우므로 자미두수를 바르게 공부하는 데 상당한 문제를 야기한다

필자는 중주파의 견해에 찬동하여 계급적인 분류법을 채용하지 않고 중주파식으로 星을 분류하는데, 잡성부분에서는 필자 나름대로의 분류법을 사용한다.

참고로, 대만의 학자 중에는 잡성을 정성의 성계에 기생하는 성이라고 해서 기생성(寄生星)이라고 부르는 사람도 있다.

1) 잡성의 분류

① 천형(天刑)·천요(天姚)
② 공망 제잡성(空亡 諸雜星) : 천공(天空)·순공(旬空)·절공(截空)
③ 백관조공 제잡성(百官朝拱 諸雜星) : 삼태(三台)·팔좌(八座)·은광(恩光)·천귀(天貴)·태보(台輔)·봉고(封誥)·용지(龍池)·봉각(鳳閣)
④ 도화 제잡성(桃花 諸雜星) : 홍란(紅鸞)·천희(天喜)·대모(大耗)·함지(咸池)·목욕(沐浴)
⑤ 사선성(四善星) : 천관(天官)·천복(天福)·천재(天才)·천수(天壽)
　삼덕성(三德星) : 천덕(天德)·월덕(月德)·용덕(龍德)
　기타 제길성(諸吉星) : 해신(解神)·천무(天巫)·천주(天廚)
⑥ 고독손모 제성(孤獨損耗 諸星) : 천곡(天哭)·천허(天虛)·고

진(孤辰) · 과숙(寡宿) · 음살(陰煞) · 겁살(劫煞) · 비렴(蜚廉) · 파쇄(破碎) · 화개(華蓋) · 천월(天月) · 천상(天傷) · 천사(天使)
⑦ 장박세장전 십이신(長博歲將前 十二神) : 장생십이신(長生十二神) · 박사십이신(博士十二神) · 태세십이신(太歲十二神) · 장전십이신(將前十二神)

수많은 잡성을 두서없이 늘어놓으면 끝까지 읽어보기도 전에 지쳐버리고 말 것이다. 그러나 이렇게 일곱 가지로 분류해놓고 공부하면 훨씬 쉽게 가닥을 잡으면서 공부할 수 있다.

2) 천형 · 천요

天刑 : 陽火, 寅卯酉戌은 廟地, 申子辰巳午亥는 平和, 丑未는 陷地
天姚 : 陰水, 卯酉戌亥는 廟地, 申子辰寅巳午는 平和, 丑未는 陷地

형(刑)과 요(姚)라! 뭔가 상극적인 것처럼 느껴지지 않는가? 적이라면 몰라도 짝성은 어딘가 어색해 보인다.

두 星이 짝성이 되는 것에 대한 가장 합리적인 해석은 두수의 전신인 『십팔비성』에서 찾을 수 있다. 『십팔비성』에는 "천형은 태양 火에 속하며 천요는 태음 水에 속한다"고 분명하게 씌어 있다. 그래서인지 천형과 천요는 일월과 오행이 같고, 속성도 어느 정도는 일월을 닮은 부분이 있다.

천형과 천요는 성질상 창과 방패와 같다. 천요가 홍등가에서 방탕과 방종을 일삼으며 이익을 챙기는 포주라면, 천형은 그것을 제재하며 규율을 잡는 경찰이라고 할 수 있다. 공교롭게도 천형과 천요는 반드시 삼방에서 만나는데, 이러한 배치는 인간에게 내재되어 있는 두 가지 성향과 관계가 있다고 생각된다.

즉 천형과 천요가 반드시 삼방에서 만나듯이, 인간은 기본적으로 천형이 의미하는 자율적인 부분과 천요가 의미하는 방종의 속성이 내재해 있다는 것이다. 천형이 명궁에 있으면 관록궁에는 반드시 천요가 있고, 천요가 명궁에 있으면 재백궁에는 반드시 천형이 있어, 자율과 방종이 항상 견제와 균형을 이루면서 창조적인 기제를 형성하고 있다는 것이다.

천형이 명궁에 있으면 자율적인 에너지가 두드러지고, 천요가 명궁에 있으면 방종의 에너지가 두드러지는 차이가 있을 뿐, 근본적으로 천요와 천형은 뗄 수 없는 관계가 아닌가 싶다. 이러한 두 힘의 균형이 무너져 천형이 득세하면 히틀러나 김일성 같은 독재자가 되고, 천요가 득세하면 양귀비처럼 되는 것이다.

천형에는 형극(刑剋)적인 속성이 내재해 있다. 그래서 천형과 경양이 만나면 刑이 두 개가 되어 형극적인 속성이 증폭되므로, 이때의 경양은 형극적 측면이 유감없이 드러나 흉이 배가 된다.

『전서』에 보면 천형이 명·신궁에 있으면 승도가 되거나 고형(孤刑)하며, 요절하지 않으면 가난하고 부모형제가 온전치 못하며, 운에서 만나면 출가하고 관재가 있으며 감옥에 가고 실재(失財)하게 된다고 했다. 즉 육친관계·財·관록·수명·감정 등 전방위적으로 흉(凶)한 영향을 미친다는 것이다. 특히 천형은 태양의 기운에 속하기 때문에 육친적인 측면에 불리해서 육친궁에 들어가는 것을 좋아하지 않는다.

앞에서도 말했듯이 천형은 태양 火에 속하는 별로 태양을 많이 닮았기 때문에, 천형이 태양을 만나면 종이 주인을 만난 것과 같아서 태양의 성질을 가강시키는 부분이 많다. 성격적으로도 태양이 천형을 만나면 매우 원칙적이 된다. 그래서인지 태양이 인궁이나 묘궁의 묘왕지에 있으면서(이 궁들은 천형의 묘왕지이기도 하다) 천형을 만나면 군·경·사법계통에 종사하는 경우가 많다.

묘궁에서의 태양이 천량을 만나면 원리원칙적인 경향이 최대가 되는데 게다가 천형까지 만나면 그런 경향이 더욱 강해진다. 여기에 살이라도 비치면 주로 관재소송이나 형극적인 일이 많이 일어난다. 천형은 태양과 만나지 않아도 관재의 속성이 있기 때문에 염정이나 거문처럼 관재에 민감한 별이 함지에 있으면서 천형과 만나면 그럴 소지는 더욱 많다고 하겠다.

다른 별도 그렇지만 특히 천형과 천요는 묘왕지냐 함지냐에 따라 희기(喜忌)가 판이하게 달라진다. 축미궁의 천형은 함지가 되므로 고극적인 색채를 띠며 육친에 특히 불리하다. 대체로 천형이 함지에 있으면 육친에게 가장 불리하고 관재·질병·사고·요절 등 상상 가능한 나쁜 일이 다 일어난다.

반면에 천형이 묘왕지에 있으면 '천희신(天喜神)'이라고 부를 정도로 길하다. 게다가 문적인 속성의 창곡과 같이 있으면 형적인 본질을 부드럽게 조화시키면서 대업을 이루고 1백만 병사를 이끌고 변방을 장악하기도 한다고 했으니, 천형을 나쁘게만 볼 수는 없다. 묘왕지에서의 천형은 권귀하고 충절이 있으며 부귀하므로 정성과 보좌성을 잘 살펴서 지혜롭게 판단해야 한다.

자오묘유의 자미탐랑 조합이 도화범주격이 이루어졌을 때 천형은 도화적인 성향을 바르게 조절해준다. 또한 천형이 대모를 보면 형모(刑耗)라고 해서 파패(破敗)·손모(損耗)·경파(傾破)가 있게 된다.

그리고 천형에는 의약(醫藥)적인 속성도 있다. 의사들의 사주를 보면 흔히 천형·천월·홍란·병부 등이 보이며, 천형이 있는 사람은 의학이나 한의학 쪽에 관심이 있는 경우가 많았다. (물론 역학 쪽에 관심을 갖는 경우도 많다.) 대한이나 유년에서 천형을 만나게 될 경우 수술하거나 피를 보거나 하는 일이 있는 것을 볼 때, 학자들의 주장이 허언만은 아닌 듯싶다.

이제 천요에 대해 살펴보자. 옛사람들은 천요에 대해 "중매가 필요 없이 저 혼자 사람을 사귀어서 결혼한다"고 했다. 천요의 본질이 얼마나 자유분방하고 방종한지 미루어 짐작해볼 수 있는데, 이 역시 묘왕지나 함지에 따라 차이가 크다.

묘왕지(묘유술해궁)에 있을 때 천요의 속성은 부귀하면서 학식과 풍류가 있고 주위에 부릴 사람이 많은 것으로 나타나지만, 함지(축미궁)에 있으면 의심이 많고 주색에 빠져 재산을 탕진하거나 요절하기도 한다.

천요는 정성의 염정·탐랑을 제외하면 가장 강력한 도화적인 의미를 가지고 있다. 따라서 천요가 천이궁이나 노복궁에 있을 때 상황이 좋으면 귀인의 조력이나 아랫사람의 도움을 입는다는 말은, 이성뿐만 아니라 다른 인간관계에서 친화적인 속성이 있다는 것을 암시하는 것으로 보인다.

천요의 도화적인 성질은 대체로 우연히 이루어지는 것이어서 갑자기 사랑에 빠지는 경우가 많다.

천요는 도화성이므로 다른 도화성과 만나면 도화적인 역량을 증폭시킨다. 정성이 탐랑이나 염정과 같은 정도화·차도화라면 더욱 그러한데, 여기에 대모·함지·목욕·홍란·천희 등을 만나면 매우 강력한 도화적인 속성을 띠게 된다(예1).

그러나 정성계가 묘왕지에 있으면서 보좌 제성을 보고 살이 비치지 않은 상태에서 이런 톨들이 비치면, 예술적인 감각이나 탤런트적인 재능이 있거나 그런 유의 사업에 종사하는 경우가 많기 때문에 함부로 도화로 판단했다가는 실수하는 경우가 있다. 계속 강조하지만 항상 전체적인 상황을 보는 눈을 잃지 말아야 한다.

반면에 천요가 악성을 만나면 도화문제로 인해서 문제가 발생한다. 또 천요가 길성과 동궁하면서 명궁 · 재백궁 · 사업궁(관록궁을 사업궁이라고 한다)에 있으면 이성으로 말미암아 돈을 버는 경향이 있으므로 이성 접촉이 많은 직업에 종사하면 좋다.

하지만 만약 이런 상황에서 길성이 없고 살성이 비치면서 사기성이 강한 문곡화기 등을 보면 '도화겁(桃花劫)'이 된다. 텔레비전에서 자주 보는 여자한테 휘둘려 돈을 뜯기는 사건 같은 것들이 여기에 해당된다.

그리고 천요 자체에 권모술수적인 본질이 있는데 음살 같은 잡성이 더해지면 권모술수로 음모를 꾸미기가 쉬우므로, 만약 살을 보면 여색을 멀리해야 그러한 함정에 걸리지 않는다.

• 예1) 1967년 8월 ○일 인시 여명
명궁이 미궁의 천량이다.
부모궁은 신궁(申宮)의 칠살인데 천요와 동궁하고 있다. 여기에 홍란이 동궁하면서 대궁에는 천희가 있고 삼방으로는 자궁에 대모 · 함지의 도화성이 비치고 있다. 신궁에 동궁한 문창은 도화적인 역량을 더해준다.

이 사람의 아버지는 평생토록 주(酒) · 색(色) · 도학(賭學) · 삼학에 달통하여 가정을 책임지지 않고 오히려 가족에게 부담이 되었으며, 심지어 외방자손을 두기도 했다.

天天陀巨 廚馬羅門 平陷平 忌 官歲弔　　　35乙 府驛客【夫妻】絶巳	天祿文天廉 壽存曲相貞 旺陷旺平 博息病　　　36丙 士神符【兄弟】胎午	紅天天擎天 艷月貴羊梁 廟旺 力華太　2~11　37丁 士蓋歲【命】養未	孤天台紅天文七 辰空輔鸞姚昌殺 旺廟 青劫晦　12~21　38戊 龍煞氣【父母】生申
寡封天貪 宿誥刑狼 廟 伏攀天　92~　34甲 兵鞍德【子女】墓辰	음력 1967년 8월 ○일 인시 여자 命局：水2局 命主：武曲 身主：天相		恩地天天 光空鉞同 廟廟平 權 小災喪　22~31　39己 耗煞門【福德】浴酉
旬截蜚年鳳右太 空空廉解閣弼陰 陷陷 祿 大將白　82~91　45癸 耗星虎【財帛】死卯			武 曲 廟 將天貫　32~41　40庚 軍煞索【田宅】帶戌
解天天天天天紫 神官使才喜府微 廟廟 病亡龍　72~81　44壬 符神德【疾厄】病寅	破天八三地天 碎虛座台劫機 陷陷 科 喜月歲　62~71　43癸 神煞破【遷移】衰丑	天大陰鈴破 傷耗煞星軍 陷廟 飛咸小　52~61　42壬 廉池耗【奴僕】旺子	天天龍天天天左太 福哭池巫星魁輔陽 平旺閑陷 奏指官　42~51　41辛 書背符【身官祿】冠亥

3) 공망 제잡성

천공(天空)·순공(旬空)·절공(截空)은 모두 공망 제잡성(空亡諸雜星), 즉 공망성에 해당한다. 육살성의 지공의 영향력만큼은 아니지만 상당한 영향력을 미치는 별들이다. 공겁이 있는 상태에서 공망성들이 비치면 공겁의 역량을 증폭시키게 된다.

공망성의 속성은 약간의 차이는 있으나 대체로 지공과 비슷하다. 『전서』에서 지공을 천공으로 표시해서 처음 공부하는 사람들은 고

개를 갸웃하게 되는데, 천공은 지공에 비할 때 훨씬 부드럽다.

명궁에 천공이 있으면 도량은 있지만 환상적인 경향이 있어서 성실하지 못할 염려가 있다. 이러한 환상적인 경향은 세 료 모두 갖고 있다. 그렇기 때문에 실천적이지 못한 정성과 동궁하면 환상만 있을 뿐 실천이 따르지 않는 성격을 형성하게 된다. 기거(機巨)나 동량(同梁) 등의 성계가 화성·천마·천공과 동궁하면 더욱 실천력이 떨어진다. 그러나 화개와 같이 철학적인 경향이 있는 료과 만나면 환상은 철학적인 사상으로 변한다.

지공은 재적인 측면에서 아주 좋지 않은데, 공성 역시 재성과 동궁하는 것을 좋아하지 않는다. 그중에서도 천공보다는 순공이, 순공보다는 절공이 더욱 좋지 않다. 녹마교치의 격국이라도 절공을 만나면 녹마교치의 속성이 상당 부분 흐려지는 경향이 있다.

공성 가운데 절로공망은 공망성이 가지고 있는 환상적인 특징 외에 갑작스런 간섭이나 장애의 의미가 있으므로 염두에 두어야 한다. 예를 들어 타라와 천마가 만나 절족마가 형성되면 중도좌절이 있는데, 이러한 조합이 절로공망과 만나면 그 좌절과 장애의 속성이 한층 더해진다.

그리고 절공의 좌절은 외부에서 오는 데 반해 순공은 내부에서 오기 때문에 잘 구별하는 것이 필요하다.

두수가인 자미양은 보필·괴월 등은 귀인성이지만 부처궁에 있으면 좋지 않다고 했다. 보필은 좌우의 인물의 조력과 같고 괴월도 귀인이므로, 부처궁같이 개인적인 감정을 주하는 궁으로 들어가면 뭇사람들의 힘을 얻는 것이므로 좋지 않은 것이다. 그러나 만약 부처궁이 이렇게 떠들썩할지라도 명궁에서 천형과 천공이 있으면 도리어 '청백(淸白)'하다고 했다.

이러한 경우에 중주파나 다른 학자들은 대부분 '공성(지공·천공·순공·절공)은 모두 도화적인 역량을 조절할 수 있다'고 보는데 반해, 자미양은 굳이 '천공'이라고 꼬집어서 말하고 있는 것에 주의해야겠다.

- 예2) 1957년 12월 ○일 진시 여명

旬天破陀天 空廚碎羅相 　　　　陷平	解天封恩紅祿文天 神才誥光鸞存昌梁 　　　　　旺陷廟	紅寡地火擎七廉 艷宿空星羊殺貞 　　　平閑廟旺廟	天天文 貴刑曲 　　平
官指白 85~94　45乙 府背虎【身財帛】 絶巳	博咸天 95~　　46丙 士池德【子女】 胎午	力月弔　　　　47丁 士煞客【夫妻】 養未	青亡病　　　48戊 龍神符【兄弟】生申
天三陰巨 使台煞門 　　平 　　忌 伏天龍 75~84　44甲 兵煞德【疾厄】 墓辰	음력 1957년 12월 ○일 진시 여자 　　　命局 : 土5局 　　　命主 : 文曲 　　　身主 : 天同		天天 哭鉞 　廟 小將太 5~14　49己 耗星歲【命】 浴酉
截天地左貪紫 空虛劫輔狼微 　　平陷地旺 大災歲 65~74　55癸 耗煞破【遷移】 死卯			天台八天 空輔座同 　　　平 　　　權 將攀晦 15~24 50庚 軍鞍氣【父母】 帶戌
天天天天大鈴太天 月官傷壽耗星陰機 　　廟閑旺 　　　　　祿科 病劫小 55~64　54壬 符煞耗【奴僕】 病寅	年鳳龍天 解閣池府 　　　廟 喜華官 45~54 53癸 神蓋符【官祿】 衰丑	天天太 喜姚陽 　　陷 飛息貫 35~44 52壬 廉神索【田宅】 旺子	蜚孤天天天右破武 廉辰巫馬魁弼軍曲 　　　　平旺閑平平 奏歲喪 25~34 51辛 書驛門【福德】 冠亥

유궁이 명궁인데 정성이 없어 묘궁의 자탐을 끌어다 쓴다. 삼방에서 순공·절공을 보고 있으며 관록궁에는 화개가 있다. 공성이

3. 잡성 73

화개를 만나니 철학적·종교적인 사상이 있고, 자탐의 정성계를 만났으니 탈속적인 스님과 같은 성향이 있음을 알 수 있다.

결혼하여 아이를 낳긴 했지만 독실한 불교신앙 가운데 생활의 일거수일투족을 수행과 관련지으면서 살고 있다.

4) 백관조공 제잡성

삼태(三台)·팔좌(八座)·은광(恩光)·천귀(天貴)·태보(台輔)·봉고(封誥)·용지(龍池)·봉각(鳳閣)을 백관조공 제잡성(百官朝拱 諸雜星)이라고 한다. 백관조공에 해당하는 잡성들은 말 그대로 백관조공을 받는 주성, 즉 자미·천부·낮생인의 태양·밤생인의 태음을 좋아한다. 또 그 귀적인 성질을 확대해보면 주귀(主貴)하는 별들인 천량·천상 등과 만나는 것도 좋아한다.

백관조공 제잡성은 독특하게 좋아하는 정성이나 보좌성이 있고, 그들의 특징을 증가시키는 경향이 있으며, 짝으로 만나면 효과가 증폭된다. 따라서 이 별들을 공부할 때는 별의 배치상 협으로 만나거나 삼방에서 만나거나 동궁하거나 서로 대칭해서 마주보고 있는 것을 잘 살펴야 한다. 그럴 경우 가지고 있는 힘들이 증폭되기 때문이다.

그러나 백관조공 보좌성(보필·창곡·괴월 등)과 백관조공 제잡성이 도화성을 만나면 도화로 변하는 경우도 있으므로 이것도 잘 살펴야 한다.

(1) 삼태·팔좌

삼태(三台)는 양토(陽土)이고 팔좌(八座)는 음토(陰土)이다. 자미를 보좌하며 문창·문곡과 함께 '연여(輦輿)'라 칭한다.

삼태는 태양의 부하이고 팔좌는 태음의 부하이기 때문에, 이 별들이 일월과 동궁하거나 만나면 일월의 광휘를 증가시킨다. 또한 좌보·우필과 만나면 보필의 역량을 증가시키기 때문에 소좌보(小左輔)·소우필(小右弼)이라고 부르는 사람도 있다. 따라서 보필이 부처궁에 들어가는 것을 싫어하는 것처럼 이 별들도 부처궁에 들어가는 것을 싫어한다.

정성과 잡성을 막론하고 짝성은 같이 만나야 역량이 있다. 이 별들도 짝성으로 만나야 힘이 있는데, 여기에 더하여 유력한 보좌성과 만나야 힘을 발휘할 수 있다. 주로 사회적 지위를 증가시키며 재산이나 사업에 명성이 있게 하거나 안정시킨다.

학자에 따라 삼태·팔좌는 옛날의 지체 높은 사람들이 탔던 수레였기 때문에 이 星들은 외출과 원행을 主로 해서 일찍 집을 떠나 객지에 있거나 출국의 기회가 많다고 보기도 한다. 옛날의 수레란 오늘날의 고급 승용차에 해당하므로 삼태·팔좌가 있으면 고급 승용차를 타고 다닌다고 본다.

홍콩의 두수가 문기명은 삼태·팔좌에 대해 다음과 같은 견해를 피력한다.

문기명에 의하면 성공한 사회활동가나 정치활동가가 되려면 네 가지 조건을 갖추어야 한다. 첫째는 후원자, 둘째는 참모 그룹, 셋째는 여론, 넷째는 군중이다. 여기에서 문기명의 탁월한 관점이 나타나는데, 그는 후원자를 괴월에, 참모를 보필에, 여론을 창곡에, 군중을 삼태·팔좌에 비유하고 있다.

괴월은 본래 귀인에 의해 발탁되거나 귀인의 후원을 받는 의미가 있으므로 충분히 후원자에 비유할 수 있다. 참모는 자료수집과 여론조사, 선전 등을 통해서 출마하는 사람의 이미지를 제고시키고 그를 훌륭한 사람으로 만들어야 하므로, 보필은 이러한 역할에 딱 맞는다고 하겠다. 또한 글과 말, 명예를 주하는 창곡은 여론으로 볼 수 있다.

이러한 세 가지가 다 갖추어진다 해도 군중이 없다면 정치가가 될 수 없다. 그래서 문기명은 군중의 중요함을 들면서 삼태·팔좌의 위치를 부각시킨다.

삼태·팔좌란 고대에서 주인이나 임금을 앞뒤로 시위했던 시위대와 같으므로 가히 주인의 성세, 즉 주성의 성세를 더해주는 속성이 있다. 그래서 군중을 삼태·팔좌에 비유한 것이다.

그러므로 명궁에 삼태·팔좌가 있는 사람은 정치에 종사하는 것이 좋으며, 그런 사람은 군중의 지지를 받을 수 있다고 했다. 삼태·팔좌에 대한 문기명의 해석과 비유는 아주 탁월하므로 꼭 기억해둘 부분이라고 생각한다.

• 예3) 1963년 9월 ○일 묘시 남명

신궁(身宮, 천이궁)인 축궁에 삼태·팔좌가 있는데 명궁에서 일월과 함께 용지·봉각·은광·천귀 등 백관조공의 잡성들을 쌍으로 만나고, 또 축궁의 협으로 보필을 만나고 있다. 이 경우 삼태·팔좌는 일월을 더욱 광휘롭게 하여 명궁으로 하여금 한층 명예와 성세가 있게 한다.

또한 삼태·팔좌는 군중의 의미도 있으므로 어디를 가도 사람들이 많이 따라서 도망가야 할 정도로 인기가 많다. 게다가 삼태·팔좌에는 역마적인 속성도 있는데 삼방에서 천마를 만나고 신궁 또한 천이궁에 있으므로, 스님이 되어서 가보지 않은 데가 없으며 외국에도 몇 번씩 다녀왔다.

蜚天破孤封天天天武 廉福碎辰詰巫刑鉞同 旬　　　　　　平旺廟 空	天天天武 官喜府曲 　　　旺旺	年鳳龍天恩文文太太 解閣池貴光昌曲陰陽 　　　旺平平平平 　　　　　　　　科	紅大地貪 艶耗空狼 　　　廟平 　　　　忌
喜歲喪 26~35 39丁 神驛門【夫妻】　絶巳	飛息貫 16~25 40戊 廉神索【兄弟】　墓午	奏華官 6~15 41己 書蓋符【命】　死未	將劫小　　　42庚 軍煞耗【父母】 病申
解天天破 神壽空軍 　　　旺祿 病攀晦 36~45 38丙 符鞍氣【子女】　胎辰	음력 1963년 9월 ○일 묘시 남자 命局 : 火6局 命主 : 武曲 身主 : 天同		天台天巨天 虛輔姚門機 　　　廟旺 　　　　權 小災歲　　　43辛 耗煞破【福德】　衰酉
天天 哭魁 　廟 大將太 46~55 49乙 耗星歲【財帛】　養卯			天陰天紫 才煞相微 　　　閑閑 青天龍 96~　44壬 龍煞德【田宅】　旺戌
天天地右廉 月使劫弼貞 　　　平廟廟	截寡八三鈴擎 空宿座台星羊 　　　　陷廟	天紅祿火左七 傷鸞存星輔殺 　　　旺平旺旺	天陀天 廚羅梁 　陷陷
伏亡病 56~65 48甲 兵神符【疾厄】　生寅	官月弔 66~75 47乙 府煞客【身遷移】浴丑	博咸天 76~85 46甲 士池德【奴僕】　帶子	力指白 86~95 45癸 士背虎【官祿】　冠亥

(2) 은광 · 천귀

은광(恩光)은 火, 천귀(天貴)는 土로 짝성이다. 은광은 천괴의 보좌성으로서 태양과 문창을 좋아하고 낙함한 태음을 싫어하며, 천귀는 천월의 보좌성으로서 태음과 문곡을 좋아하고 낙함한 태양을 싫어하며 성명(聲名)을 主한다.

천괴 · 천월은 과거시험을 치러서 얻는 과명(科名)이 아니라 발탁됨으로써 얻게 된 과명이다. 마찬가지로 은광 · 천귀도 제도적인 시험 외에 특차로 뽑히는 영광이나 특수한 은총을 입는 특징이 있다.

3. 잡성 77

천괴와 은광이 동궁하면서 천월과 녹존에 화록을 보고 정성이 화록·화권·화과가 된 재성이면, 지위로 말미암아 돈을 벌거나 귀인의 도움으로 돈을 얻게 된다.

은광·천귀는 화성을 좋아하지 않는데, 도화성을 만나면 화류계에서 유명해지고 이성의 관심을 끈다. 천요와 동궁하는 것은 더욱 좋아하지 않아 주로 겉만 번지르르하고 허위(虛僞)하다.

• 예4) 1967년 3월 ○일 오시 여명

天天天天天地地陀七紫 廚使壽才馬劫空羅殺微 平閑廟陷平旺 官歲弔 74~83 35乙 府驛客【疾厄】　　生巳	祿左 存輔 旺旺 博息病 84~93 36丙 士神符【財帛】　浴午	紅擎 艶羊 　廟 力華太 94~　37丁 士蓋歲【子女】帶未	孤天封紅右 辰空詰鸞弼 　　　　平 青劫晦　　　38戊 龍煞氣【夫妻】冠申
天寡鈴文天天 月宿星昌梁機 　旺旺旺廟 　　　　　科 伏攀天 64~73 34甲 兵鞍德【遷移】　養辰	음력 1967년 3월 ○일 여자 命局：金4局 命主：祿存 身主：天相		恩天破廉 光鉞軍貞 　廟陷平 小災喪　　　39己 耗煞門【兄弟】旺酉
旬截蜚天年鳳天天火天 空空廉傷解閣貴姚星相 　　　　　　　　平陷 大將白 54~63 45癸 耗星虎【奴僕】　胎卯			解陰文 神煞曲 　　陷 將天貫 4~13 40庚 軍煞索【身命】衰戌
天八天天巨太 官座巫喜門陽 　　　　廟旺 　　　　　忌 病亡龍 44~53 44壬 符神德【官祿】　絶寅	破天貪武 碎虛狼曲 　　廟廟 喜月歲 34~43 43癸 神煞破【田宅】墓丑	大台三太天 耗輔台陰同 　　　廟旺 　　　祿權 飛咸小 24~33 42壬 廉池耗【福德】死子	天天龍天天天 福哭池刑魁府 　　　　旺旺 奏指官 14~23 41辛 書背符【父母】病亥

술궁이 명궁인데 정성이 없어 대궁에서 기량을 끌어다 쓴다.

임자대한 기묘년 묘궁을 보면 삼방사정에서 은광·천귀·천괴·천월이 다 비치고 있다.

이 해에 인도에 갔다가 티벳의 유명한 린포체와 인연이 되어 그분의 외국인 제자가 되는 영광을 얻었다.

'제도적인 시험 외에 특차로 뽑히는 영광'이 가지고 있는 특수한 은총이 이런 식으로 나타난 것을 보면, 틀에 박힌 판단보다는 활변을 하는 것이 중요하다는 것을 알 수 있다.

(3) 태보·봉고

태보(台輔)와 봉고(封誥) 역시 짝성이다. 태보는 좌보의 역량을, 봉고는 우필의 역량을 증가시킨다. 따라서 보필과 같이 태보와 봉고도 격을 높이고 사회적인 지위를 증가시킨다. 즉 모두 주귀(主貴)한다.

주귀하므로 당연히 주귀하는 정성이나 보좌성(자미·태양·천량·천상·괴월·창곡·화과 등)을 좋아한다. 만약 주부(主富)하는 정성(태음·천부·무곡 등)과 동궁하면 富로 인해 사회적 지위를 얻게 된다. 그러나 태보·봉고 역시 짝성으로 만나야 힘이 있다.

백관조공의 星들은 도화성을 만나면 도화로 바뀌는 경향이 상당히 많은데 태보·봉고도 마찬가지이다. 도화 제성과 동궁하면 주로 도화의 역량을 증가시키기 때문에 좋지 않으며, 이럴 경우에는 貴로 논하지 않는다.

• 예5) 경술년 11월 ○일 자시 남명

공자의 명으로 자궁의 천량이 명궁이다.

천이궁에는 태양화록이 좌(坐)하고, 천이궁의 삼방사정에 태보·

天大紅破武 傷耗鸞軍曲 閑平 權	截解天台陰太 空神福輔煞陽 廟 祿	寡天天陀天天 宿使刑羅鉞府 廟旺廟 科	天祿天太天 哭存馬陰機 廟旺平閑
大亡龍 56~65 32辛 耗神德【奴僕】 冠巳	伏將白 66~75 33壬 兵星虎【遷移】 旺午	官攀天 76~85 34癸 府鞍德【疾厄】 衰未	博歲弔 86~95 35甲 士驛客【財帛】 病申
天文天 虛曲同 廟平 忌 病月歲 46~55 31庚 符煞破【官祿】 帶辰	경술년 11월 ○일 子시 남자 命局：火6局 命主：貪狼 身主：文昌		恩擎貪紫 光羊狼微 陷平平 力息病 96~ 36乙 士神符【子女】 死酉
天鈴 貴星 廟 喜咸小 36~45 42己 神池耗【田宅】 浴卯			紅天天天文巨 艶月壽才昌門 陷旺 青華太 37丙 龍蓋歲【夫妻】 墓戌
旬天封龍三天左 空廚誥池台巫輔 廟 飛指官 26~35 41戊 廉背符【福德】 生寅	破火天七廉 碎星魁殺貞 旺旺廟旺 奏天貫 16~25 40己 書煞索【父母】 養丑	蜚年鳳八右天 廉解閣座弼梁 旺廟 將災喪 6~15 39戊 軍煞門【身命】 胎子	天孤天天天地天 官辰空喜姚劫空相 旺陷平 小劫晦 38丁 耗煞氣【兄弟】 絶亥

봉고와 좌보·우필·삼태·팔좌 등이 비치며 양양창록격이 이루어져 있다.

활동무대인 천이궁이 이처럼 귀적인 조합으로 짜여 있으니 일생 권귀(權貴)한 왕이나 제후들과 인연이 좋았다.

(4) 용지·봉각

용지(龍池)는 양수(陽水), 봉각(鳳閣)은 양토(陽土)이며 짝성이다. 천부를 보좌하는 용지는 천부의 후중한 속성처럼 신중하고 심지가 굳으며, 권귀한 대상과 사귀고 음식 향수를 증가시킨다. 천상을 보좌하는 봉각은 옷을 잘 입는 것을 좋아하며, 천상과 동궁하면 천상이 함지에 있더라도 의록을 풍부히 향복할 수 있게 한다.

용지는 예(藝)를 주하고 봉각은 재(才)를 주한다. 그래서 옛사람들은 무곡과 용지가 만나면 재주 있는 장인이 된다고 했다. 재예를 主하는 속성 때문에 창곡·화과·천재 등을 좋아한다(예 6).

성질상 용지는 무(武)적인 속성에 가깝고, 봉각은 문(文)적인 속성에 가깝다.

용지·봉각은 축미궁을 협할 수 있는데, 협궁이 만일 명궁이면 주인이 총명하고 재예를 학습하기가 쉽다. 협궁이 사업궁이면 전문업에 재능이 있으며, 재백궁이면 전문업으로 돈을 벌고, 전택궁이면 주택이 아름답다.

용지·좌보와 봉각·우필 또는 용지·문창과 봉각·문곡은 모두 서로 역량을 가강시키는 星의 조합이 된다. 그래서 동궁(同宮)·대공(對拱)·상협(相夾)하는 것을 좋아한다. 대체로 총명과 재지를 가강할 수 있고 동시에 주귀(主貴) 조합이 되며 사회적 지위를 증가시킨다. 설사 수예에 종사해도 반드시 상당한 지명도가 있게 되며 시험에도 이롭다.

용지·봉각이 같이 입명하면 신선술이나 술수(醫·命·卜·相) 등을 좋아하며 영감이 좋다.

소년에 만나면 시험에 이롭고, 중년운에서 부상(府相)과 만나면 부상조원(府相朝垣)의 힘을 증가시킨다.

칠살이 용지와 질액궁에 있으면 주로 귀에 병이 있고, 칠살·파군과 봉각이 질액궁에 있으면 주로 눈에 질환이 있다. 학자에 따라서는 입이나 이빨에 질환이 있다고도 하며, 노년에 미각과 후각을 잃는다고도 한다.

• 예6) 1957년 8월 ○일 신시 남명

旬天破恩陀巨 空廚碎光羅門 　　　　陷平 　　　　　忌 力指白　83~92　45乙 士背虎【身官祿】病巳	天紅祿鈴天廉 傷鸞存星相貞 　　　旺廟旺平 博咸天　73~82　46丙 士池德【奴僕】　衰午	紅天寡地擎天 艷月宿劫羊梁 　　　平廟旺 官月弔　63~72　47丁 府煞客【遷移】　旺未	天天七 使姚殺 　　廟 伏亡病　53~62　48戊 兵神符【疾厄】　冠申
天貪 　　　刑狼 　　　　廟 青天龍　93~　　44甲 龍煞德【田宅】　死辰	음력 1957년 8월 ○일 신시 남자 命局 : 木3局 命主 : 巨門 身主 : 天同		天天天 哭鉞同 廟平 　　權 大將太　43~52　49己 耗星歲【財帛】　帶酉
截天天三地右太 空虛貴台空弼陰 　　平陷陷 　　　　　祿 小災歲　　　55癸 耗煞破【福德】　墓卯			天天封武 才空誥曲 　　　廟 病攀晦　33~42　50庚 符鞍氣【子女】　浴戌
解天天大台文天紫 神官壽耗輔昌府微 　　陷廟廟 將劫小　　　54壬 軍煞耗【父母】　絶寅	年鳳龍天 解閣池機 　　　陷 　　　科 奏華官　3~12　53癸 書蓋符【命】　胎丑	陰天文破 煞喜曲軍 　廟廟 飛息貫　13~22　52壬 廉神索【兄弟】　養子	蜚天孤八天天火左太 廉福辰座巫星魁輔陽 　　　　　平平旺閑陷 喜歲喪　23~32　51辛 神驛門【夫妻】　生亥

예술가로서 지금까지 독신으로 산다.

명궁이 축궁의 천기로 용지·봉각이 동궁해 있으며 양옆에서 문창·문곡이 협하고 있다.

본래 총명한 별인 천기에 화과가 붙었으니 더욱 총명하고 지혜롭다. 그런데 봉각의 재예성(才藝星)이 있는데다가 창곡에 화과까지 가세하니 예술을 한다는 것이 이해가 된다.

더구나 대궁의 천량과 더불어 기량에 양타의 고예수신(高藝隨身) 조합에 이런 잡성까지 붙었으니 더욱 예술적인 기질이 농후했던 것이다.

5) 도화 제잡성

홍란(紅鸞)·천희(天喜)·대모(大耗)·함지(咸池)·목욕(沐浴)은 도화(桃花)의 의미를 띠는 잡성이다.

이 星들은 서로가 서로의 역량을 가강시키고, 정성 중의 도화성인 정도화 탐랑·차도화 염정·천요 등과 만나면 도화적인 역량을 증폭시키기도 한다.

도화 제잡성은 도화를 추단할 때 상당히 유용하고 잘 맞으므로 소홀히 생각해서는 안 된다.

(1) 홍란·천희

홍란(紅鸞)은 음수(陰水), 천희(天喜)는 양수(陽水)로서 짝성이다. 혼인과 기쁘고 경사스런 일을 主한다. 구체적으로 홍란은 혼인을, 천희는 생육(生育)을 主한다.

홍란·천희는 잡성 중에서도 몇 가지 면에서 상당히 사용빈도가 많은 별이다.

첫째, 혼인과 생육을 主하기 때문에 결혼이나 자식을 낳을 때를 추단할 때 쓴다.

흔히 홍란·천희를 보고 유년창곡과 만나야 결혼한다고 한다. 그 이유는 홍란·천희는 혼인을 의미하고 창곡은 예의를 의미하기 때문이다.

자식을 낳는 부분도 천희가 생육을 主하기 때문에 자녀궁이나 전택궁에 들어가는 것을 좋아해서 길성을 보면 주로 자녀를 낳는다고 하는데(자녀를 추단할 때는 임신하는 시기가 기준이 된다), 이처럼 단순하게 천희가 자녀궁이나 전택궁에 들어간 것으로만 판단했다가는 맞지 않아 실수를 하게 된다. 반드시 사화나 정성 등을 종합적으로 살펴보고 판단해야 한다.

둘째, 홍란(천희도 마찬가지다)은 결혼하는 도화라고 해서 정상적인 도화의 의미가 있지만, 만약 다른 도화성(천요·함지·대모·목욕·탐랑·염정 등)과 만나면 도화의 의미를 증폭시키게 된다.

셋째, 홍란·천희는 피를 의미하기도 하여 혈광(血光)의 의미가 있다.

본궁에 칠살·파군·경양이 있고 질액궁에 홍란이나 천희가 있으면 수술하거나 칼에 의해서 피를 보게 되는 일이 있거나 한다. 그 반대의 경우도 마찬가지이다.

수술하거나 피를 보거나 하는 때는 홍란·천희가 인동(引動)되는 것을 필자도 여러 번 경험했다.

넷째, 만년에는 홍란·천희에 좋지 않은 의미가 있다.

학자에 따라서 만년에 홍란을 보면 도화가 질병으로 변한다고 하기도 하고, 30세 전에 홍란을 만나면 길조가 되지만 50세 후에는 상처(喪妻)나 소인(小人)을 主한다고 하기도 한다.

보필 거사는 이것을 다음과 같이 해석했다.

　　책에 말하기를 "홍란·천희는 30년은 희(喜)하고 30년 후는 기(忌)한다"고 했다.
　　이것은 옛사람들이 홍란·천희를 생명의 나무로 비유한 것이다. 나무가 자라면서 14~16세 무렵이 되면 개화해서 계속적으로 성장하기 때문에 30년 동안은 좋지만, 30년 후에는 꽃이 지고 나무가 늙어서 나뭇잎이 누렇게 마르므로 꺼린다고 했다.

그 밖에도 여러 가지 의미가 있다. 홍란·천희 역시 재(財)를 主하는데, 반드시 길성과 만나야 하고 화록·녹존과 동회(同會 : 동궁하거나 삼방사정에서 영향을 준다는 뜻)하는 것을 더욱 좋아하며 그런 연후에야 비로소 주진재(主進財)한다. 만약 살기형모(煞忌刑耗)와 만나면 도화로 인해 파재하게 되며, 학자에 따라서는 홍란·천희가 재백궁에 있으면 투기나 도박을 좋아하여 돈이 모이지 않는다고도 한다.

홍란·천희가 자녀궁에 있으면 딸을 많이 낳는다. 이러한 성질은 다른 도화성이 자녀궁에 들어갈 때도 마찬가지이다. 유년전택궁에 들어가면 식구가 늘거나 다른 사람이 들어오거나 한다.

(2) 대모·함지

대모(大耗, 생년지 기준의 대모를 말한다)와 함지(咸池)는 짝성이 아니다. 그래서 언뜻 보기에 어울리지 않는 것처럼 보인다. 실제로도 의미상 대모와 함지는 공통분모가 적다.

다만 대모가 함지를 만나면 도화로 변해 도화의 성질을 가강시키며 도화로 인한 파재나 손실이 있다. 그 도화적인 성질 때문에 특별히 이렇게 묶었다.

함지는 도화살(桃花煞) 또는 패신(敗神)이라고도 하며, 사음(邪淫)한 일을 主하여 실질적인 육체관계를 의미한다. 도화 중에서도 좋지 않은 도화의 의미가 있는 것이다. 그래서 함지가 다른 도화성과 동궁하거나 만나면(특히 정성인 탐랑이나 염정이 화기가 되면 감정 문제가 있다) 도화의 역량을 증가시키는데, 이런 상태에서 살을 보면 도화로 인해 복잡한 문제가 생기게 된다.

보좌성 중 창곡이 함지를 만나면 함지의 역량을 가강시키는데, 문창화기나 문곡화기가 되면 복잡한 감정분란이 있다. 그러나 한 가지 주의할 것은 함지·천요가 동궁하면서 염정화기가 부처궁에 있거나 여명의 명궁에 있으면 단지 아이를 낳거나 임신하는 것을 의미한다.

함지와 창곡이 동궁하면서 녹존이나 화록을 보면 이성으로 인해 돈을 얻거나 이성을 대상으로 해서 돈을 번다.

대모에는 본래 모손(耗損)의 의미가 있다. 대모와 천허(줄여서 허모라고도 부른다)는 이웃해 있어서 서로 짝성이 된다. 만약 허모가 하나는 부모궁에 있고 하나는 명궁에 있으면 통상 조업을 지키지 못하며, 하나는 명궁에 하나는 형제궁에 있으면 형제로 인해 손재하고, 하나는 재백궁에 하나는 질액궁에 있으면 병으로 인해 파재하며, 하나는 자녀궁에 하나는 재백궁에 있으면 자녀로 인해 손실이 있다는 식으로 판단한다.

일반적인 정형의 살기형성(煞忌刑星)이 모여 있는 상태에서 대모를 보면 주로 불길한 정황으로 말미암아 실질적인 손실을 초래하게 된다. 만약 천허만 보면 꼭 실질적인 손실이라고는 할 수 없으며 있더라도 정형이 아주 부드럽다.

태음·문곡·대모에 화기를 만나면 돈이나 물건을 잃어버리거나 도둑을 맞는다.

(3) 목욕

목욕(沐浴)은 명리에서 말하는 십이운성, 즉 장생십이신의 하나이다. 그 도화적인 의미 때문에 도화 제잡성에 속하게 되었다.

보통 아이를 낳아서 벌거벗겨 목욕시키므로 목욕에는 도화적인 의미가 있다고 하는데, 이 이론보다는 목욕이 자오묘유궁의 도화지에 들어가게 되기 때문에 도화의 의미가 있다고 하는 편이 논리적이라고 생각한다. (목욕은 정도화가 아니기 때문에 불량한 도화의 암시가 있다.)

두수의 배합상 목욕이 진술축미궁에 들어갈 때도 있는데, 그때는 당연히 도화의 의미가 매우 퇴색된다.

목욕은 도화성이기 때문에 기타 도화성을 만나면 도화를 가강시키며, 함지처럼 창곡·화록·녹존과 동궁하면 이성으로 말미암아 돈을 버는 것으로 나타난다. 또한 탈애(奪愛 : 사랑을 빼앗기는 것)의 의미가 있는 탐랑화기와 동궁하면 탈애의 의미를 가강시키며, 문창·문곡화기와 동궁하면 도화로 인해서 파재하고 이성과 분란이 발생한다.

6) 사선성 · 삼덕성 · 기타 제길성

여기에서는 공망성도, 도화성도, 백관조공하는 星도 아닌 잡성 중에서 길한 의미를 갖고 있는 것만을 모았다. 사선성(四善星)과 삼덕성(三德星)이란 중주파에서 星을 분류할 때 사용하는 용어인데 그 분류법이 기억하기 쉬우므로 채용했다. 기타 제길성(諸吉星)은 이것도 저것도 아닌 길성을 묶은 것이다.

- 사선성 : 천관(天官) · 천복(天福) · 천재(天才) · 천수(天壽)
- 삼덕성 : 천덕(天德) · 월덕(月德) · 용덕(龍德)
- 기타 제길성 : 해신(解神) · 천무(天巫) · 천주(天廚)

(1) 사선성

중주파에서는 천관(天官)·천복(天福)·천재(天才)·천수(天壽)를 사선성(四善星)이라고 한다. 이 星들에는 각기 독특한 의미가 있으며 또 좋아하는 정성이 정해져 있다. 천관은 작록을, 천복은 복을, 천재는 재주를, 천수는 수명을 主한다. 그래서 이 네 星이 모이면 복록과 수명, 재주를 모두 구비한 것이 되어 좋으므로 사선성이라고 한 것이다.

천관은 작록을 주하므로 관록을 주하는 星(자미·태양·천량)과 동궁하는 것을 좋아하고, 창곡·화과 등도 좋아한다.

천복은 복을 주하므로 천동을 좋아한다. 천동이 화기가 되어도 천복의 힘으로 보충할 수 있다.

천재는 재주·재예를 주하므로 천기를 좋아한다. 천기와 동궁하면 총명하고 재주가 많으며 다학다성한다. 또한 재주를 주하므로 용지·봉각·문창·문곡·화과 등을 좋아한다.

천수는 수명을 관장하므로 노인성인 천량을 좋아한다. 천수가 육친궁에 있으면 해당 육친과 나이 차이가 많이 난다. 천량과 동궁하면 더욱 그렇다.

(2) 삼덕성

천덕(天德)·월덕(月德)·용덕(龍德)을 삼덕성(三德星)이라고 한다. (첨부한 프로그램에는 월덕을 넣지 않았다.)

천덕은 흉을 길로 화하게 하는 의미가 있기 때문에 살성이나 화기성에 대한 저항력이 있어서 명궁이나 신궁에 있는 것을 좋아한다. 운에서도 마찬가지이다. 그 밖에 도화성에 대한 저항력도 있으나, 질병이나 관재소송을 해액하는 힘은 없다.

또 천덕은 부친이나 남성의 윗사람에게 이로운데, 입묘한 태양이나 천량과 부모궁에서 동궁하면 일생 동안 윗사람으로부터 돌봄을 받는다. 천덕·천무와 재성이 동궁하면 유산을 승계하고, 보좌성 중 괴월과 만나면 발탁의 가능성이 높아진다.

월덕도 살성에 대한 해액이 있으며, 길성이나 길한 정성과 만나면 금상첨화의 성질이 있다. 또 월덕에는 일반적으로 모친·장모·조모로부터 돌봄을 받는 의미가 있다. 그래서 천괴는 천덕과, 천월은 월덕과 배합되는 것을 좋아하는데 이렇게 되면 서로 그 역량을 가강시킨다.

창곡·월덕이 명궁에 있는 사람은 여성으로부터 환심을 사기 쉽다. 그러나 도화 제성과 과문 제성이 모여 있으면 월덕 역시 도화의 성질을 가강시키는 것으로 변할 수 있다.

용덕은 삼덕성 중에서 역량이 가장 적다. 자미와 동궁하는 것을 가장 좋아하며, 특수한 영예가 있다. 만약 용덕이 명궁에 있으면 일생 동안 중대한 재난에서 피할 수 있다.

(3) 기타 제길성

해신(解神)·천무(天巫)·천주(天廚)는 이것도 저것도 아닌 길성이어서 기타 제길성(諸吉星)으로 묶었다.

해신은 길한 일이든 흉한 일이든 뭔가를 풀어주는 의미가 있다. 그래서 학자에 따라 해신을 가리켜 '소천량(小天梁)' 즉 작은 천량이라고 부르기도 한다. 명궁이나 부처궁에서 정성계가 불리하고 해신과 천마가 있는데 다시 연해(年解)가 비치면 이혼한다. 해신에는 길한 것도 풀어버리는 힘이 있기 때문이다.

해신에는 연해와 월해가 있는데 월 해신의 힘이 더 크다. 둘 다 유월(流月)에서 역량을 발휘하여 유년에서 만나면 재액과 곤란을 풀어줄 수 있다. 경선이나 선거 등의 경쟁성 있는 활동에는 해신이 길성과 같이 운에 들어가는 것이 가장 좋아서 왕왕 결정적인 승리를 안겨주기도 한다.

천무는 유산의 星이다. 그래서 宮으로는 부모궁·전택궁을 좋아하며, 星으로는 부모나 돌봄의 의미가 있는 천량과 동궁하는 것을 좋아한다. 만약 천무가 질액궁에 있으면 질액 방면으로 유전이 있다.

승진을 볼 때도 천무가 종종 걸린다. 승진의 속성상 발탁과 기회가 중요하므로 천무는 괴월과 동궁하는 것을 좋아한다. 유년에서 천무성을 만나는 것이 좋은데, 길을 만나면 승진한다. 천무가 천마를 만나면 변동을 主하며, 천덕·월덕을 만나면 귀인에게 발탁되어 쓰임을 받게 된다.

천주는 주로 음식이나 음식솜씨와 관계된 星이다. 음식은 불로 요리하는 것이므로 불을 의미하는 화성이 천주와 동궁하면 요리사가 될 수 있을 정도로 음식 만드는 데 일가견이 있다. 여기에 재주를 의미하는 천재·용지·봉각이 동궁하면 그 재주는 더욱 탁월해진다.

음식이란 항상 가공되므로 파괴해서 창조하는 파군이 음식이나 음식 맛을 主한다. 음식을 의미하는 파군과 불을 의미하는 화성이 명궁이나 복덕궁에 동궁하면 반드시 음식솜씨가 좋다. 그래서 파군·천주·화성이 동궁하거나 만나면 요리를 잘한다. 그 밖에 탐랑과 동궁해도 요리를 잘한다. 만약 녹존·화록·무곡·천부 등의 재성과 동궁한다면 음식업에 종사하면 아주 길하다.

또 천주는 봉록(俸祿)의 星이어서, 명궁이나 사업궁에 천주가 있으면 종신 공직에 종사하는 경우가 많다.

우리나라에서 자미두수를 하는 분 가운데 천주성은 자미두수에서 쓰는 별이 아니라고 주장하는 사람이 있는데, 천주는 대만에서 가장 저명한 혜심제주도, 홍콩의 중주파에서도 쓰고 있는 星이다.

7) 고독손모 제성

고독손모 제성(孤獨損耗 諸星)은 잡성 중 불길한 星들을 묶은 것이다. 천곡(天哭)·천허(天虛)·고진(孤辰)·과숙(寡宿)·음살(陰煞)·겁살(劫煞)·비렴(蜚廉)·파쇄(破碎)·화개(華蓋)·천월(天月)·천상(天傷)·천사(天使)가 해당된다. 이 星들은 대체로 어둡고 고독하며 좋지 않은 에너지를 뿜기 때문에 성격이나 분위기를 파악할 때 유용하게 쓰인다.

(1) 천곡·천허

천곡(天哭)은 양금(陽金), 천허(天虛)는 음토(陰土)로서 짝성이다. 학자에 따라서는 천곡을 양화(陽火), 천허를 음화(陰火)로 보기도 한다. 주로 상심하고 눈물흘리는 일을 主하는데, 천곡은 형극을, 천허는 공허를 主한다. 줄여서 곡허(哭虛)라고도 부른다.

『전서』에 보면 곡허에 대해 다음과 같이 말하고 있다.

> 천곡·천허는 악성으로서 명에 있으면 아주 좋지 않다. 곡허가 부모궁에 있으면 파탕하고 논밭을 팔아치우며, 명·신궁의 함지에 있으면 가난하고 궁하고 고독하며 형상(刑傷)이 있다. 육친에 결함이 많고 번뇌로 세월을 보낸다. 여기에서 모의할지라도 저기에서 이룰 수 없어 심사가 항상 바쁘기만 할 뿐이다. 축묘신궁에서는 길하며 祿을 만나면 이름이 드러나게 된다. 만약 대·소한에서 만나면 슬픈 곡소리로 애간장이 끊어진다.

천곡은 울 곡(哭)이 붙어 있고 천허는 빌 허(虛)가 붙어 있는 것을 보면 그 성질을 짐작해볼 수 있다. 천곡은 곡소리가 나는 것이니 정신적으로 타격이 있고, 천허는 텅 비는 것이니 물질적으로 손실이 있다.

그래서 천곡은 정신을 관장하는 복덕궁이나(주로 비관적이다) 육친궁에 들어가는 것을 꺼리고, 천허는 물질적인 궁(재백궁 · 관록궁 · 전택궁 등)에 들어가는 것이 좋지 않다. 살이 비치면 손실이 있다. 천곡은 거문의 흉을 돕고, 천허는 파군의 성질을 더해준다.

곡허가 동궁하거나 협하거나 삼방에서 같이 만나면 서로의 힘을 가강시킨다.

어릴 때의 운에서 곡허를 만나면 대부분 집안이 청한하고 부모를 잃거나 골육이 분리하는 일이 있다.

(2) 고진 · 과숙

고진(孤辰)은 양화(陽火), 과숙(寡宿)은 음화(陰火)로 짝성이다. 줄여서 고과(孤寡)라고도 한다.

명리에서도 유명한 신살로서, 남명의 명궁에 고진이 있으면 좋지 않은데, 부모궁에 있는 것을 가장 꺼린다. 고진이 부모궁에 있으면 어머니가 먼저 돌아가셔서 아버지가 고독하게 된다.

여명의 명궁에는 과숙이 있는 것이 좋지 않은데, 부처궁에 들어가는 것을 가장 꺼린다. 부처궁에 들어가면 과부의 의미가 있다. 정성 가운데 무곡은 그 자체로 '과숙'의 의미가 있는 고독성인데, 무곡과 부처궁에서 동궁하면 설상가상이 되어 고독과 혼인에 불리함을 더욱 가강시킨다. (화록을 보면 고독의 상황을 개선시킬 수 있다.)

무곡 외에도 천기 · 거문 · 천량 · 파군 · 칠살 · 화령 · 양타 · 화기 등 고독의 성분이 있는 星들과 배합되면 결혼에 더욱 불리하다. 그럴 경우 늦게 결혼하거나 부부간에 동상이몽 하거나 취소리다(聚少離多)함이 많다(예 7). 육친궁도 마찬가지이다. 이러한 星들과는 운에서 만나도 감정에 매우 불리하다.

고진·과숙이 삼합으로 같이 비치면 고과의 역량이 피차 가강된다. 그 영향을 받는 궁이 육친궁이면 해당 육친에 고과적인 영향력이 있다.

고과는 고독성이기 때문에 성격적으로 고독하고 괴벽하며 잘 어울리지 못하는 속성이 있는데, 보필을 보면 고진·과숙의 고립적인 성향을 개선시킬 수 있다.

또 복덕궁에 있으면 정신이 공허하기는 해도 독립적인 정신이 있고, 전택궁에 있으면 고대에서는 독립해서 분가했는데 이런 의미 때문에 부동산 취득의 의미도 있다. 재백궁이나 관록궁에 고과가 있어도 독립이나 자립의 의미가 있다.

자미양의 견해에 의하면 부처궁에 과숙이 있을 때 삼방사정의 星이 불길하면 이혼할 가능성이 매우 높다고 한다.

• 예7) 1961년 2월 ○일 미시 여명

명궁인 신궁(申宮) 염정이 묘왕지에 있기는 하나, 신궁(身宮)이 복덕궁에 있으면서 파군이 좌하고 있다. 살성은 양타·천형·화성·지공·지겁·순공 등이 비치는데 길성은 괴월밖에 없다.

명궁에 염정이 있는데 신궁에 파군이 있는 것은 여명에게 좋지 않다. 명·신궁 자체로 감정에 불리한 요소가 있기 때문이다. 게다가 명·신궁에 살까지 비치니 더욱 좋지 않다.

명궁에 지공·천공·고진·음살·겁살·회기·관색·타라·식신이 비쳐서 어두운 기운이 강한데다가, 신궁의 파군도 '성난명(性難明)'이라고 해서 성격이 밝지 않은 부분이 있다. 여기에 경양·천형·화성이 있으니 형극적인 속성이 한층 더해지고, 천공·공겁에 고진·과숙이 가세하니 정신적으로도 고독하고 잘 어울리지 못한

旬截天天天恩鈴左天 空空月福哭池星輔梁 　　旺平陷	天大八地天七 廚耗座劫鉞殺 　　　　廟　旺	天 虛	解三天天陀廉 神台巫喜羅貞 　　　　陷廟
病指官 96~　41癸 符背符【子女】　冠巳	大咸小　　　42甲 耗池耗【夫妻】旺午	伏月歲　　　43乙 兵煞破【兄第】衰未	官亡龍 6~15　44丙 府神德【命】　病申
地天紫 空相微 陷旺陷 喜天貫 86~95 40壬 神煞索【財帛】帶辰	음력 1961년 2월 ○일 미시 여자 命局：火6局 命主：廉貞 身主：天相		紅蜚天天年封鳳祿右 艷廉官才解詰閣存弼 　　　　　　旺陷 博將白 16~25 45丁 士星虎【父母】死酉
天文巨天 使昌門機 平廟旺 忌祿 飛災喪 76~85 51辛 廉煞門【疾厄】浴卯			寡天火擎破 宿刑星羊軍 　　廟廟旺 力攀天 26~35 46戊 士鞍德【身福德】墓戌
孤天紅天天貪 辰空鸞姚魁狼 　　　　　平	破天台天天太太 碎傷輔貴陰陽 　　　　廟陷 　　　　　權	陰天武 煞府曲 　廟旺	天天文天 壽馬曲同 平旺廟 　　科
奏劫晦 66~75 50庚 書煞氣【遷移】生寅	將華太 56~65 49辛 軍蓋歲【奴僕】養丑	小息病 46~55 48庚 耗神符【官祿】胎子	青歲弔 36~45 47己 龍驛客【田宅】絶亥

다. 그런데 이 궁이 신궁(身宮)이니 그 고독과 우울한 의미는 더욱 가강된다.

마흔이 다 되도록 공부만 하다가 몇 년 전에 서예학원을 차려서 겨우 호구지책을 삼고 있으나 아직 미혼이다. 결혼하자며 자살기도까지 한 남자도 있었으나, 고독지명임을 확인이라도 하듯이 한사코 거절하며 혼자 살고 있다.

고진과 과숙이 명·신궁에 버티고 있는데다 신궁에는 감정적으로 불리한 정성 파군에 경양·천형·화성·공겁이 대세를 장악하고 있으니, 감정의 파절은 불을 보듯 뻔하다.

부처궁도 고독성인 칠살에, 칠살의 고극을 더해주는 무곡 · 경양 · 화성 · 천형이 있고 고진 · 과숙이 삼방에서 들어오니, '무곡 · 화성 · 고진 · 과숙'으로 인해서 전형적인 과숙격이 형성되고 있다. 당연히 결혼이 순조롭지 못하다.

(3) 음살 · 겁살

음살(陰煞)과 겁살(劫煞)은 짝성은 아니나, 두 星이 만나면 서로의 역량을 가강시키기 때문에 같이 배열했다. 줄여서 음살(陰煞)이라고도 한다.

음살은 일반적으로 범소인(犯小人)으로서 소인성(小人星)이다. 문자 그대로 陰스러운 煞로 무형(無形)의 세계를 대표한다. 그러므로 귀신과 관계가 있다.

대만의 두수명가 진계전의 경험에 의하면 대 · 소한에서 창곡과 태음화기가 충동하면 귀신에 들리기가 매우 쉽다고 하는데, 여기에 음살을 보면 더욱 그러하다. 명궁의 星이 민감한 별인데 음살과 동궁하게 되는 경우, 전택궁에서 염정과 음살이 동궁하면서 살기(煞忌)를 보는 경우에도 귀신들리기가 쉽다.

또 음살에는 음적인 방해가 있는 살의 의미도 있다. 그래서 음살이 살을 만나면 살이 가지고 있는 음적인 역량, 어두운 역량을 증가시킨다. 예를 들어 경양은 경쟁을 主하는데 음살과 동궁하면 암중타격으로 변하며, 타라는 지연 · 장애를 主하는데 음살과 동궁하면 암중지연으로 변한다.

그 밖에 음살과 영성이 동궁하면 어두운 면의 손실이 아주 크게 된다. 대운 · 유년이나 운세가 좋지 않을 때 음살을 만나면 동요가 일어나고 적잖은 번뇌와 시끄러움이 있다. 유년부처궁에 음살이 들어가면 미혼남녀의 감정에 곤란함이 발생하기 쉽다. 필자의 경험으로도 음살이 어두운 의미의 별들(타라·영성·문곡화기·거문화기 등)을 만나면 해당 궁의 어두운 속성이 극대화됨을 볼 수 있었다.

겁살은 겁탈당하는 살로 이해하면 된다(예8). 글자의 의미처럼 '위협당해서〔劫〕' 빼앗기는 의미의 살이므로, 대모(大耗)와 같이 손실의 의미가 있는 星과 만나면 그 의미는 더욱 강해진다.
또한 겁살이 음살과 만나면 질병의 의미가 가강되어 위험하거나 심각한 병에 걸리는 것을 의미하기도 한다(예9). 그 밖에도 문곡화기는 그 자체로도 사기의 의미가 있는데 여기에 겁살이 동궁하면 그 사기당하는 의미가 더해진다.
겁살을 해액하는 星은 공성·천덕·월덕·화개·해신 등이다.

• 예8) 1955년 1월 ○일 해시 여명
이 명반의 주인공은 1986년 병인년 서른두 살에 친구 남편에게 돈을 빌려줬다가 떼이고, 서른여덟 살인 1992년 임신년에도 전세금을 떼였다고 한다.
명반을 살펴보면, 기본적으로 선천재백궁에 태음화기가 있어 투자착오가 있기 쉬운데, 여기에 공겁이 협하면서 재백궁의 삼방사정에서 절로공망·순중공망이 다 들어오고 있다.
이러한 선천재백궁의 상(象)이 서른두 살이 있는 신사대운에서는 천이궁이 되므로, 이 대한 안에 재백(돈)의 천이(돈을 유통시키고 거래하는 부분)에서 투자착오로 인해 돈을 뜯길 암시가 있다. 게다가 신사대한에는 문창화기까지 가세하니 이 대한에서 돈 거래는 극히 조심해야 함을 알 수 있다.
병인유년을 보면 본궁에 타라·음살, 유년재백궁에 염정화기에

旬台天天天 空輔巫馬機 　　　平平 　　　　祿 青歲弔 25~34 47辛 龍驛客【福德】　絶巳	天紫 廚微 　廟 　科 小息病 35~44 48壬 耗神符【田宅】　胎午	截 空 將華太 45~54 49癸 軍蓋歲【官祿】　養未	解天孤天天天紅火天破 神福辰傷壽空鸞星鉞軍 紅　　　陷廟陷 艷 奏劫晦 55~64 50甲 書煞氣【奴僕】　生申
天寡三擎左七 官宿台羊輔殺 　廟廟旺 力攀天 15~24 46庚 士鞍德【父母】　墓辰	음력 1955년 1월 ○일 해시 여자 命局: 土5局 命主: 文曲 身主: 天相		天鈴 刑星 　陷 飛災喪 65~74 51乙 廉煞門【遷移】　浴酉
蜚年鳳祿文天太 廉解閣存曲梁陽 旺旺廟廟 　　　　　權 博將白 5~14 57己 士星虎【命】　死卯			天天天恩八地右天廉 月使才光座劫弼府貞 　　　平廟廟旺 喜天貫 75~84 52丙 神煞索【疾厄】　帶戌
天陰天陀天武 貴煞喜羅相曲 　　陷廟閑 官亡龍　　56戊 府神德【兄弟】　病寅	破天封天巨天 碎虛誥姚門同 　　　　旺陷 伏月歲　　55己 兵煞破【身夫妻】衰丑	大地天貪 耗空魁狼 　平旺旺 大咸小 95~　54戊 耗池耗【子女】　旺子	天龍文太 哭池昌陰 　　旺廟 　　　忌 病指官 85~94 53丁 符背符【財帛】　冠亥

(유년명궁 무곡과 유년재백궁 염정화기는 재여수구격(財與囚仇格)이 되어 財에 불리한 조합이다) 지겁, 유년천이궁에 천공·화성·파군·겁살·회기 등이 있어 손실이 있는데, 음살·타라가 있으니 타라의 암중지연으로 말미암은 손실이다. 결국 친구 남편에게 돈을 빌려줬다가 못 받고 말았다.

　여기서 겁살은 선천대한의 파재 암시와 유년의 손실의 象에 힘을 실어준 것일 뿐 겁살만으로 파재가 있었던 것은 아니다. 잡성은 어디까지나 정성의 길흉을 가감하는 역할을 할 뿐이다.

3. 잡성 97

1992년은 서른여덟 살로 임오대한에 속한다. 대한의 무곡화기가 대한재백궁에 있는데 임신년이 되자 그 궁이 유년천이궁이 되면서 다시 유년의 무곡화기가 붙으니 무곡쌍화기가 되고, 순공·지공·양타·화성 등이 다 충하니 전세금을 떼었던 것이다.

• 예9) 1951년 4월 ○일 유시 여명

截蜚天破孤天天天 空廉福碎辰壽馬同 　平廟	天天恩天火天天武 廚貴光喜星鉞府曲 　廟　　旺旺	旬年鳳龍鈴右左太太 空解閣池星弼輔陰陽 　旺廟廟平平 　　　　　權	大陰地陀貪 耗煞劫羅狼 　廟陷平
病歲喪 96~　51癸 符驛門【子女】冠巳	大息貫　　52甲 耗神索【夫妻】旺午	伏華官　　53乙 兵蓋符【兄弟】衰未	官劫小 6~15　54丙 府煞耗【命】病申
天天破 空姚軍 　　旺 喜攀晦 86~95 50壬 神鞍氣【財帛】帶辰	음력 1951년 4월 ○일 유시 여자 命局 : 火6局 命主 : 廉貞 身主 : 天同		紅天天祿巨天 艷官虛存門機 　旺廟旺 　　　　祿 博災歲 16~25 55丁 士煞破【父母】死酉
天天台 使哭輔 飛將太 76~85 61辛 廉星歲【疾厄】浴卯			解擎天紫 神羊相微 　廟閑閑 力天龍 26~35 56戊 士煞德【福德】墓戌
天地天廉 月空魁貞 　陷　廟	寡天八三文文 宿傷座台曲昌 　廟廟 　　　　科忌	紅天七 鸞刑殺 　　旺	天封天天 才詰巫梁 　　　陷
奏亡病 66~75　60庚 書神符【身遷移】生寅	將月弔 56~65 59辛 軍煞客【奴僕】養丑	小咸天 46~55 58庚 耗池德【官祿】胎子	青指白 36~45 57己 龍背虎【田宅】絶亥

신궁의 탐랑이 명궁인데, 명궁에 음살이 겁살과 동궁해 있으며

십이운성의 병(病)까지 동궁하고 있다. 또한 대궁에는 태세십이신의 병부(病符)에 천월 질병성이 동궁하고 있으며, 관록궁에는 천형·홍란까지 가세하고 있다.

서른네 살부터 신장에 이상이 생겨 소변을 보지 못해 일주일에 두 번씩 피를 정화한다고 한다.

(4) 비렴·파쇄

비렴(蜚廉)은 양화(陽火), 파쇄(破碎)는 음화(陰火)로서 서로 특별한 관계가 있는 星은 아니다. 그러나 명궁에 파쇄가 있고 비렴이 비치면서 정성의 성계가 정서적인 의미가 강하거나(천동 조합) 물욕성(탐랑 조합)을 띠면 물건을 사기 좋아해서 돈이 모이지 않는다.

비렴은 학자에 따라 소인성(小人星)이라고 부르기도 한다. 도화와 구설을 띠며 기타 도화성을 만나는 것을 꺼린다고도 한다.

비렴의 비는 바퀴 비(蜚)로서 바퀴벌레의 의미를 가진 글자이다. 이 의미를 확대해서 필자는 비렴을 '벌레'로 기억한다. 물론 광범위한 벌레로서 뱀, 독충, 개미, 쥐 등을 모두 포함한다. 실제로 옛사람들은 전택궁에 비렴이 있으면 그 집에 흰개미나 그 밖의 벌레가 많다고 판단했다.

또한 비렴에는 벌레의 추상적인 의미도 있어서, 벌레처럼 행동하는 소인들, 즉 등뒤에서 좋지 않은 비방을 하고 시비가 생기는 뜻도 포함하고 있다. 비슷한 성질의 지배(指背)보다 더욱 엄중한 속성이 있다.

파쇄는 사유축궁에만 들어가는데, 백의살(白衣煞)이라고 해서 효복(孝服)을 대표한다. 운에서 상문·조객·거문·대모 등과 만나면 윗사람이나 처가 쪽 사람이 죽을 가능성이 있다.

파쇄는 깨고 부수는 의미가 있으므로 감정에 좋지 않다. 동궁한 정성이 정서적인 의미가 강하면 그 파괴력은 매우 커지는데, 거문이나 천동 조합에서 화기가 되면 더욱 그렇다. 파쇄의 파괴적인 경향은 해신과 부처궁에 동궁하면서 정성의 조합이 좋지 않으면 이혼 조합이 되기도 한다.

파쇄는 정신적인 측면의 불리함으로 인해 명궁·복덕궁을 좋아하지 않는다. 물질적인 측면으로도 파괴적인 경향이 있어서, 사업궁이나 재백궁에 있으면 갑자기 지엽적인 문제가 발생하여 상당한 정도의 파절과 장애가 있다.

그러나 정성이 살파랑이면서 파쇄와 동궁하면 상당한 권력을 장악하며, 군인이 되면 생살대권을 쥔다.

(5) 화개

화개(華蓋)에는 몇 가지의 의미가 있다.

먼저 주로 종교신앙이나 철리의 의미가 있는데, 순공·천공 등이 동궁하면 종교에 흥미가 많으며 철학적인 성향이 있다.

또 화개는 문장·과명을 主하는데, 화과를 보거나 창곡·괴월 등을 만나면 문장실력이 좋다.

그리고 화개는 예술의 星으로서, 화개가 있으면서 살이 비치면 예술로 입신하기도 하고 일월이 동궁하면 지명도가 증가한다.

화개는 생년기준 또는 유년기준으로 찾는다. 유년기준으로 찾는 화개는 관재를 해액시키는 의미가 있다. 관재가 풀어지거나 출옥시기 등을 판단할 때 화개를 쓴다.

또 화개는 천자나 제후가 출행할 때의 의장(儀仗)의 의미도 있다. 출행할 때 쓰는 우산 같은 것이기 때문에 자미와 동궁하는 것을 좋아한다.

중병(重病)을 앓는 사람이 명궁에서 화개를 보면 좋지 않은데, 상례(喪禮)로 인한 의장의 의미가 있기 때문이다.

화개의 역량은 유년화개와 생년화개가 중첩할 때 가장 현저하게 되며, 유년명궁·복덕궁·천이궁에 있는 것을 가장 좋아한다. 그 밖에도 괴월과 동궁하는 것을 좋아하여, 명궁에서 괴월과 동궁하면 일생 동안 관재소송이 없다.

• 예10) 1944년 3월 ○일 자시 여명

天天 廚相 　平 大劫天　　　58己 耗煞德【父母】病巳	紅旬台左天 艶空輔輔梁 　　　旺廟 病災弔　　　59庚 符煞客【福德】衰午	天寡紅天七廉 官宿鸞鉞殺貞 　　　旺旺廟 　　　　　祿 喜天病 93~　60辛 神煞符【田宅】旺未	截天右 空貴弼 　　平 飛指太 83~92 61壬 廉背歲【官祿】冠申
蜚天文巨 廉月曲門 廟　　平 伏華白 3~12　57戊 兵蓋虎【身命】死辰	음력 1944년 3월 ○일 자시 여자 命局 : 木3局 命主 : 廉貞 身主 : 天梁		天破天天 福碎傷空 奏咸晦 73~82 62癸 書池氣【奴僕】帶酉
大八天擎貪紫 耗座姚羊狼微 　　　陷地旺 官息龍 13~22 68丁 府神　【兄弟】　墓卯			解天陰鈴文天 神哭煞星昌同 　　　廟陷平 將月喪 63~72 63甲 軍煞門【遷移】浴戌
年封鳳恩天祿天火太天 解誥閣光巫存馬星陰機 天　　廟旺廟閑旺 虛 博歲歲 23~32 67丙 士驛破【夫妻】絶寅	天陀天天 喜羅魁府 　廟旺廟 力攀小 33~42 66丁 士鞍耗【子女】胎丑	天天龍太 壽才池陽 　　陷 　　忌 青將官 43~52 65丙 龍星符【財帛】養子	孤天三天地破武 辰使台刑劫空軍曲 　　　旺陷平平 　　　　　權科 小亡貫 53~62 64乙 耗神索【疾厄】生亥

3. 잡성　101

소설가의 명이다. 종교계통의 책을 써서 한때 베스트셀러가 되기도 했다.

명궁이 진궁의 거문이면서 문곡과 화개가 동궁하고, 대궁에 문창이 있으며 삼방으로는 재주를 주하는 천재·용지가 보인다.

관록궁의 절공과 명궁의 화개 때문에 종교적인 신심이 매우 강하고 종교 방면의 활동을 아주 많이 하고 있다.

(6) 천월

천월(天月)은 질병성으로서 매우 징험한 잡성이다. 전체 성계를 살펴서 판단해야 하지만, 사화가 질액궁을 인동시키면서 천월이나 병부를 걸고 들어오면 질병이나 사고가 많다. 심지어는 육친궁에 이런 星이 있어도 그런 경향이 있다.

대한이나 유년에서 천월과 병부·홍란·천희·천형 등이 보이면 그 운에서는 질병을 조심해야 한다.

천월은 보통 만성병을 主한다. 천량과 천월이 동궁할 때 만약 星의 조합의 성질이 흉험하면 치명적인 위증(危症)이 만성질병으로 변한다. 천월과 악성이 천이궁에서 동궁하면 타향에서 전염병에 걸린다. 대궁에 음살이 있으면 병의 정황이 더욱 지속된다.

• 예 11) 1988년 10월 ○일 사시 남명

명궁이 오궁의 천량이며 대궁은 태양으로 양양 조합이다. 천량은 형극의 속성이 있는데 경양과 천형이 동궁하면 더욱 형극적인 속성이 더해진다.

그런데 동궁한 星을 살펴보니 천월의 질병성이 동궁하고 있다. 그래서인지 태어난 지 7개월 만에 심장수술을 하고 계속 병원에 다니고 있다.

孤天三天祿文天 辰空台喜存昌相 　　廟廟平 博劫晦　　　14丁 士煞氣【兄弟】冠巳	蜚天天年鳳天地擎天 廉月廚解閣刑空羊梁 廟　　　　　廟平廟 力災喪　6~15　15戊 士煞門【命】　旺午	封火天七廉 誥鉞鉞殺貞 閑旺旺廟 青天貫　16~25　16己 龍煞索【父母】衰未	天龍恩陰天 壽池光煞巫 小指官　26~35　17庚 耗背符【福德】病申
紅解地陀巨 艷神劫羅門 陷廟平 官華太　　　13丙 府蓋歲【身夫妻】帶辰	음력 1988년 10월 ○일 사시 남자 命局 : 火6局 命主 : 破軍 身主 : 文昌		八文 座曲 　廟 將咸小　36~45　18辛 軍池耗【田宅】　死酉
天天鈴貪紫 福官星狼微 廟地旺 祿 伏息病　96~　24乙 兵神符【子女】　浴卯			旬天天天天 空才虛姚同 　　　　平 奏月歲　46~55　19壬 書煞破【官祿】　墓戌
天天太天 哭馬陰機 旺閑旺 權忌 大歲弔　86~95　23甲 耗驛客【財帛】　生寅	破寡天天右左天 碎宿使魁弼輔府 　　旺廟廟廟 病攀天　76~85　22乙 符鞍德【疾厄】　養丑	截天太 空貴陽 　　陷 　　科 喜將白　66~75　21甲 神星虎【遷移】　胎子	天大台紅破武 傷耗輔鸞軍曲 　　　　平平 飛亡龍　56~65　20癸 廉神德【奴僕】　絶亥

(7) 천상·천사

천상(天傷)은 양수(陽水)이며 허모(虛耗)의 신(神)으로 파모(破耗)를 主한다.

천사(天使)는 음수(陰水)이며 재화(災禍)로 化하므로 재화를 主하며 하늘의 전사(傳使)의 神이다.

星의 배치상 천상은 언제나 노복궁, 천사는 질액궁에 고정적으로 위치해 있으면서 천이궁을 협하고 있다. 그래서 많은 학자들이 변화가 없다는 이유로 천상과 천사를 무시하나, 『전서』의 명례에 나온 설명을 보면 옛사람들은 아주 중요하게 생각했다는 것을 알 수 있다.

태세·대소한에서 천상·천사를 만나면 득지 여부를 막론하고 길이 많으면 복이 되고 화는 약간 가벼워진다. 그러나 만일 길이 없고 거문·양타·화성·화기와 천기가 있으면 그 해에는 반드시 관재·상망·파패 등이 있다. 운에서 천모(天耗)는 천상(天傷)이라고 부르는데, 이럴 때 공자가 진(陣)나라 땅에서 양식이 끊어졌다. 천사가 운에 있는 것은 모두 꺼리는데, 이런 운에 거부였던 석숭이 파가(破家)하여 망했다.

8) 장박세장전 십이신

(1) 장생십이신

장생십이신(長生十二神)은 생명의 탄생과 죽음에 이르는 과정을 열두 단계로 나눈 것이다. 각자 명반의 납음국을 기준으로 음양을 따라 순행 또는 역행한다. 혹자는 십이운성을 중요하게 생각하여 정성을 무시하는 잘못을 범하는데, 이것은 자미두수의 기초를 모르는 것이라고 하겠다. 모든 잡성은 정성의 본질을 가감(加減)하는 의미를 가지고 있으므로, 어떠한 길성이나 흉성이든 모두 정성의 본질에 바탕을 두고 판단해야 한다. 특히나 십이운성은 유월(流月)에서나 작용이 강할 뿐이므로 크게 마음 쓸 필요는 없다.

① 장생

장생(長生)은 사람이 세상에 태어남을 의미하는 것으로 생명력이 감추어져 있는 단계이다. 명궁에 있으면 개인의 생명력이 강함을 대표하고, 형제궁에 있으면 형제간의 정이 깊거나 지기를 얻기 쉬우며, 부모궁에 있으면 다른 사람의 제휴와 보살핌을 받기가 쉽고, 재백궁에 있으면 재부(財富)의 누적을 표시한다.

② 목욕
목욕(沐浴)에 대해서는 도화 제잡성을 참조하라.

③ 관대
고대에서는 20세가 되면 성년식으로 관례(冠禮)를 행함으로써 성숙하고 성년이 되었다는 의미를 부여했다. 그래서 관대(冠帶)는 성장을 대표하며, 관대가 있는 궁은 해당 궁이 성숙·발달하는 의미가 있다.

관대가 사업궁에 있으면 사업이 성장할 가능성이 있다. 복덕궁에 있으면 사상의 성숙을 의미하며, 공성과 화개와 동궁하면 철학적인 경향이 있다. 또 관대는 창곡·천재·용지·봉각과 동궁하는 것을 좋아하는데, 주로 총명과 재예를 증가시킨다.

④ 임관
임관(臨官)은 생명과정의 네 번째 단계로서, 성년이 되어 벼슬길에 올라 출세하는 것을 의미한다. 임관이 천무와 동궁하면 천무의 승진의 의미가 가강된다.

⑤ 제왕
제왕(帝王)은 생명발전의 다섯 번째 단계로서, 사람으로 치면 32~42세 무렵의 가장 최고봉의 시기를 의미한다. 제왕이 사업궁

에 있으면 돌발을 主하는데, 보좌길성과 동궁하면 그 성질이 더욱 확실해진다. 그러나 화탐·영탐과 동궁하면 폭발·폭패의 성질이 한층 더해진다.

최고의 단계이므로 최고의 별인 정성과 동궁하는 것을 좋아하는데, 그럴 경우 정성의 영도력이 강하고 패기가 있게 된다.

⑥ 쇠

쇠(衰)는 왕성한 단계로 치솟았던 생명력이 점점 쇠해지는 단계를 의미한다. 衰란 에너지가 식어가는 것이므로 육친궁에서는 친밀함이 부족한 것을 의미하며, 명·신궁에 있으면 투지나 에너지가 부족하여 용두사미가 되기 쉽다. 재백궁·사업궁에서는 돈을 벌려는 의지나 사업심이 부족한 것으로 나타난다. 그러나 정성의 성계가 이런 속성이 있을 때 작용할 뿐 단독으로는 영향력이 크지 않다.

⑦ 병

병(病)은 쇠했다가 병이 드는 것을 의미하는 것으로 역시 에너지가 더욱 쇠잔함을 나타낸다. 반드시 병에 걸려 앓아눕는다기보다는 신체쇠약쯤으로 이해하는 것이 좋다. 그러나 질병 성계와 만나면 질병적인 속성이 드러난다. 각 궁에서 衰보다 더 진일보한 원기의 소진으로 보면 되겠다.

⑧ 사

사(死)는 생명의 기운이 없는 단계이다. 그러나 문자의 의미처럼 이 별이 있으면 사망한다는 것은 아니고, 다만 병적인 기운에서 더 진일보한 에너지의 고갈을 의미할 뿐이다. 가령 육친궁이라면 서로 소원하거나 관계가 밀접하지 못함을 의미한다.

⑨ 묘

묘(墓)는 생명의 기운이 감춰지는 단계를 의미한다. 주로 암중에 유력함이 있으며, 묘고를 좋아하는 재백궁이나 안정을 희구하는 관록궁에 있으면 좋다.

정성의 속성이 가벼울 때 墓를 만나면 그 가벼운 기운을 안정시켜준다.

⑩ 절

절(絶)은 생명과정에서 기운이 완전히 끊긴 상태를 의미한다. 그러나 문자의 의미를 그대로 취용하여 생명이 끝나거나 하는 식으로 판단하지는 않는다.

絶은 의미상 모든 기운이 끊어져 단절된 것이므로 고독의 의미가 있다. 그래서 명궁에 있으면 고독하거나 실망하거나 소극적이기 쉽고, 육친궁에 있으면 관계가 소원하기 쉽다. 질액궁에 있으면 원래보다 더 곤란해지는 의미가 있어서 다른 사람보다 치료 등에 장시간이 소요된다.

⑪ 태

태(胎)는 다시 생명의 기운이 시작됨을 의미한다. 그러나 이제 막 시작되어 자라는 때이기 때문에 기운은 강하지 못하다. 그것은 곧 의지가 강하지 못하다고 볼 수 있으므로 명궁에 있으면 천동의 정서적인 경향을 가강시키며 천기의 불안정함을 증가시킨다. 단 천부·태양·태음 등의 특성에는 영향을 끼치지 않는다.

다른 면에서 보면 胎는 희망을 대표한다. 그래서 입묘한 태음·태양·천량과 동궁하는 것을 좋아한다. 사업궁과 재백궁에 들어가는 것을 가장 좋아하는데, 대체로 새로 전개하는 계획을 主한다.

⑫ 양

양(養)은 배양되고 키워지는 것을 의미한다. 胎에서 시작되어 커서 세상에 나가야 하므로 희망과 잠재력이 무한하다고 하겠다. 십이궁 모두에서 길하다. 단 질액궁에서 궁 중의 정성이 불길하면 잠복성의 질병에 주의해야 한다. 만일 재백궁·관록궁에 있으면 적극적으로 계획하여 원기를 배양하는 것은 가하나 무모하게 행동해서는 안 된다.

(2) 박사십이신

박사십이신(博士十二神)은 생년녹존에서 일으켜 양남음녀는 순행, 음남양녀는 역행으로 배치한다.『전서』에는 박사십이신에 대한 언급이 많은데 주로 1년운을 볼 때 자주 사용했다.

박사십이신 역시 앞에서 말했듯이 정성의 본질에 가감하는 역할을 하므로, 이 자체로만 길흉을 판단해서는 안 된다. 즉 정성이 길하면 길을 더해주고 정성이 흉하면 흉을 더해주는 의미로 파악해야 한다는 것이다.

그러나 필자의 경험에 의하면 박사·주서·병부·관부 등은 상당한 적중률이 있었으므로, 잡성이라고 함부로 무시하는 잘못을 범해서는 안 된다.

① 박사

『전서』의 구결(口訣)에 '박사총명(博士聰明)'이라고 해서 박사(博士)는 총명을 主한다고 했다. 명궁에 있는 것을 좋아하며, 보좌성과 같이 명궁에 있으면 역량을 발휘할 수 있다. 주로 총명하고 지혜로우며 문예적인 기풍이 있다.

창곡과 동궁하면 총명하며 재주가 있고, 괴월과 동궁하면 영예를 얻거나 귀인에게 발탁된다. 보필과 동궁하면 다른 사람에게 알려지고 인정받게 된다.

② 역사

『전서』의 구결에 '역사권(力士權)'이라고 해서 역사(力士)가 명궁에 있으면 권력이 있다고 했다. 權적인 본질 때문에 화권(化權)을 좋아하는데 명궁의 정성이 화권이면 권력적인 측면이 더해진다. 유년역사면 유년화권을 만나는 것이 좋다.

그러나 권력적인 면을 무조건 현실적인 권력이 증가한다고 판단하기보다는 정성의 성질에 따른 추론이 필요하다. 가령 정성이 재성인데 화권이 있다면 재권(財權)이 될 것이요, 천기같이 계획에 능한 별이라면 계획적인 측면에 지배력이 있다는 식으로 해석한다. 파군·탐랑·무곡·태양 등의 화권과 동궁하는 것을 좋아한다.

유년역사와 생년역사가 중첩되면서 권성(權星)까지 중첩되면 역량이 최대로 되는데, 여기에서 만일 천무·천귀와 보좌길성을 보면 그 해에는 반드시 승진한다. 학자에 따라 타라와 역사가 동궁하면 다른 사람의 말을 잘 듣지 않는다고 주장하기도 한다.

옛사람이 말하기를, 이광이라는 사람이 과거에 급제하지 못했던 것은 경양과 역사가 동궁했기 때문이라고 했다. 이 말은 경양과 역사가 동궁하면 시험에 불리하다는 것인데, 논리적으로 불합리한 부분이 있다. 양남음녀는 모두 경양과 역사가 동궁하게 되기 때문이다. 그렇다면 양남음녀는 무조건 시험에 불리한 것이 되므로 그대로 받아들이기에는 곤란하다고 하겠다.

③ 청룡

『전서』의 구결에 '청룡희기(靑龍喜氣)'라고 해서 청룡(靑龍)은 상서롭고 기쁜 일을 主한다고 했다. 동궁한 정성이나 성계가 의미하는 길한 일에 기쁨을 더해준다. 혜심제주는 청룡은 용이므로 辰年에 만나면 가장 길하다고 했다. 청룡의 특징 중 하나는 백호의 凶을 풀어준다는 것이다.

④ 소모

『전서』의 구결에 '소모전(小耗錢)'이라고 해서 소모(小耗)는 돈을 소모한다고 했다. 즉 적게나마 돈이 없어진다는 뜻이 있다. 유년과 유월명궁이나 재백궁에 소모가 있으면 돈을 모으거나 지키기 어렵다는 의미가 있다. 게다가 살까지 보면 돈을 잃어버리거나 도둑맞기도 한다. 그래서 문창화기·문곡화기·비렴 등의 토과 동궁하는 것이 가장 좋지 않다.

만일 생년소모와 문곡화기가 명궁·재백궁·복덕궁에서 동궁하면 항상 라이터, 지갑 같은 작은 물건을 잃어버린다. 비렴과 동궁하면 값의 고하를 막론하고 물건을 산 뒤에 후회하고 원망하게 된다.

⑤ 장군

『전서』의 구결에 '장군위무(將軍威武)'라고 해서 장군(將軍)은 위무를 主한다고 했다.

위무란 어떤 세력에 힘입어 위세를 부리는 것을 말한다. 심정적으로 어떤 것에 의지해서 자긍심을 느끼게 되거나 다른 사람에게 폼나게 보이거나 하는 느낌을 갖게 된다. 그래서 화과와 동궁하는 것을 가장 좋아하는데, 자미화과·태양화과·무곡화과·문창화과·문곡화과를 더욱 좋아한다.

임상경험에 의하면 명궁의 성계의 조합이 좋고 성향이 권귀적이며 격이 짜여져 있을 때, 장군이라든지 백호·관부 등이 비쳐서 더욱 위엄과 격을 갖추게 하는 경우가 많았다. 반면에 명궁의 성계의 조합이 좋지 않고 살이 많이 보일 때 장군·백호·관부 등이 비치면, 더욱더 좋지 않은 상황을 연출하는 경우가 많았다.

즉 잡성들은 좋은 명에도 나쁜 명에도 그 의미가 비슷하게 들어간다. 문제는 정성의 성계가 튼튼하여 제화하면 위권으로 나타나고, 정성의 성계가 불길하면 제화하지 못하고 불길함을 그대로 드러낸다는 것이다.

⑥ 주서

『전서』의 구결에 '주서복(奏書福)'이라고 했는데, 이 복은 단순한 복이라기보다는 글이나 글씨·책·편지 등과 관련되어 누리는 복택을 의미한다. 예를 들어 신춘문예를 준비한 사람이 문단에 등단할 기회를 얻는다든지, 사보에 글을 실었는데 그 글이 여러 사람에게 읽혀져 칭찬을 받는다든지 하는 경우가 이에 해당한다.

주서(奏書)를 유년이나 유월에서 만나면 문서의 기쁨이 있다. 신청한 안건이 쉽게 통과된다. 임상경험에 의하면 주서가 있으면 대체로 글재주가 있었다.

주서는 문서적인 의미가 있기 때문에 그와 관련된 창곡·화과 등을 보는 것을 좋아하며, 괴월을 보면 문자나 문서로 인해 귀인에게 발탁된다.

주서는 또 관재소송에 유리한 길신이다. 생년주서가 명궁에 있고 기월동량격인 경우 옛사람들은 도필리(刀筆吏)라고 칭했다. 실제로도 운을 추론할 때 어떤 사건의 발단이 문서문제이면 宮으로는 부모궁, 星으로는 주서와 창곡·화과 등이 걸리는 경우가 많았다. 특히 보증과 같은 문제에 주서가 단골로 등장하는 것을 보면, 잡성이라고 해서 무시할 것은 아니라는 생각을 다시 한 번 하게 된다.

• 예 12) 1951년 5월 ○일 진시 여명

截蜚天破孤天天天天 空廉福碎辰才巫姚馬 　　　　　　　　平	天封陰天天右天 廚誥煞喜鉞弼機 　　　　陷旺廟 　　　　　　忌	旬天天年鳳龍地破紫 空月傷解閣池空軍微 　　　　　平廟廟	大陀文左 耗羅曲輔 　　陷平平 　　　　科
病歲喪 33~42 51癸 符驛門【田宅】　病巳	大息貫 43~52 52甲 耗神索【官祿】　死午	伏華官 53~62 53乙 兵蓋符【奴僕】　墓未	官劫小 63~72 54丙 府煞耗【遷移】　絶申
天太 　　　　　空陽 　　　　　　旺 　　　　　　權 喜攀晦 23~32 50壬 神鞍氣【福德】　衰辰	음력 1951년 5월 ○일 진시 여자 命局 : 木3局 命主 : 祿存 身主 : 天同		紅天天祿天 艷官使虛存府 　　　　旺陷 博災歲 73~82 55丁 士煞破【疾厄】　胎酉
天地七武 哭劫殺曲 　　平陷陷 飛將太 13~22 61辛 廉星歲【父母】　旺卯			台恩擎太 輔光羊陰 　　　廟旺 力天龍 83~92 56戊 士煞德【身財帛】養戌
鈴天天天 星魁梁同 廟　廟閑 奏亡病 3~12 60庚 書神符【命】　冠寅	寡天八三天火天 宿壽座台刑星相 　　　　　旺廟 將月弔 　　　59辛 軍煞客【兄弟】　帶丑	解天紅巨 神貴鸞門 　　　旺 　　　祿 小咸天 　　　58庚 耗池德【夫妻】　浴子	貪廉 狼貞 平陷 青指白 93~ 57己 龍背虎【子女】　生亥

명궁은 인궁의 동량이며 주서가 동궁하고 있다. 삼방사정에서 창곡과 문곡화과가 비치고 있으며 더불어 보필·괴월·태보·봉고가 비치고 있다.

방송계통에 종사하는 다큐멘터리 작가의 명이다.

⑦ 비렴

『전서』의 구결에 '비렴구설(飛廉口舌)'이라고 해서 비렴(飛廉)에는 구설의 의미가 있다고 했다. 이 비렴은 연지에서 일으키는 비렴과 같은 성질이 있다.

연지에서 일으키는 비렴은 어떤 宮으로 들어가는가를 살펴서 판단한다. 예를 들어 육친궁에 들어가면 주로 육친과 구설이 있고, 명궁·복덕궁에 있으면 일생 동안 시비구설이 많다.

박사십이신의 비렴은 어떤 성계의 조합과 동궁하는가에 따라 시비구설의 영향을 정하기 때문에 천형·문곡화기·대모 등의 星과 동궁하는 것을 가장 싫어한다. 만약 유년비렴이면 반드시 관재소송이 있고 가벼우면 시비구설이 되며, 갑자기 지엽적인 문제가 생기는데 생각지 않은 것에서 생긴다.

⑧ 희신

『전서』의 구결에 '희신연(喜神延)'이라고 해서 희신(喜神)에는 지연의 의미가 있다고 했다. 문자의 의미대로 기쁨을 主하는 것은 아니나 희신과 창곡이 동궁하거나 만나면 기쁨과 경사의 의미도 있는데, 주로 결혼·생자·승천·졸업 등으로 인한 기쁨이 있다. 따라서 명궁에서 희신과 창곡을 보면 일생 동안 희경(喜慶)의 일, 예를 들어 다른 사람들이 자신의 생일이나 기념일을 언제나 챙겨주는 것과 같은 일이 많다.

그러나 만약 창곡과 동회하지 않고 희신 혼자 명궁에 독수해 있으면 모든 희사(喜事)가 지연된다. 가장 보편적인 정황은 승진하는 게 당연한데 오랫동안 미루어지다가 비로소 승진하게 되는 것이다. 심지어 졸업증서나 결혼증서 등 희기를 띠는 문서까지 모두 지연되는 정황이 있는데, 문곡화기를 보면 더욱 심하다.

⑨ 병부

『전서』의 구결에 '병부대질(病符帶疾)'이라고 해서 병부(病符)에는 병에 걸리는 의미가 있다고 했다. 명궁·질액궁·복덕궁에 있는 것을 좋아하지 않으며 유년이나 유월에서 만나면 재병(災病)이 있다.

병부는 화기나 사살과 동궁하거나 상회하는 것을 가장 싫어한다. 명궁과 질액궁에서 그렇게 되면 병이 생기거나 일생 동안 재병이 많고, 육친궁에 있으면 해당 육친에게 그러한 경향이 있다. 천월과 같은 질병성과 동궁하는 것도 좋지 않은데, 만약 동궁하면 그 질병의 의미가 커진다. 천형과 동궁하는 것 역시 좋지 않다. 동궁하는 경우 칼로 수술하는 의미가 있다.

신기한 것은 병부가 천월·천형 등과 같이 비치면서 정성의 조합이 튼튼하고 경양과 같은 살을 보면 직업이 의사가 되는 경우가 많았다. 병부가 천월과 더불어 질병적인 측면에서 징험함을 보이는 것을 임상에서 수없이 경험했다.

어느 운에서든, 유년이든 대한이든 병부·천월 등을 보면 질병에 주의해야 한다. 물론 정성과 사화의 인동됨을 살펴야겠지만, 이 자체만으로도 충분한 질병의 암시가 있었다.

⑩ 대모

십이운의 대모(大耗)는 연지기준의 대모와는 배치하는 법이 다르다. 『전서』의 구결에 의하면 '모퇴조(耗退祖)'라고 해서 대모는 조업을 지키지 못하고 집안의 돈을 까먹는 것을 의미한다. 명궁에 있으면 물건을 자주 잃어버리고 비교적 물건을 정리하는 습관이 없다. 생년에서 비롯되는 대모는 도화와 돈을 까먹는 성질을 같이 가지고 있지만, 박사십이신의 대모는 단지 모산(耗散)의 의미만 있을 뿐이다. 그러나 같이 만나면 두 성질이 모두 존재한다.

대모는 천기·태음과 같은 가벼운 星과 동궁하는 것을 좋아하지 않는다. 불안과 모산을 가강시킬 가능성이 있다. 탐랑과 대모가 동궁하고 문곡화기가 삼방사정에서 명궁으로 상회하면 주인이 투기를 좋아하고 도박을 좋아한다. 또 이로 인해 파패하게 된다.

⑪ 복병
『전서』의 구결에 '복병관부구설전(伏兵官府口舌纏)'이라고 해서 복병(伏兵)은 구설시비를 의미한다고 했다. 성질이 타라와 비슷하여 타라와 동궁하면 범사가 지체되고 지연된다. 복병과 천요가 동궁하면 권모술수·음모를 主한다.
복병이 만약 유년세전십이신의 관부(官符)와 동궁하거나 대궁하면 주로 관재구설에 얽히고, 병부와 동궁하거나 대궁하면 주로 질병에 얽힌다. 이것은 어떤 星이 가지고 있는 의미가 복병으로 잠복해 있다는 것으로 이해하면 쉽다. 천요를 예로 들면 천요에는 권모술수의 의미가 있으므로 복병이 있으면 그런 의미가 속에 숨어 있는 것으로 이해하면 되겠다.

⑫ 관부
어느 유년이든 관부(官府)를 만나면 관재가 발생할 가능성이 많다. 그러나 만일 청룡과 주서를 같이 만나면 큰 관재는 사소하게 되고 작은 것이면 없었던 것처럼 된다.
『전서』의 구결에 '복병관부구설전(伏兵官府口舌纏)'이라고 해서 관부는 구설시비를 의미한다고 했다. 실제로 관부에는 관재소송·송사의 의미도 있어서 관재소송의 의미가 있는 정성계와 만나는 것을 꺼리는데, 만나면 관재구설과 소송이 있다. 거문화기이거나 염정이 함지에서 화기가 되거나 태양화기나 천량·천형·경양 등과 만나면 그렇다.

관부는 언제나 경양이나 타라와 동궁하므로 이미 시비의 성질이 내재해 있다. 따라서 경양과 타라가 운에 의해 중첩될 때는 더욱 조심해야 한다. 이때는 반드시 관부도 중첩되기 때문이다. 명궁과 천이궁을 제외하고 사업궁에서도 좋지 않으며, 거동(巨同)과 형제궁에 동궁하는 것도 좋지 않다.

(3) 태세십이신

태세십이신(太歲十二神)은 연지(年支, 또는 유년地支)에서부터 태세를 일으켜 음양순역(陰陽順逆)을 막론하고 일률적으로 십이성을 일으킨다. 이 星들은 유년의 십이궁에 고정적으로 배치된다. 예를 들어 유년관록궁에는 항상 유년관부가 들어가고 유년재백궁에는 유년백호가 들어가기 때문에, 유년십이궁에 들어가는 태세십이신으로 유년십이궁의 길흉이 어떻다고 말할 수 없다.

그러므로 유년에서 유년태세십이신은 유월을 추론할 때나 혹자가 주장하는 소한에서나 사용할 수 있다. 필자는 임상에서 생년태세십이신이 유년이나 대한을 추론할 때 징험했던 경험이 많아 태세십이신을 소홀히 보지 않는다. 특히 상문 · 조객 · 관부 · 백호 등은 뛰어난 적중률을 보이는 星들이다.

① 태세

태세(太歲)는 세건(歲建)이라고도 하며, 언제나 연지나 유년지지와 동궁한다. 보좌성이나 유력한 정성과 동궁하는 것을 좋아하며 살성과 동궁하는 것을 싫어한다. 태세가 살기형성(煞忌刑星)과 동궁하고 유년(流年) · 유살(流煞) · 유기(流忌)가 중첩하여 충(沖)하면 주로 관재소송이 있다. 태양화기 · 거문화기와 동궁하는 것은 더욱 좋아하지 않는데 이 해에는 반드시 말썽이 있게 된다. 또한 소한 명궁과 대궁이 되는 것도 좋아하지 않는데, 만약 沖이 되면 범태세(犯太歲)라고 한다.

② 회기

회기(晦氣)는 학파에 따라 태양(太陽)이라고도 부른다. 문자 그대로 저무는 기운, 어두운 기운을 의미한다. 즉 일이 순조롭지 못하여 심정적으로 어두움이 있게 된다. 살이 많이 비치면 원한·원통함으로 발전한다. 복덕궁에 있으면서 천동화기나 거문화기가 있으면 정신이 불쾌하고 침체되며, 재백궁·관록궁에 있으면 돈이나 사업 때문에 마음이 어둡고 침체하게 된다.

③ 상문

상문(喪門)은 언제나 백호와 마주보며 조객(弔客)과도 만난다. 따라서 상문이 소한에 있거나 유년명궁·부모궁·전택궁에 있으면 상복을 입을 가능성이 있다. 또한 상문은 창곡과 동궁하는 것을 좋아하지 않는데, 만약 유창·유곡이 충회(충은 대궁에서 본다는 뜻, 회는 삼방 또는 짝성인 경우 협으로 본다는 뜻)하면 상복의 의미를 가강시킨다. 창곡화기면 더욱 그렇다.

상문은 조객과 더불어 상을 당할 때 어김없이 걸리는 星으로, 아주 잘 맞는다. 그러나 반드시 육친궁에 있어야 한다. 육친궁이 아닌 궁에서는 불행한 일을 당하는 정도로 해석할 수 있다.

④ 관색

관색(貫索)은 태음(太陰)으로 표기하기도 한다. 관재소송에서 관부와 더불어 상당히 징험한 잡성이다. 주로 환경의 속박을 받는 의미가 있다.

관색이 좌보·우필을 범하면 조력에 지연과 착오가 발생하거나 예상한 조력이 오지 않는다. 창곡을 범하면 문서의 지연과 착오가 있다. 경양·천형·관색이 만나면 관재의 성계가 되고, 경양·천월·관색이 되면 병으로 인해 병상에 눕게 되는 징조가 있다.

관색은 명궁뿐 아니라 재백궁에 들어가는 것도 좋지 않은데, 항상 돈을 다른 사람에게 견제당하는 징조가 있다. 그러나 사업궁에 들어가면 때로 형법을 직업으로 하게 된다.

⑤ 관부

관부(官符)는 소송을 주로 하며, 관색과 더불어 관재소송과 시비에 잘 걸리는 星이다. 관부란 사람을 통제하는 명령, 금제(禁制)하는 명령서와 같은 것으로 관재·형법 등의 문서에 속한다.

관부가 관재·형법의 구조를 구성할 때 화성과 동궁하면 좋지 않다. 火에 의해 관부가 뇌동되므로 흉사가 돌연히 오게 되며, 때로는 어쩔 수 없는 재(災)가 되기도 한다.

그러나 관부가 있다고 무조건 관재소송을 의미하지는 않는다. 경우에 따라서는 교통범칙금을 내게 된다든지 경찰에게 주의를 받는다든지 경찰서에 가본다든지 하는 소소한 문제로도 발현된다. 따라서 전체의 상황을 보지 않고 무조건 단정지어서는 안 된다.

⑥ 소모

소모(小耗)는 파에 따라 사부(死符)라고 칭하기도 한다. 박사십이신의 소모와 기본성질이 같아 두 개의 소모가 중첩되면 실물(失物)의 징조가 형성되기 쉽다. 문곡화기와 동회하면 더욱 그렇다. 만약 소모가 중첩되지 않는다면 실물의 의의가 박사십이신에 비해 중요하다.

또 소모는 병부와 상대하고 있기 때문에 병으로 인해 파재하는 의미가 비교적 크다. 천월이 동궁하면 더욱 확실하다.

⑦ 세파

세파(歲破)는 언제나 태세와 마주보며 상문·조객과 상회한다. 학파에 따라 대모(大耗)라고 부르기도 한다. 삼방사정에서 만나는 星의 성질이 흉악하여 저절로 흉성이 되어버린 경우이다. 유년세파가 원국의 세파를 충하면 그 성질을 더욱 가강시킨다. 만약 세파가 부모궁에 있는데 창곡화기가 있고 정성의 조합이 불길하면 효복(孝服)을 대비해야 한다. 상문·조객과 상회하기 때문이다.

⑧ 용덕

용덕(龍德)에 대해서는 삼덕성을 참조하라.

⑨ 백호

백호(白虎)는 언제나 상문과 상대하고 관부와는 상회하며, 회합(會合)하는 별이 모두 흉성이다. 그래서 상병(喪病)·관비(官非)를 主한다. 유년·소한·육친궁에서 백호와 동궁하면 좋지 않은데, 만약 유살을 보면 흉상이 나타나므로 반드시 정성의 성계를 상세히 살펴서 관비인지 상병인지를 정해야 한다.

백호는 천형·유양(流羊)과 동궁하는 것을 싫어하며 천월과 동궁하는 것도 싫어한다. 두 경우 모두 무곡화기와 동궁하는 것을 싫어하는데, 전자는 관재로 인해 파재하고 후자는 몸에 암질이 있게 된다.

유년백호가 천상·천사의 협지(夾地)에 들어가면 좋지 않으며, 이런 星들이 소한이나 유년명궁에 들어가면 매우 좋지 않다. 백호와 천요가 동궁할 때 천부와 얽혀서는 안 되는데, 그렇게 되면 천부의 성질이 파괴된다. 만약 원국의 성계가 이런 구조라면 비록 祿을 본다 해도 돈후함에 흠이 있다. 백호는 청룡이 액(厄)을 풀어주는 것을 가장 좋아한다.

⑩ 천덕
천덕(天德)에 대해서는 삼덕성을 참조하라.

⑪ 조객
조객(弔客)도 상당히 중요한 잡성 중 하나이다. 언제나 관부와 상충(명리에서 충을 보는 것을 말함)하며 세파·상문과 상회한다. 상문·조객의 한 쌍은 영원히 서로 짝이 되어 따라다니는 星으로 당대(唐代) 이후의 성가들이 효복의 상징으로 봤다.

⑫ 병부
박사십이신의 병부(病符)는 유년을 추단할 때 쓴다. 유년명궁과 질액궁에 있는 것을 좋아하지 않으며, 만약 그렇게 되면 주병(主病)한다. (이 星의 성질은 박사십이신의 병부와 같으니 참조하기 바란다.) 재백궁에 있는 것도 좋아하지 않아, 그럴 경우 病으로 인해 손재하게 된다.
그러나 태세십이신의 병부는 언제나 유년의 형제궁에 들어가기 때문에 유월·유일을 추단할 때에야 비로소 극응이 있다. 병부가 재백궁에 있으면 病으로 인해 돈을 쓰게 된다.

(4) 장전십이신
장전십이신(將前十二神)은 생년지나 유년지지의 삼합의 왕지에서 일으켜 음양을 막론하고 순행한다. 고대 두수가들은 장전십이신도 중요하게 보았는데, 특히 겁살·천살·재살 등은 상당히 중요하게 보았다.

① 장성

장성(將星)은 무귀(武貴)하며 득의(得意)함을 主한다. 기본적으로 역량을 대표하는데, 동궁하는 별들의 역량을 강하게 한다.

예를 들어 천괴·천월과 장성이 동궁하면 기회를 획득하는 역량이 증가한다. 보필과 장성이 동궁해도 조력이 증강되며 또 직접적으로 온다.

장성은 자미와 동궁하는 것을 가장 좋아하여, 자미가 영도력을 발휘하는 데 도움이 된다. 태양과 동궁하면 비록 그 광채를 증가시키기는 하지만 나서는 것을 좋아하는 것으로 변하기 쉽다.

② 반안

반안(攀鞍)은 공명에 이로우며 귀인을 가까이 하여 세력을 얻는 것을 主한다.

반안에는 두 가지의 의미가 있다.

첫째, 반안은 손수레의 하나로서 성세를 증가시킨다. 삼태·팔좌와 같은 의미가 있다.

둘째, 상술한 의미를 확장해보면 지명도로도 이해할 수 있다. 당연히 이 지명도는 귀인을 가까이 하는 데서 비롯된다.

그래서 반안은 천괴·천월과 동회하는 것을 가장 좋아한다. 명궁에 괴월이 없는데 반안이 동궁하면, 약간의 정형 아래서는 역시 귀인의 보살핌을 받지만 얻는 결과는 실속 없이 일시적인 허영에 속한 경우가 많다.

③ 세역

세역(歲驛)은 이동에 이롭다. 유년(流年)의 천마라고 할 수 있다. 의미 역시 천마와 같다. 유년의 녹존이나 유년의 화록과 세역이 동궁할 때도 역시 녹마교치의 국이 이루어진다.

만약 원국의 천마와 대운의 천마가 동궁하거나 상충하고 또 대운의 천마와 세역이 상충하면 동상의 표징이 된다. 이 해에는 비교적 장기간 또는 먼 여정의 여행을 하게 되거나 천동(遷動)이 빈번하다. 이러한 정형은 유년의 복덕궁에서 만날 때도 마찬가지이다.

④ 식신

식신(息神)은 의기소침한 것을 主한다. 비교적 생기가 없고 어떤 궁에서든 살성과 동궁하는 것을 좋아하지 않는다.

식신이 복덕궁에 있으면 소극의 의미가 있으며, 모든 일에 비관적이고 실패하리라는 생각을 한다. 그리고 이런 생각 때문에 어떠한 노력도 하지 않기가 쉽다.

식신은 천기와 동궁하는 것을 가장 싫어하며, 명궁이든 복덕궁이든 맛만 보고 그만두는 성격으로 발전하기 쉽다. 어떤 사업이든지 흥미가 있다가도 입문 즉시 혹은 입문도 하지 않고 곤란함을 느껴서 내버려두고 만다.

그러나 천량과 식신이 동궁하면 천량의 원칙성이 감소되고 다른 사람과 잘 지내는 것으로 변하게 된다. 오궁이나 미궁에 있으면 더욱 그러하다.

식신과 함지가 동궁하면 편한 대로 하게 되어 감정적으로 운명에 맡겨버리기가 아주 쉽다. 여명의 복덕궁에서 이런 정형을 보면 자기의 의지를 가강시키는 데 주의를 기울여야 한다.

⑤ 화개

화개(華蓋)는 고고(孤高)와 재예(才藝)를 主한다. 유년화개가 명궁에 있으면 재난을 화해시키는 역량이 있다. (자세한 의미는 고독손모 제성을 참조하라.)

⑥ 겁살

겁살(劫煞)에 대해서는 고독손모 제성을 참조하라.

⑦ 재살

재살(災煞)의 기본성질은 재난이다. 때로 흉험한 성질을 띠는데 반드시 동궁한 星을 살펴서 흉험의 정도를 추단해야 한다.

재살은 언제나 자오묘유궁에 있게 되는데, 목욕과 동궁하고 도화를 보거나 창곡화기를 보면서 유년·유월·유일의 살기가 충회하면 주로 이성으로 인해 재난을 야기한다.

재살이 질액궁이나 명궁에 있으면 질병 성계의 배합이 되어 질병의 흉험함을 깊게 한다. 예를 들어 수술 착오로 인해 다시 수술해야 하는 경우가 생긴다.

대체로 재살이 띠는 재난은 부차적인 것에 속하기 때문에 원래가 길하다면 이 星은 근본적으로 작용할 수 없다.

⑧ 천살

천살(天煞)은 천덕과 상대적인 뜻이 있다. 여명은 아버지와 남편에게 불리하며, 남명은 부친 때문에 돈을 쓰게 된다. 천덕은 아버지 또래의 윗사람이나 상사로부터 조력이나 화해의 역량을 받는 것을 의미하는데, 천살은 아버지 또래의 윗사람이나 상사로부터 방해를 받아 파손을 초래하는 것을 의미한다.

그래서 천살은 부모궁에 있는 것이 가장 나쁘다. 유년부모궁에서 천살을 보고 살기형성이 충회하면 이 해에는 부모 또래나 상사와의 관계에 더욱 주의해야 한다. 그러나 이러한 방해는 한 사람의 역량으로 피하기 어려운 경우도 있다. 믿고 의지했던 태산과 같은 바람막이가 느닷없이 빙산으로 변하게 되는 것과 같이, 이런 상황은 당사자가 피할 수 있는 것이 아니다. 단지 사전에 심리적인 준비가 있으면 일이 확대되는 것을 막을 수 있을 뿐이다.

⑨ 지배

지배(指背)는 훼방하는 사람이나 비방 또는 배후의 시비를 의미한다. 만약 지배와 과문 제성이 동궁하면 이름이 높아 훼방을 초래하거나 재주가 높아 질투를 초래하는 현상이 벌어진다. 따라서 비렴과는 본질적으로 다르다. 비렴의 비방은 낭설을 퍼트리는 것에 속하여 대부분 일을 할 때 다른 사람의 오해로 말미암은 것이기 때문이다.

만약 지배와 비렴이 동궁하면 서로간의 영향으로 인해 다른 사람으로부터 배면(背面)의 시비를 받는 성질이 더해진다. 그러나 천량 화록이 지배와 동궁하면 수단과 방법을 가리지 않고 구재하는 징조가 있다.

⑩ 함지

함지(咸池)에 대해서는 도화 제잡성을 참조하라.

⑪ 월살

월살(月煞)은 월덕과 상대적인 뜻이 있다. 천살과 천덕의 경우와 같다. 남명은 어머니와 처에게 불리하며 여명은 어머니 때문에 돈을 쓰게 된다.

　월살이 부모궁에 있으면 어머니에게 재난이 있거나 자기에게 방해가 된다. 부처궁에 들어가면 처자, 자녀궁에 들어가면 딸이 된다. 그러나 반드시 살기 제성(煞忌諸星)과 만나야 방해와 꺼림이 생기며, 만약 살성이 없으면 아주 온화하다. 예를 들어 딸의 학업 때문에 걱정이 되거나 처자의 가사로 신경을 쓰는 정도이다. 월살과 문곡화기가 동궁하고 살기를 보면 주로 色으로 인한 禍가 있다.

⑫ 망신

　망신(亡神)은 주로 모재(耗財)하며, 살을 보면 실물(失物)을 主한다. 기본성질은 의외의 파괴력이나 의외의 재록의 모손(耗損)을 의미한다. 의외란 생각지 않았던 일이라는 뜻일 뿐 사고를 가리키지는 않는다. 예를 들어 진행이 상당히 순조로웠는데 갑자기 경쟁 상대가 출현하는 것과 같은 것으로, 이런 것이 의외의 파괴력이다. 돈을 잃어버리는 것도 역시 의외의 재록의 모손에 해당한다.

　망신은 일정하게 인신사해궁에 있게 되는데 이로 인해서 천마와 동궁할 가능성이 있다. 여기에 살을 보면 범사에 파동이 많아 힘을 소비하며 다허소실하게 된다. 설사 녹마교치가 이루어지는 경우라도 상당한 영향을 받게 된다.

　대체로 망신의 亡은 망실(亡失)의 뜻이 있다. 이것을 확대해보면 낭비가 되기도 한다. 망신과 형모(刑耗)가 같이 만나면 명궁·복덕궁을 막론하고 모두 매사에 사치한다. 여기에 공겁까지 동궁하면 더욱 좋지 않은데 이렇게 되면 낭비의 정도를 더욱 증가시킨다.

4. 사화

 사화(四化)란 화록(化祿)·화권(化權)·화과(化科)·화기(化忌)의 화성(化星)을 의미하는 것으로서 자미두수의 꽃이라고 할 수 있다. 사화는 선천명반의 길흉을 살피는 데 중요한 관건이 될 뿐만 아니라 운을 추론할 때도 가장 핵심적으로 쓰이므로 절대로 소홀히 해서는 안 된다.
 엄밀한 의미에서 사화는 독립적인 星은 아니다. 또한 祿·權·科·忌가 아니라 그 앞에 化가 붙은 것은 정성에 붙어서 변화를 주는 성질이 있기 때문이다. 즉 정성의 본질을 祿으로 化하게 하고 權으로 化하게 하며 科로 化하게 하고 忌로 化하게 한다는 말이다.
 혜심제주는 이 化에 대해 인신(引申 : 원래의 뜻을 확대하는 것)의 성질, 현창(顯彰 : 어떤 성질을 더욱 증폭시켜 드러내주는 것)의 성질, 가강(加强)과 구체화(具體化)의 성질이 있다고 설명하면서, 이 네 가지 성질이 동시에 출현할 수도 있고 단독으로 나타나기도 하는데, 그것은 각 星의 성질에 따라 정한다고 했다. 그래서 같은 태양이라 하더라도 화록이 붙느냐, 화권이 붙느냐, 화기가 붙느냐에 따라 각기 성질이 달라진다.

자미두수는 명운세월(命運歲月)에 따라 각기 십이궁이 있다. 즉 선천명에도 십이궁이 있고 대운에도 십이궁이 있으며, 유년(流年)·유월(流月)·유일(流日), 심지어 유시(流時)에도 십이궁이 있다. 사화는 이러한 명운세월에 해당하는 별에 붙어서 각기 선천명과 대한명·유년명·유월명에 변화를 주면서 길과 흉을 자아낸다.

혜심제주는 이것에 대해 제법 적절한 비유를 들어 설명한다.

사화는 자미두수에서 명운·대한·유년·유월·유일, 심지어 유시를 추산할 때도 반드시 운용해야 하는 星이다. 한 장의 명반을 색을 칠해야 하는 그림첩이라고 한다면, 십이궁과 각 궁 속의 星들은 그림첩의 기본적인 구조가 되며, 사화는 빨간색·파란색·초록색·노란색 등에 해당되어 개인의 출생년·대한·유년의 차이에 따라 명반에 색채를 첨가시키는 것과 같다.

또 만약 명운의 변화를 야채를 요리하는 것에 비유하면, 아직 익히지 않은 신선한 채소와 그 채소의 독특한 맛은 명궁의 星에 비유할 수 있고, 요리하는 과정과 시간은 대한·유년에 비유할 수 있으며, 요리하는 과정에서 쓰는 기름·소금·설탕·식초 등의 조미료는 사화에 비유할 수 있다. 조미료(사화)는 조리하는 시간과 과정(대한·유년) 속에 배합되어 야채에 변화를 주어 새로운 맛을 내게 한다.

사화의 배합은 화학반응으로도 설명할 수 있다. 유년의 사화와 본명·대한의 사화는 서로 만나면 때로 화학적 또는 물리적인 변화를 일으키기도 한다. 화학적인 변화란 물체의 변화를 의미하는 것으로서 외모뿐만 아니라 성질까지도 변하는 것을 말하며, 물리적인 변화 역시 물체의 변화이나 단지 형체만 변할 뿐 성질은 변하지 않는 것을 말한다.

예를 들어 탐랑이 좌명하면 처세가 원활하고 재예(才藝)를 학습함이 많지만, 탐랑화기가 되면 겉모습부터 영향을 받으며 처세 역시 비교적 보수적으로 변한다. 재예가 많은 것은 한 가지 특정한 재예만으로 표현하게 되는데 이것은 소위 말하는 화학적인 변화에 해당하는 것이다. 또 거문이 좌명하면 시비구설을 주하는데, 거문화권이 되면 시비구설은 변하지 않지만 언어적인 능력과 효력이 강화된다. 이것은 물리적인 변화라고 할 수 있다.

일반적으로 화록은 재록(財祿), 화권은 권세, 화과는 명예, 화기는 장애를 나타낸다. 그러나 각 星의 변화에 따라 독특한 의미가 많은데 이 독특한 의미는 종종 추단의 근거가 된다. 가령 명반을 추단할 때는 단지 생년의 사화만으로도 간단하게 관찰할 수 있다. 가장 쉬운 예로 여명에서 부처궁에 함지의 태양이 화기가 되면 남편 복이 없거나 남편과 생리사별할 가능성이 많다는 식으로 파악할 수 있다는 말이다.

대한을 추단할 때는 대한사화와 생년사화만 있어서 그래도 덜 복잡하지만(그래도 본명의 사화 네 개, 대한의 사화 네 개가 되므로 그들이 서로 만나면서 변화를 일으키는 것을 보는 것도 쉬운 일은 아니다), 유년을 보려고 하면 명운세(命運歲)의 3종의 사화가 다 모이므로 여기저기서 사화가 걸려 매우 복잡하게 된다. 그러나 유년사화는 생년사화와 부딪칠 때만 고려하고 그렇지 않을 때는 대한과 생년의 사화만 본다.

생년사화는 각 궁의 본질을 나타내고, 대운과 유년의 사화는 각

시기의 환경을 나타내므로 생년사화는 각 시기의 환경의 영향을 크게 받지 않는다. 그러나 생년사화와 대운사화가 충회하거나 유년사화와 충회하면 생년사화 역시 작용이 일어나는데, 그 작용을 이식시키는 것과 같다. 이제 사화에 대한 자세한 응용방법을 살펴보기로 하자.

1) 화록

화록(化祿)은 음토(陰土)에 속하고 녹(祿)을 主하며 재성(財星)이다. 그러나 정성의 본질에 따라 祿의 성향과 성질이 다르므로 정성의 성질을 참고해서 재록의 다소를 결정해야 한다. 일반적으로 재성의 화록을 좋아하며, 청고한 星의 화록은 비교적 곤란함을 더하기 쉽다.

화록은 혼자서는 작용이 크지 않으므로 녹존과 만나는 것을 좋아하는데, 화록과 녹존이 만나면 쌍록이라 하여 좋은 것으로 본다. 또 화록은 천마를 보는 것을 좋아하여, 화록과 천마가 만나면 녹마교치가 이루어진다. 본명에 화록이 있으면 대한에서 녹존이나 화록을 만나는 것이 좋고, 대한에 화록이 있으면 유년에서 화록이나 녹존이 충기하는 것이 좋다.

한 가지 주의할 점은 화록을 모든 궁에서 돈이라고 판단하면 안 된다는 것이다. 화록이 육친궁에 있으면 육친과의 연분이 두텁다거나 감정적으로 친밀하다는 등의 의미도 있다. 일반적으로 화록은 순조롭고 원만하며 풍부하고 좋다는 의미가 복합적으로 담겨 있기 때문에 무조건 돈과 연결시키는 판단은 삼가야 한다.

또한 명궁 오궁에 염정·천상이 있으면 대궁에는 파군이, 관록궁에는 무곡이, 재백궁에는 자미·천부가 있게 되는데, 甲년생이라면 명궁에 염정화록이 붙고 파군에는 화권이, 무곡에는 화과가 붙어 祿·權·科가 다 비친다.

이럴 때의 성질은 주로 염정화록 위주로 나타난다. 염정·천상이 정치나 기업체 근무를 主하므로 이것이 命의 본질이 되고, 파군화권은 단지 그 권세의 범위와 책임을 증가시키며, 무곡화과는 경제적 권력을 잡을 수 있으냐로 나타나는 것이다. 즉 화권·화과는 명궁의 길함을 도울 뿐이지 주체가 되지는 않는다.

홍콩의 자미양은 화록에 대해 나름대로의 견해를 피력한다. 화록을 볼 때는 화록이 어떤 星에 붙었느냐는 것 외에 반드시 지공·지겁을 만나느냐를 살펴야 한다는 것이다. 이것은 아주 중요하다. 화록이란 결국 정성에 붙어서 정성의 성질을 祿으로 화하게 하는 것인데, 정성의 본질이 재성이 아닐 경우 祿과 관련지어 말하기가 곤란한 부분이 있다. 가령 천기화록이나 염정화록이 재백궁에 있다고 해서 큰 부자가 된다고 할 수는 없다는 것이다.

또한 화록의 효과는 반드시 복덕궁이 온전한가를 살핀 후에 판단할 수 있다. 비록 재성인 무곡이나 태음화록이라 할지라도 공겁과 동궁하고 복덕궁이 불길하면 소득이 아주 크다고 할 수 없다고 한다. 참고할 만한 견해라고 생각한다.

(1) 염정화록

염정화록(廉貞化祿)은 명궁·재백궁·사업궁에 있는 것이 좋다. 복덕궁에 있을 경우 단지 생활의 향수를 추구할 가능성이 있을 뿐 부자가 되는 것을 의미하지는 않는다.

염정화록은 대체로 진재(進財)하지만, 염정이 낙함한 경우에는 비록 화록이라 해도 살모공겁(煞耗空劫)을 보면 안 되는데 그렇지 않으면 財로 인해 부담을 받는다. 예를 들어 수입이 갑자기 많아지자 주색에 빠져 파재를 초래하게 되는 경우 등이다.

또한 염정화록은 무곡화기와 충회하는 것을 좋아하지 않아(원국의 무곡화기, 대한의 염정화록 같은 경우) 도리어 주모재(主耗財)하게 한다. 돈이 없어지는 원인으로는 감정에 관련되어 있거나 쟁재로 인해 감정의 상해를 초래한다.

염정화록과 탐랑·화성이 동궁하면 화탐격의 폭발을 가강시키며, 살을 보지 않으면 약간 안정되어 폭패를 초래하지 않는다. 공겁이 동궁하면 폭발·폭패가 아주 빠른데, 폭발은 왕왕 투기·요행의 색채를 띤다. 염정화록은 녹마교치를 보는 것을 가장 좋아하여 대부의 격이 이루어진다. 만약 염정화록이 인신궁에 있으면서 대궁의 탐랑이 화성과 동궁하면 반드시 거부가 된다.

(2) 천기화록

천기(天機)는 지혜의 星으로서 계획·설계에 능하므로 묘왕지의 화록은 계획한 일을 뜻대로 달성할 수 있다. 천기는 영동성(靈動性 : 잘 움직이는 것, 잘 도는 것) 때문에 항상 머리를 쓰는 행업, 즉 재무계획·시장발전·컴퓨터 공정 등에 종사하는 것으로 변한다. 천기화록(天機化祿)은 이러한 직업에 종사하는 것이 좋으며, 그럴 경우 상당한 고수입을 올릴 수 있다. 대개 기월동량격에 속하는 사람은 대부분 그렇다고 하겠다.

그러나 천기화록은 거부가 될 격국은 아니므로 반드시 배경에 의지하여 양호한 수익을 획득해야 한다. 따라서 지나치게 독립하여 스스로 문호(門戶)를 여는 것은 적합하지 않다. 만약 완전히 독립적으로 경영하려고 하면 도리어 쩔쩔매게 되기 쉽다.

한자리에 있지 못하고 늘 변동하는 천기의 본질로 인해 천기화록은 직업의 전환을 상징하기도 한다. 일반적인 정형에서 천기화록은 주로 직업을 전환함으로써 새로운 발전의 기회를 얻게 된다. 그러나 간혹 겸직으로 만족하며 직업을 바꾸지 않을 때도 있다.

직업의 전환과 겸직을 분별하는 데는 하나의 신호가 있다. 대개 화록이 보좌단성을 보면 대부분 겸직을 주로 한다. 이러한 신호는 상당히 잘 맞는다. 만일 천기화록이 권성·과성과 길성을 보면 겸직의 전도(혹 바꾼 직업의 전도)가 원래 하던 직업보다 더 좋다.

천기화록은 화성과 영성이 동궁하는 것을 가장 꺼리는데 그것은 천기의 부동(浮動)한 성질을 증가시키기 때문이다.

(3) 천동화록

천동(天同)은 정신적인 방면의 일을 主한다. 그래서 천동화록(天同化祿)이 되면 물질생활은 단지 정신적으로 만족감을 줄 수 있을 뿐이지 대부·대귀를 主하지는 않는다.

천동화록은 종종 만년에 이르러 비로소 안정을 얻고 부유하게 된다. 유년·소년에는 조업이 기울어질 염려가 있고, 중년에는 우여곡절을 겪으며 인생의 쓴맛 단맛을 다 겪다가, 만년에 이르러야 고진감래한다고 할 수 있지만 혼자서 득의양양하는 것은 면치 못한다. 만약 천동화록에 살성·공겁·허모 등이 모여 있으면 일생 동안 겪는 파절이 더욱 크며, 상대적으로 만년의 성취 또한 비교적 적고, 또 그릇이 작아 쉽게 넘치게 된다.

천동화록은 도화 제성을 만나는 것을 좋아하지 않는데, 도화에 창곡을 보면 풍류배가 되기 쉽다. 그 소득의 財 역시 풍류의 성질을 띠어 자수성가와는 완전히 무관하다. 여기에 공겁까지 동궁하면 더욱 좋지 않은 방향으로 발전하기 쉽다. 고대의 풍류배들, 한량들이 모두 이러한 인물이다.

(4) 태음화록

태음(太陰)은 재성이다. 화록은 주재(主財)하므로 태음화록(太陰化祿)이 되면 태음의 주재의 역량을 가강시킨다. 그러나 태음이 입묘하면서 화록이 붙을 때 비로소 재원(財源)이 순조롭게 된다. 만약 태음이 낙함하면 꼭 주부(主富)한다고 할 수 없고 단지 정신적인 만족감이 있을 뿐이다. 낮에 태어난 사람의 경우는 더욱 그렇다.

태음은 계획을 주로 하므로 동(動)하기보다는 정(靜)하며, 태음화록이 되면 계획을 성공시킬 수 있다. 이로 인해 득재(得財)할 뿐만 아니라 득의양양하는 의미도 증가시킨다. 그러나 태음이 낙함하고 살성·공겁이 동궁하거나 삼방에서 상회하면 비록 화록이 되었다 할지라도 계획에 좌절이 있게 되거나, 앉아서 말은 하나 일어나 행동할 수 없게 된다.

태음의 주사(主司)는 전택으로서 재부를 主하는데, 태음화록이 되면 가정이 원만하고 화목하며 부동산을 살 象이 있다.

태음화록은 반드시 복덕궁에서 거문화기를 보기 때문에, 거문과 동궁한 星을 살펴야 구체적인 성질을 결정할 수 있다. 일반적으로는 마음을 많이 써서 심력을 다한 후에 비로소 뜻을 이룬다. 그러나 전재(錢財)에 주의하기보다는 자기 힘으로 하나의 계획을 성공시키를 희망하며, 이로 인해 스스로 긍지를 느낀다.

태음화록은 재부에 대한 만족감을 주로 하기 때문에 명궁·재백궁·사업궁에 있는 것이 좋다.

(5) 탐랑화록

탐랑(貪狼)은 재예(才藝)의 星으로서 화록이 되면 재예가 출중하게 된다. 그러나 함지에 살이 더해지면서 길성이 돕지 않으면 발전에 장애가 있고 재주가 있어도 때를 못 만나게 된다.

또 탐랑은 본래 교제·접대를 잘하거나 수단이 좋아 다른 사람에게 작은 은혜를 베푸는 특징이 있기 때문에, 영도력이 부족하기는 하지만 친구들 사이에서는 사교의 중심이 된다. 탐랑화록(貪狼化祿)이 되면 이러한 성질이 더욱 분명하게 나타나 항상 교제·접대로 인해 득재(得財)한다.

탐랑과 화령이 동궁하는 것을 화탐·영탐이라고 하는데 이때 탐랑이 화록이 되면 주로 의외의 財나 횡재를 얻는다. 이 두 격은 본래 폭발·폭패를 주로 하여 탐랑화록에 살기의 충파가 없으면 득재 후에 폭패를 피하기 쉽다.

그러나 화탐·영탐은 공겁을 가장 꺼리므로, 만약 동회하면 비록 탐랑화록이라 해도 반드시 느닷없이 파패가 출현하는 것에 대비해야 한다.

(6) 무곡화록

무곡(武曲)은 재성으로서 행동으로 구재(求財)하는 의미가 있다. 그러나 무곡이 비록 화록이 되더라도 살기형모(煞忌刑耗)를 보면 돈을 벌기는 하겠지만 반드시 기예에 의지해야 하며, 그 부분에서 두각은 나타낼지라도 사회적 지위는 그렇게 높지 않다. 여명의 경우는 더욱 사업으로 인해 애를 쓰고 남편 복을 누리지 못한다.

재성은 대개 공겁을 가장 꺼리는데 무곡화록(武曲化祿)도 예외가 아니다. 공겁을 보면 진재(進財)의 과정에 생각지 못한 소모가 따르고 이로 말미암아 예산이 빗나가게 된다. 게다가 문곡화기가 동회하면 좌절이 아주 많고 소모도 더욱 크다.

무곡은 문곡이 화기가 아니더라도 문곡 자체를 싫어한다. 문곡이 무곡의 성질을 허부(虛浮)하게 변하게 하거나 유명무실하게 하기 때문이다.

무곡화록은 살기(煞忌)를 꺼리지 않아, 화령·양타를 막론하고 경쟁에서 곤란을 다소 증가시키거나 힘을 많이 필요로 하게 할 뿐이다. 만약 문곡화기가 동회하지 않으면 파모를 主하지는 않는다. 무곡화록과 탐랑이 동궁하면 설사 화탐·영탐의 격국이 이루어지지 않더라도 발달한다.

(7) 태양화록

태양(太陽)은 부(富)가 아닌 귀(貴)를 主로 하기 때문에 화록이 되더라도 명예가 드러날 뿐이지 財적으로 커다란 도움이 있는 것은 아니다. 대개 사회적으로 명예를 건립함으로써 재부(財富)가 따라오게 된다. 그러나 묘왕지여야 사업상 명예가 좋지 낙함하면 일시적으로 반짝할 뿐 오래가지 못하며 허명에 불과하게 된다. 그래서 옛사람들은 선귀후부(先貴後富)한다고 했다.

태양은 발산하는 성질이 있기 때문에 화록이 되면 지나치게 빛을 발산하는 궁을 좋아하지 않는다. 예를 들어 사궁이나 오궁에 있을 때 태양화록(太陽化祿)이 되면 사회적 지위를 취득하는 데는 이롭겠지만, 지나치게 사람들의 눈을 현란하게 하기 때문에 인궁이나 묘궁에 있는 것만 못하다. 지나치게 빛을 발산하는 궁에서는 부국(富局)이 이루어지기 어렵거나 명대어리(名大於利 : 이름이 이익보다 크다)할 뿐이다.

(8) 거문화록

거문(巨門)은 입을 대표하고 구설(口舌)을 主하기 때문에 말을 잘한다. 따라서 거문화록(巨門化祿)이 되면 구설로 돈을 버는 것이 좋다. 교사·교수·연설가·가수·외교관·목사 등의 직업에 적합하고 변호사·법관·의사·국회의원도 좋다.

석중은옥격(石中隱玉格)의 거문은 화록을 가장 좋아하는데 富할 뿐만 아니라 그 부유한 정도를 다른 사람이 소홀히 보기 쉽다. 볏짚 속에 진주가 숨겨진 것 같은 것이 이러한 격국이다.
　인신궁의 거일 조합은 외국인에게 알려진다. 그러나 낙함한 신궁(申宮)에서는 조력이 오래가지 못한다.
　거문화록과 문창화기가 상충하면 반배격국이 구성되는 것 외에 일반적으로 성질이 불량하다. 진재(進財)와 동시에 파재·모재(耗財)가 있거나 파모(破耗)를 거친 후에 비로소 돈을 벌 수 있다. 이러한 격국은 장사가 가장 좋지 않은데 인간관계의 조화에 더욱 주의해야 한다.

(9) 천량화록

　십사정성 가운데 화록을 가장 꺼리는 星이 바로 천량(天梁)이다. 천량은 청고한 별이므로 祿이 있으면 청렴한 감사원장이 뇌물을 받는 것과 같아 돈 때문에 시비구설이 많이 생기기 때문이다. 그래서 천량화록(天梁化祿)은 공공기관과 관련된 장사가 아닌 일반적인 장사에는 좋지 못하며 고생과 성패가 많게 된다.
　천량은 음성(蔭星)이기 때문에 불로소득이 있기 쉬우므로 천량의 財는 의외의 財라고 할 수 있다. 운에서 천량화록이 걸리고 쌍록을 보자 7억 원짜리 복권에 당첨된 사람도 있다.
　명궁에서 천량화록을 보면 가족사업에서 발전하는 것이 가장 이롭다. 대기업에서 복무하는 것도 좋아서 근속연한이 쌓이면 높은 자리에 오를 수 있다. 蔭의 의미는 사회복무로 확대해볼 수도 있어서, 명예와 지위를 취득함으로써 재록이 오기도 한다. 그래서 천량화록이 명궁에 있거나 사업궁·재백궁에 있는 사람은 공중복무행업에 참가하는 것이 좋다.

그러나 천량화록은 현성사업(現成事業)이 있긴 하지만 공중복무 행업에 종사하여 범사를 공적으로 처리하고 사리를 구하지 않는 경우를 제외하면, 반드시 돈으로 인해 귀찮은 일이 발생하고 심지어 다른 사람으로부터 약점을 공격당하게 된다.

취길피흉의 유일한 방법은 전문업에 종사하는 것이다. 다른 사람을 대신하여 어려움과 분쟁을 해결해주거나(변호사 등), 다른 사람의 고통을 해소해주거나(의사 · 사회복지사 등), 다른 사람의 돈문제를 해소해주거나(회계 · 재무계획의 전문업) 하는 전문업인 경우 천량화록의 성질을 직업적인 곤란으로 변화시키는 것이 된다.

(10) 파군화록

파군화록(破軍化祿)이 명궁에 있으면 관록궁에는 반드시 탐랑화기가 있다. 이때의 중요한 특징으로는 무슨 일을 하든 아무리 계획을 치밀하게 해도 실패하다가 생각지 않게 한 일로 뜻밖의 이익을 얻는 경우가 많다. 인간관계에서도 마찬가지이다.

파군화록이 명궁과 삼방에 있으면 다른 사람과 동업하는 것이 좋다. 파군 자체가 공격은 잘하지만 지키지는 못하므로 다른 사람의 도움이 필요하기 때문이다. 그래서 파군화록이 수명하면 보필을 보는 것을 좋아하며, 동시에 형제궁과 노복궁의 星의 길흉이 크게 영향을 미친다.

또한 파군화록은 일을 가만히 지키고 있는 것을 싫어하고 겸하거나 여러 가지 행업을 하는 것을 좋아한다. 직장생활을 하는 사람은 겸직을 하거나 여러 가지 임무를 맡아야 비로소 인정을 받게 된다. 그래서 옛사람들은 여명에 좋지 않다고 했다. 파군화록이 명궁에 있으면 범사에 장권(掌權)하기를 좋아하고 다른 사람의 일을 처리하는 것을 좋아하기 때문이다.

2) 화권

화권(化權)에는 권력의 속성이 있다. 이러한 속성을 확대해보면 지위의 의미도 있는데, 일반적으로는 먼저 지위가 있은 후에 권력이 있게 된다

두 개의 권성(權星)이 서로 만나면 권력이 증가한다. 그러나 權을 두 개 만나면서 화기가 충파하면 권력을 남용해서 일을 그르치거나 권력투쟁이 있을 수 있다. 원국에 화기가 있는데 운에서 화권성으로 변하는 경우도 화권이 가지고 있는 압제의 역량이 왕성해지므로 좋지 않다.

그 밖에 화권은 굳고 튼튼하다는 의미도 있는데, 이러한 속성 때문에 화권이 되는 정성에 적극성과 안정성을 증가시킨다. 예를 들어 천기는 본래 불안정하나 화권이 되면 그 파동이 감소되며 순조롭게 발휘하는 것으로 변할 수 있다. 권성은 또한 계획이나 관리에 이롭다.

(1) 파군화권

파군(破軍)은 개창력을 가지고 현상을 돌파하는 것이 가장 큰 장점이다. 파군화권(破軍化權)이 되면 그 돌파하는 역량이 더해져서 주동적으로 개창하게 된다. 그래서 일을 만들기를 좋아하며 한가한 것을 견디지 못한다.

현대에서 파군이 살과 동궁하면 공업에 종사하는 경우가 많은데, 화권이 되면 관리능력이 증가되기 때문에 인력이 자원이 되는 직업에 이롭다. 그러나 파군화권은 富를 주하지는 않고 명대어리(名大於利)한다. 파군은 또 모험성이 강하므로 살이 동궁하면 위험한 일에 종사하기도 한다. 그러나 살성이 동궁하지 않으면 위험성은 군

인·경찰·법조계 등에 종사하는 것으로 변한다. 파군화권이 복덕궁에 있으면 모험을 좋아하거나 새로운 생각이 많다. 공겁이 동궁할 때는 더욱 그렇다.

(2) 천량화권

청고한 별인 천량(天梁)이 화권을 만나면 천량의 감독과 관리능력을 더욱 발휘할 수 있어서 좋다.

천량은 음성(蔭星)으로 노인성이다. 노인이란 세상경험이 풍부한데 여기에 화권이 되면 세상의 이치를 더욱 꿰뚫어 알게 된다. 그러나 만일 살모 제성이 비치면 주관에 흐르기 쉽고 심지어는 고집으로 변하기도 한다. 이러한 속성은 고대사회에서는 비교적 쉽게 적응했지만 현대사회에는 그렇지 않다. 이치가 돈으로 연결되지 않기 때문이다. 명궁의 천량에 煞이 있는 경우 전문업에 종사하지 않으면 통달하기 어렵다. 그래서 천량화권(天梁化權)은 통계·컴퓨터·설계·계획 등에 종사하는 것이 가장 이롭다. 만약 질병성질의 잡성을 보면 의약에 종사해도 좋다.

천량이 화권이 되면 일반적으로 주명부주리(主名不主利)하지만, 천이궁에서 천량화권·녹마교치가 되면 이향(異鄕)에서 장사하여 부자가 된다. 이것은 천량·천마가 본래 고향을 등진다는 의미가 있는데 화권·화록을 얻으면 이방의 추종을 받고 이로 인해 치부하게 되기 때문이다. 천량이 받는 추종은 성실한 믿음에서 나오는데 화권이 되면 그 의미가 증가된다.

(3) 천기화권

천기(天機)는 지혜의 星으로 모략이 있고 말재주가 좋으며 외교수단이 좋다. 여기에 화권이 되면 책획(策劃)하고 교제하는 능력을 가강시키며 영도와 관리능력을 높이나 고생은 면치 못한다.

천기화권(天機化權)이 문창화과와 만나면 모략이나 계획으로 이름을 날린다. 천량과 동궁하면 이러한 의의는 더욱 분명해진다. 따라서 기월동량격이 천기화권이면 천동은 반드시 화록이 되며 다시 문창화과를 보면 전문업 · 책획에 좋고 막료인재가 되어도 좋다. 현대에서는 통계 · 컴퓨터 관련의 직업에 종사하는 경향이 있다.

천기는 본래 영활하고 기교가 있는데 화권이 되면 이러한 의의를 가강시키게 된다. 그러나 화령과 동궁하는 것은 좋아하지 않아 경박한 의미를 띠게 된다.

천기화권과 공겁이 동궁하면 그 수단이 뇌성벽력과 같아 다른 사람의 의표를 찌른다. 대개 천기가 재백궁 · 사업궁에 있으면 직업을 자주 바꾸거나 겸직 · 겸업하는 경우가 많은데, 천기화권이 되면 겸직 · 겸업의 기회가 더욱 커지나 직업을 바꾸는 성질은 감소된다. 천기화권도 파군화록처럼 겸행 · 겸직하기 쉽다.

또한 천기화권은 투기색채를 증가시킨다. 이러한 투기는 비단 금융시장의 투기매매뿐만 아니라 정치수완적인 투기, 인사관계적인 투기도 포함된다. 길성이 동궁하면 투기는 성공하나 살성이 동궁하면 꾀를 부리다 일을 그르치게 된다. 화령이 동궁하면 투기심은 더욱 중하게 된다. 천기는 사살 · 공겁에 대해 아주 민감한데 화권이 된다 해도 이러한 성질은 변화시킬 수 없다.

(4) 천동화권

천동(天同)은 복성이지만 기본적으로 봉흉화길(逢凶化吉)의 의미가 있다. 이러한 속성은 화권이 되면 더욱 가강된다. 그래서 일반적인 정형에서 천동은 화록을 좋아하며 화권은 비교적 싫어한다. 화록이 되면 비교적 안일하지만 화권이 되면 훨씬 고생스럽기 때문이다. 가장 좋은 구조는 천동화권(天同化權)과 녹존이 동궁하는 것이다.

천동화권이 거문화기와 동궁하거나 대궁에 있으면서 살성을 보면 심신의 피곤함을 다른 사람이 알지 못하여 시비를 불러일으키기 쉽고, 성공에 접근해도 질책을 받기 쉬울 뿐만 아니라 심지어 파괴당하여, 반드시 크게 힘을 쓴 후에야 비로소 국면을 되돌릴 수 있다. 따라서 천동화권은 살성에 아주 민감한데 화권이 없는 천동보다 더욱 민감하다. 만약 화권에 살기를 보면 일생 동안 시비구설이 심대하고 다른 사람과 감정파열이 있기 쉽다.

천동화권이 태음화록과 동궁하거나 대궁에서 보게 되면 부격(富格)이 되는데, 이때는 전문업에 종사하는 것이 좋다. 만약 장사한다면 대리점이 좋다. 이때 괴월을 보면 반드시 발달한다.

천동화권 역시 보필을 보는 것을 좋아하는데 주로 조력을 얻어서 창업흥가한다. 그러나 천동이 사궁에 있으면 타라와 동궁하는 것을 가장 꺼린다. 사업에 경쟁이 많고 혼인에도 파절이 많으며, 살을 보면 혼인으로 인해 사업에까지 영향이 있다.

(5) 태음화권

일반적으로 태음(太陰)은 온화하고 부드러워 처세에 약하고 소극적이다. 이에 반해 화권은 주동적이고 진취적이며 적극적으로 분발하는 의미가 있기 때문에, 태음화권(太陰化權)이 되면 강유가 조화되어 좋다.

그러나 태음이 명궁에 있으면 반드시 복덕궁을 살펴야 한다. 태음화권이 명궁에 있으면 복덕궁은 거문과 천기화기의 관계로 인해 전체적으로 영향을 미칠 수 있다. 만약 거문과 천기가 동궁하거나 상대하고 있으면 그 영향이 비교적 커서 범사에 처음과 끝을 관철

시킬 수 없게 된다.

태음화권의 의미 역시 돈을 갖고 자중하는 것으로 변하게 되어 권력에 만족할 뿐 객관적으로 처리하지 못하게 된다. 이로 인해 항상 시기를 놓치거나 간단한 사정이 복잡하게 바뀌어 번뇌와 곤란이 일어나게 된다. 태음이 비록 재성이나 화권은 화록의 주부(主富)만 못하게 된다.

• 예1) 1947년 1월 ○일 술시 여명

大天天天天陀天 祿廚虛巫馬羅相 　　　　平陷平 官歲歲　16~25　55乙 府驛破　【父母】　冠巳 　　　　【大子】	大大祿天 曲羊存梁 　　　旺廟 博息龍　26~35　56丙 士神德　【福德】　旺午 　　　　【大夫】	大紅旬天火擎七廉 鉞艷空哭星羊殺貞 　　閑廟旺廟 力華白　36~45　57丁 士蓋虎　【田宅】　衰未 　　　　【大兄】	大解鈴 昌神星 　　旺 青劫天　46~55　58戊 龍煞德　【官祿】　病申 　　　　【大命】
大大台紅左巨 陀耗輔鸞輔門 　　　　廟平 　　　　　忌 伏攀小　6~15　54甲 兵鞍耗　【命】　帶辰 　　　　【大財】	음력 1947년 1월 ○일 술시 여자 命局 : 火6局 命主 : 廉貞 身主 : 天機		破天天地天 碎傷刑劫鉞 　　　　平廟 小災弔　56~65　59己 耗煞客　【奴僕】　死酉 　　　　【大父】
截天龍三貪紫 空才池台狼微 　　　　地旺 　　　　祿 大將官　　　65癸 耗星符　【兄弟】　浴卯 　　　　【大疾】			天寡恩天右天 月宿光喜弼同 　　　　廟平 　　　　　權 將天病　66~75　60庚 軍煞符　【遷移】　墓戌 　　　　【大福】
大天孤陰文太天 馬官辰煞曲陰機 　　平閑旺 　　祿科 　　權忌 病亡貫　　　64壬 符神索　【夫妻】　生寅 　　　　【大遷】	大蜚天地天 魁廉姚空府 　　　陷廟 喜月喪　96~　63癸 神煞門　【子女】　養丑 　　　　【大奴】	天封文太 空詰貴昌陽 　　　旺陷 　　　　科 飛咸晦　86~95　62壬 廉池氣　【身財帛】　胎子 　　　　【大官】	天天天年鳳八天破武 福使壽解閣座魁軍曲 　　　　　旺平平 奏指太　76~85　61辛 書背歲　【疾厄】　絶亥 　　　　【大田】

선천명궁은 진궁의 거문화기이다. 무신대한에 오자 대한명궁에 정성이 없이 영성만 동궁하고 있으며 경양과 천형이 협하고 있다. 대궁에는 대한의 태음화권이 있지만 천기화기와 동궁하고, 대한재백궁에서 거문화기의 간섭을 또 받으니 태음화권이 무력해진다. 대한관록궁의 태양도 함지에다 태어난 시간도 술시이므로 더욱 빛이 어두우니 거문의 암을 해소할 수 없다.

게다가 삼방사정에서 문곡·영성·음살·비렴·복병·회기·고진 등 어두운 星이 비치니, 이 대한에 신병(神病)·무병(巫病)으로 고생하고 있다.

(6) 탐랑화권

탐랑(貪狼)은 욕망의 별로서 본래 사업심이 강한데, 화권이 되면 더욱 야심차게 되어 주동적이 되며 투기심이 일어나 이익이 많은 주식이나 도박, 오락사업 등을 좋아하게 된다. 또 탐랑은 교제의 星이므로 화권이 되면 교제의 의미가 가중된다.

탐랑화권(貪狼化權)이 祿을 만나지 않으면 작은 것을 탐하고 한 푼이라도 헛되게 쓰지 않는다. 그러나 이럴 때에도 즐거운 마음으로 교제·접대를 하는데, 녹존이 동궁하면 표면적으로는 씀씀이가 대방하나 속에는 항상 계교가 있다. 하지만 이것은 결점이 아니라 오히려 진재(進財)를 위한 필수적인 수단이 된다. 따라서 탐랑화권과 祿의 관계는 아주 밀접하다.

탐랑이 화탐·영탐격이 될 때는 화권이 화록만 못하다. 화록은 주로 재백이 갑자기 발하고 사업도 갑자기 흥하나, 화권은 祿이 없으면 겉만 번드르르하여 사업이 성세가 있는 것 같고 사람 역시 교제·접대로 바쁘나 실제 수확은 겉과 다르다. 게다가 투기의 경향이 있기 때문에 한순간에 돈을 벌려고 한다. 살성이 비치면 더욱 머

뭇거리기 쉽다. 만약 유년이 좋지 않으면 환경에 쫓겨서 남은 밑천을 다 투자하나 이로 인해 실패하기 쉽다.

탐랑화권의 좋은 점은 안정성을 증가시킨다는 것이다. 화권이 없으면 사업에 변화가 많고 경쟁을 야기하기 쉬우나, 화권이 있으면 변화가 감소하고 경쟁 역시 비교적 우세하게 된다. 만약 화권과 도화가 함께 오면 예술·오락·소비향수의 성질로 바뀌는데 이로 말미암아 돈을 벌 수 있다.

(7) 무곡화권

무곡(武曲)은 금성(金星)으로서 기백이 있는 星이므로, 무곡이 화권이 되면 실권을 잡게 되고 일할 때 매력이 있으며 이상을 실천할 수 있다. 행동을 통해서는 생재(生財)하나 계획이나 관리에 의지해서는 재부(財富)를 획득할 수 없다.

그래서 무곡화권(武曲化權)은 고생스러움을 대표한다. 명궁에서 무곡화권이 동궁하고 복덕궁에 살성이 있는 경우에는 고생스러움이 더욱 심하여, 크고 작은 일을 막론하고 직접 처리하거나 밤낮으로 바빠서 편안히 누리기 어렵다. 무곡화권이 있는 궁의 삼방에 살이 있으면 군경·치안에 종사하여 무관으로 출세하는 것이 좋다. 본궁에 길성이 있으면 상당한 승진이 예상된다.

무곡화권이 살성과 동궁하면 기술적인 일이나 전문업에 이로우며, 금속공구와 관계된 일이 좋다. 그러나 만약 동시에 공겁을 보면 기공직·기술직 등에 종사하는 것이 좋다. 그리고 무곡화권이 되면 삼방에서 녹마나 화록을 보는 것이 좋다.

(8) 태양화권

태양(太陽)은 관록을 主하므로 위의(威儀)를 갖추고 權적인 의미가 있다. 여기에 화권이 붙으면 실권을 장악하게 되어 직장이나 사업장에서 재주를 펼칠 수 있다.

태양화권(太陽化權)과 거문화록이 동궁하거나 대궁에 있으면 이족(異族)으로 말미암아 생재(生財)하는 의미가 있기 때문에, 외교적인 일에 종사하거나 외국회사에 근무하거나 외국에서 명예를 떨치는 데 이롭다. 양양창록격(陽梁昌祿格)이 이루어지면 학술을 통해 지위를 증가시킬 수 있으며 발명 등에 매우 이롭다. 그러나 태양화권과 문창화기가 동궁하면 처사가 가볍고 심사숙고를 하지 않고 함부로 결정을 하여 은연중에 손실을 초래하게 된다.

다른 각도로 설명하면, 태양화권이 되면 독립성과 개창능력이 증가할 뿐만 아니라 다른 사람이 떠받드는 것을 좋아하는 성격 역시 증가한다. 그래서 태양화권이 명궁에 있으면 적막을 참고 견디지 못하여 객관적인 환경을 고려하지 않고 함부로 진취(進取)하기 쉬운데, 이로 인해 인생의 파절이 증가한다.

태양이 낙함하고 화권이 되면 낙함이 갖고 있는 불리함을 개선시킬 수 있어서 고향을 떠나 발전하는 징조가 있다. 천이궁이 길할 때는 더욱 출생지를 떠나 발전하는 것이 좋다.

태양화권이 명궁에 있으면 다른 사람을 돕기 쉬운데, 만약 문창화기를 보면 친구에게 돈을 빌려주었다가 받지 못하는 일이 많다. 장사하는 사람이라면 관리나 현금을 거래하는 직업이 좋다. 태양이 관록궁에 있으면 정당한 자리에 들어간 것이라고 하겠는데, 화권이 되면 성취가 휘황하고 재왕(財旺)하며 다른 사람의 흠모를 받게 된다.

(9) 자미화권

자미(紫微)는 제좌(帝座)로서 권위를 가지고 있는데 여기에 화권이 붙으면 패기 또는 패도적인 측면을 면치 못하게 된다. 자미화권

(紫微化權)의 장점은 결단력과 영도력이 증가하고 한 분야에서 으뜸이 되며 책임을 질 수 있다는 점이다. 그러나 동시에 이기심이 강하고 주관적으로 흐르기 쉽기 때문에 자신의 결정에 다른 사람을 고려하는 경우가 드물다.

그래서 자미화권은 반드시 보좌 제성과 만나야 하며 보필이 있어야 고생이 적다. 그렇지 못할 경우 모든 일을 직접 챙겨야 하고 주관적으로 결정하므로, 노력해도 헛수고가 되기 쉽다.

보필이 없으면 전권을 쥐고 독단독행하는 것과 같아서 자기 마음대로 하다가 판단착오를 하기 쉬운데, 그 결과는 재백궁의 무곡화기로 나타나게 된다. (壬干의 자미화권은 항상 무곡화기를 만나게 된다.) 지나친 자신감으로 자기 뜻대로 밀어붙여 결국 돈의 회전이 곤란하게 되고, 다른 사람과 돈 때문에 다투거나 커다란 파재가 있게 되는 것이다.

만약 녹존이 없으면 곤핍하기 쉽고 겉으로는 좋아도 안으로는 공허하여 貴라고 하기에는 부족하다. 자미가 화권일 때 살성을 만나면 제왕이 소인을 가까이 하는 것과 같아 좋지 못한 기호에 물들거나, 의심과 투기심이 많아 인생에 좌절이 많기 쉽다.

(10) 거문화권

거문은 구재(口才)를 主하므로 화권이 화록에 비해 좋다. 거문은 말로 잘잘못을 가리고 경쟁하고 움직이는 것을 좋아하며 화권은 분발·확대·권력 등을 좋아하므로, 거문이 화권이 되면 거문의 경쟁성을 조장하고 활동력을 증가시켜서 범사에 진취적이고 야심이 크며 경쟁하고 이기기를 좋아한다. 그래서 거문화권(巨門化權)이 살성을 보면 한쪽으로 치우치거나 나서는 것을 가장 꺼리는데, 이로 인해 화를 초래하기도 한다.

거문은 구설을 主하므로 표현능력이 뛰어나다. 여기에 화권이 붙으면 언어적인 능력에 권위를 더하게 되는 것이므로 외교관·법관·변호사·국회의원 등의 직업에 좋다. 만약 부처궁에 거문화권이 있으면 부인이 남편에게 이기려고 하므로 시비경쟁이 많아 마찰과 충돌이 있으며 이것이 심하면 불화하게 된다. 그래서 이런 경우는 부부가 같이 일하는 것이 좋지 않다.

3) 화과

화과(化科)는 양수(陽水)에 속하며 지(智)를 主한다. 또한 널리 알려지는 명성과 영예의 의미가 있는데, 그래서 기성(忌星)과 충회하는 것을 가장 꺼린다. 좋지 않은 소문이 멀리까지 전해지기 때문이다.

낮생인이 명궁에 화과가 있을 때 운에서 태양이 입묘하고 길화가 붙어 있는 궁을 지나면 대한·유년을 막론하고 모두 명성이 크게 된다. 그러나 만약 운에서 태양이 낙함하고 살기가 붙어 있는 궁을 지나면 명성에 손해가 있다.

야생인이 명궁에 화과가 있을 때 운에서 태음이 입묘하고 길화가 붙어 있는 궁을 지나면 명성과 영예가 높아진다. 그러나 만약 운에서 태음이 낙함하고 살기가 붙어 있는 궁을 지나면 역시 명성에 손해를 당한다.

화과는 공겁과 동궁하는 것을 좋아하지 않아서 주로 허명을 얻거나 명망이 극히 생소한 범위에 국한되며 주로 철학·종교의 연구를 한다.

공명을 중시하던 고대사회에서는 문창·문곡화과를 가장 중시했는데 과문동회(科文同會)가 되면 주로 과거급제했다. 그러나 상업 사회인 오늘날에는 문성의 화과보다는 태음화과 · 무곡화과 · 천부화과와 같은 재성의 화과를 좋아하여, 이런 것을 갖고 있는 사람의 명망이 문성의 화과를 갖고 있는 사람보다 더욱 크다. 이것은 사회의 본질이 다르기 때문이다.

그러나 화과는 때로 심리적인 만족이나 스스로 충만하다는 느낌을 낳을 뿐이지 당사자가 다른 사람의 추종을 받는 것을 대표하지는 않는다.

(1) 무곡화과

화과는 과명(科名)이나 명성을 主하고 무곡은 재성이므로 무곡화과(武曲化科)가 되면 두 가지 특징이 있다. 첫째, 구재(求財)의 행동이 지명도와 관계가 있다. 저명한 재무기구에서 일하는 것과 같이 기구 자체가 유명하여 이로 인해 생재(生財)할 수 있다.

둘째, 자기 회사를 경영하거나 전문직 인사가 되면 반드시 지명도를 세우는 것을 중시해야 한다. 무곡화과는 비교적 전문직 인사에게 좋다. 최소한 장사하는 사람보다는 유리하다.

일반적으로 무곡화과가 되면 표면적으로만 광채가 나타날 뿐 실질적인 도움은 그리 크지 않다. 무곡이 낙함하면서 화과가 되면 더욱 허명허리(虛名虛利)에 그치게 된다. 그러나 운의 삼방에서 녹존이나 화록을 보면 그 돈은 진정으로 도움이 되며 명리(名利)를 다 얻을 수 있다.

무곡화과는 돈을 길에 놓아둔 것과 같아서 만약 삼방에서 경양이나 살기가 충하면 손재의 현상이 있다. 운에서 무곡화과를 만나면 다른 사람에게 돈을 빌려주고 이자를 받는 일은 하지 않아야 한다. 그렇지 않으면 소탐대실하게 된다.

(2) 자미화과

자미는 황제성이므로 화과를 좋아한다. 또 부상조원이나 백관조공을 좋아하는데 주로 인망을 얻는다. 자미화과(紫微化科)가 수명하면 다학다능하고 광범위하게 흥미를 가지며, 창곡·용지·봉각·천재 등이 동회하면 재예가 출중하고 자기 직업에서 이름을 날릴 수 있다.

그러나 자미가 명궁에 있으면 대개 노복궁이 불길하다. 게다가 자미가 자궁에서 화과가 되면 노복궁에서는 태음이 사궁에 있으면서 화기가 되므로, 아랫사람의 힘을 얻지 못할 뿐만 아니라 친구나 아랫사람으로부터 부담을 받게 된다. 노복궁의 星은 형제궁에도 영향을 주기 때문에 다른 사람과 동업하면 좋지 않다.

자미화과는 관대함·후중함을 主하지만 주관으로 변하기 쉬운 면이 있어서, 좋고 싫음을 마음내키는 대로 현저하게 표현하기 때문에 그 관대함과 후중함이 감소한다. 더구나 화과가 더해지면 질투를 불러일으키는 성질이 있어서 더욱 고립되기 쉬운데, 백관조공이 있어야 이러한 결함을 감소할 수 있다.

(3) 문창화과

창곡은 문장을 主하므로 화과를 좋아하는데, 양양창록격이 되면 문창화과(文昌化科)를 더욱 좋아한다.

서(書)와 예악(禮樂)의 星인 문창은 문서계약을 主하는데, 문창화과가 되면 문서계약으로 인해 명예를 얻는다. 예를 들어 작품을 발표했는데 당선이 되어 명예를 취득한다든지, 서면으로 의견을 발표했는데 이사장단의 칭찬을 받는다든지 하는 일이 있다. 문창화과가 주서(奏書)와 동궁하면 더욱 좋아서 문서의 기쁨이 있다.

예악을 主하는 문창의 의미를 확대해서 생각해보면 결혼과 상

(喪)이라는 두 가지 禮의 상징으로도 볼 수 있다. 따라서 문창화과가 육친궁에 있으면서 살기형성이 모여 있으면 이 유년이나 소한 내에 육친의 상례(喪禮)가 있게 된다.

(4) 문곡화과

옛사람들은 문곡을 문창보다 못하다고 보았다. 그것은 문곡이 이도(異途)의 의미를 띠기 때문이다. 현대에서 문곡화과(文曲化科)는 공정(工程) · 과학연구로 볼 수 있는데, 두수에서 유명한 양양창록격(陽梁昌祿格)은 기실 양양곡록격(陽梁曲祿格)으로도 성립된다. 단 전자는 문(文) · 의(醫) 등의 과(科)를 主하고 후자는 이공 · 공과를 主한다.

문곡은 구재(口才)를 主하는 별이어서 거문화록은 구설로 말미암아 돈을 벌고, 문곡화과는 언사로 말미암아 다른 사람으로부터 믿음을 얻는다. 또한 문곡은 술수(術數)를 主하기도 하여, 만약 문곡화과가 태음 · 천기와 만나면 술수로 이름을 날린다.

문곡화과가 문창화기를 만나면 문창은 사고를 主하고 문곡은 행동을 主하기 때문에 머리는 총명하지만 행동은 서툴게 된다.

(5) 천기화과

명궁에 천기화과(天機化科)가 좌명하면 외무(外務)인재가 되고 계획을 잘하며 활동능력도 인정을 받게 된다. 천기화과가 복덕궁에 있으면 임기응변의 능력이 있다.

천기가 화과가 되면 거문은 반드시 화기가 되면서 만나게 된다. 만약 살형허모 제성(煞刑虛耗諸星)이 있으면 거문화기는 시비곤란으로 변하여 심력을 다한 후에야 비로소 평탄해진다. 반대로 살형허모가 없고 보좌길성이 비치면 거문화기의 영향은 단지 말이 많거나 말을 잘하긴 하나 겉만 번지르르하며, 다른 사람에게 받아들여지기는 하지만 불성실한 면은 피할 수 없는 것으로 나타난다.

천기화과의 또 다른 특징은 총명하고 지혜로우며 명민하다는 것이다. 이런 점은 처사에서 나타날 뿐만 아니라 하나를 들으면 셋을 미루어 알 정도로 학습을 잘하는 것으로도 표현된다.

(6) 좌보 · 우필화과

좌보 · 우필화과(左輔 · 右弼化科)가 본궁에서 입묘하면 사고력이 좋고 계책함이 뛰어나며 귀인의 도움으로 이름을 날린다(좌보는 직접적 보조, 우필은 암중 협조). 낙함하면(동궁한 정성의 낙함을 말함) 실질적인 보조가 없다.

재백궁에서 입묘하면 귀인의 도움으로 득재(得財)하나, 낙함하면 財를 얻더라도 확실하게 내 것이 되지 않는 등의 결함이 있다.

관록궁에서 입묘하면 유력한 귀인의 보조로 사업발전이 좋으나, 낙함하면 귀인의 보조를 얻을 수 없으며 기대효과도 없다.

(7) 천량화과

천량(天梁)은 귀(貴)를 주하므로 화과를 좋아하는데, 반드시 깨끗한 명예가 있다. 감찰이나 관리는 천량의 책임이므로 옛사람들은 천량을 어사에 비유했다. 만약 화과가 되면 사람들의 신뢰를 받고 천량의 장기를 발전시킬 수 있다. 기량이 동궁하거나 대궁에서 만나면 책획 · 관리를 더욱 잘한다.

기월동량격이 이루어지면 더욱 천량화과(天梁化科)를 좋아한다. 옛사람은 능리(能吏)가 될 수 있다고 했다. 오늘날에는 기업에서 근무하면 반드시 다른 사람이 자기 의견을 받아주고 존중해준다. 전문직 인사가 되면 스스로 독립경영을 할 수 있다. 천량화과는 강한 것을 누르고 약한 것을 돕는 마음이 있는데 살을 보더라도 변하지 않는다.

천량이 화과가 되면 동시에 문곡이 화기가 되는데, 만약 이 두 星이 동궁하거나 대궁에서 만나면 천량화과의 힘이 매우 약해진다. 사오궁에서는 더욱 불길하여 작은 것 때문에 큰 것을 잃거나, 지엽적인 것을 중시하다가 인간관계가 열악하게 되어버린다.

동량 조합은 화과가 있으면 천마를 꺼리지 않는데, 낭탕(浪蕩)하지 않으며 오히려 교유가 광활하다. 다시 길성을 보면 사해에 이름을 날린다.

천량화과가 부처궁에 있으면 아내가 지나치게 트집을 잡을 가능성이 있으며, 만일 살을 보면 다른 사람이 참아내기 어렵다. 천량화과가 부모궁에 있으면 부모의 돌봄을 받고, 자녀궁에 있으면 자녀가 이름을 날린다.

(8) 태음화과

태음은 재성이므로 화과가 되면 일반적으로 재원(財源)에 좋다. 반드시 명망(名望)으로 인해 금전이 오거나 금전 범위에 성망(聲望)이 있다. 그래서 명궁에 태음화과(太陰化科)가 있으면 재경(財經)과 관련된 일에 종사하는 것이 좋다. 만약 그렇지 않으면 일행(一行)·일업(一業) 중 명망을 창조하는 것이 좋은데 이로 인해서 비교적 고수입이 있게 된다.

일반적인 정형에서 태음화과는 투자에 이롭다. 현대에서는 금융기구에 근무하는 것이 좋으며 회사 내에서 지위를 확립할 수 있다. 그러나 태음이 낙함하면서 화과가 되면 투자와는 큰 인연이 없으므로 대기업에 취직하는 것이 좋으며, 단지 계획을 잘하는 것을 主할 뿐이다.

태음화과의 한 가지 중요한 성질은 낙관적이라는 것이다. 그래서 복덕궁에 태음이 입묘하고 화과가 되면 낙천주의로 인생을 즐길 줄 안다.

태음이 입묘하면서 육친궁에 있으면 여자 육친에게 유리하다. 반대로 태음이 낙함하면 여자 육친에게 불리한데, 낮에 태어난 사람은 더욱 불리하다. 그러나 태음이 화과가 되면 이 상황을 개선할 수 있다.

4) 화기

화기(化忌)는 양수(陽水)로서, 실망 · 좌절 · 장애 · 손실 · 시비 · 질투 등의 의미가 있다. 육살성과 같은 살성에 해당하며 아주 큰 파괴력이 있다. 또한 순조롭지 못한 의미가 있으며 星의 어두운 면을 유감없이 드러나게 해준다. 예를 들어 태양의 경우, 다른 사람을 생각하는 것을 좋아하는 것이 장점이고 나서는 것이 단점인데, 태양화기가 되면 나서다가 시기와 질투를 초래하게 된다.

화기를 볼 때는 주의해야 할 점이 있다. 원국의 태양이나 태음이 묘왕지에 있으면서 화기가 되면 오히려 길한데, 뜬구름이 命을 가리는 것과 같아 단지 옥의 티에 불과하다. 해궁의 태음화기, 묘궁의 태양화기는 변경(變景)이라 하여 사람의 안목을 더욱 눈부시게 한다. 이때 태양은 태음보다는 못하다. 그러나 반대로 태양 · 태음이 함지에서 화기가 되면 불길하여 시비 · 손실의 색채를 가강시킨다.

또 천동이 술궁에서 화기가 되거나 거문이 진궁에서 화기가 되면 모두 반배(反背)의 격이 되어 길하기 때문에, 일률적으로 불길하다고 판단해서는 안 된다.

(1) 태양화기

태양이 화기가 되면 시비와 원망을 초래하는 것으로 변하기 쉽다. 그래서 태양화기(太陽化忌)가 좌명한 사람은 오히려 시비의 성질을 띠는 직업, 즉 변호사나 형법에 관련된 부문에 종사하는 것이 좋다. 만약 보통의 행업에 종사하면 대체로 시비와 원망이 닥치게 된다.

태양화기는 살을 볼 때와 보지 않을 때 큰 차이가 있다. 만약 살이 없고 보좌 제성을 만나면 어떤 고생과 수고가 있을지라도 대업을 이루게 된다. 설사 정계에 복무하여 유언비어가 생긴다 해도 이름이 높아 훼방을 초래하는 것에 불과하여 실제 운에는 그다지 영향을 끼치지 않는다. 그러나 살을 보면 시비가 생겨 실제로 기회와 인연에 영향을 주게 된다.

① 인궁의 거일에서 태양화기가 되면 녹존이 동궁하기 때문에 외교·법률·세일즈·광고 등 경쟁성 있는 행업에 종사하는 것이 좋다. 전파에 관련된 일에 종사해도 무방한데 전파 행업은 본신(本身) 자체가 시비의 성질을 띠기 때문이다.

② 만약 태양·천량의 조합이 태양화기이면서 공성과 동궁하면 종교에 종사하는 것이 좋다. 변재(辯才)를 유감없이 표현할 수 있으며 대중을 끌어들이는 특수한 흡인력이 있다. 태양화기에 경양·천형을 보면 관재소송이 있으며 생각지 않았던 문제가 발생한다.

③ 태양화기가 육친궁에 있으면 남녀를 막론하고 육친에 불리하다. 야생인은 더욱 좋지 않은데 만약 살을 보면 생리사별을 하게 된다. 여명의 경우 부처궁에서 태양화기를 보면서 살이 있으면 연애에 여러 번 파절이 생기고 외부인으로 인해 뜻하지 않은 피해를 당하며, 결혼 후에도 이러한 정황을 면치 못한다. 만약 도화 제성이

동궁하면 평생토록 감정의 고통을 겪게 된다. 부모궁에서 태양화기가 되면서 살형 제성이 동회하면 상사와 불화하거나, 전전긍긍하며 일할지라도 상사로부터 의심과 질투·압력을 받기 쉽다.

• 예2) 1974년 2월 ○일 축시 남명

大大天天孤天文左天 曲陀月廚辰貴曲輔機 廟平平 科 大亡貫　　36~45　　28己 耗神索　　【田宅】　　絶巳 　　　　　【大官】	大紅天龍三紫 祿艷壽池台微 廟 病將官　46~55　　29庚 符星符　【官祿】　墓午 　　　　【大奴】	大天天台天天 羊官傷輔喜鉞 旺 喜攀小　56~65　　30辛 神鞍耗　【奴僕】　死未 　　　　【大遷】	截解天年鳳八天天破 空神虛解閣座巫馬軍 旺陷 權 飛歲歲　66~75　　31壬 廉驛破　【遷移】　病申 　　　　【大疾】
天天鈴七 才哭星殺 旺旺 伏月喪　26~35　　27戊 兵煞門　【身福德】　胎辰 　　　　【大田】	음력 1974년 2월 ○일 축시 남자 命局 : 火6局 命主 : 祿存 身主 : 天梁		大大天大大恩文右 昌鉞福碎使耗光昌弼 廟陷 奏息龍　76~85　　32癸 書神德　【疾厄】　衰酉 　　　　【大財】
天封擎天太 空詰羊梁陽 陷廟廟 忌 官咸晦　16~25　　38丁 府池氣　【父母】　養卯 　　　　【大福】			蜚天地天廉 廉刑空府貞 陷廟旺 祿 將華白　96~　　33甲 軍蓋虎　【財帛】　旺戌 　　　　【大子】
天祿火天武 姚存星相曲 廟廟廟閑 科 博指太　6~15　　37丙 士背歲　【命】　生寅 　　　　【大父】	寡紅陀天巨天 宿鸞羅魁門同 廟旺旺陷 忌權 力天病　　　　36丁 士煞符　【兄弟】　浴丑 　　　　【大命】	旬陰地貪 空煞劫狼 陷旺 青災弔　　　　35丙 龍煞客　【夫妻】　帶子 　　　　【大兄】	大大太 馬魁陰 廟 祿 小劫天　　　　34乙 耗煞德　【子女】　冠亥 　　　　【大夫】

인궁이 명궁으로 무곡·천상이다. 16~25세 정묘대한은 선천의 부모궁이 되는데, 이 궁에 태양화기에 경양이 동궁하고 있으며 차

4. 사화 155

성안궁한 타라를 보고, 화성·영성의 협을 받고 있다. 스물두 살 때인 1995년부터 아버지가 중풍이 걸려서 식물인간으로 지내고 있다.

(2) 태음화기

태음이 화기가 되면 우려와 실면(失眠)함이 많다. 태음화기(太陰化忌)의 가장 좋지 않은 징험은 투자착오다. 본명궁에서 태음화기가 있으면 일생 동안 투자착오를 하기 쉽고, 운에서 만나면 그 운 안에 투자착오를 하기 쉽다. 그것이 재백궁이면 재백에 대한 투자착오, 부처궁이면 부부감정에 대한 투자착오(외도하는 경우도 많다), 관록궁이라면 사업에 투자착오를 하기 쉽다.

일반적인 정형에서 볼 때 태음화기가 태양화기보다 좋다. 태음은 장(藏)을 主하기 때문에 화기가 되어도 시비와 원망을 초래하지 않으며, 가장 열악한 상황에서도 마음의 고통만 있을 뿐 본인 외에 다른 사람이 가하는 압력은 없다. 귀찮거나 어지럽거나 쉽게 판단하기 힘든 일 등이 생기는 정도로 그치기 때문에 그 극복이 용이한 편이다. 오히려 해궁에서 태음이 화기가 되면 염려하던 일이 기쁘게 된다거나 곤란을 겪은 뒤에 좋은 기회를 만나게 된다.

여명의 경우 태음화기가 복덕궁에 있으면 좋지 않다. 게다가 창곡·도화를 보면 주로 의지가 박약하게 되어 외부의 유혹에 저항하지 못하고 한두 번 실족하여 평생 한(恨)이 남게 되는데, 소위 홍안박명하는 유의 명에 해당한다. 낮생인의 경우 태음이 육친궁에 있으면서 화기가 되면 더욱 불리하여, 육친과 인연이 없거나 생리사별하게 된다.

노복궁에 태음화기가 있으면 해궁을 제외하고 어떤 궁에 있든지 반드시 아랫사람의 암산(暗算)을 방비해야 하는데, 살을 보면 더욱 그렇다. 만약 태음화기에 문곡화기가 충하면 그 해에는 아랫사람으로부터의 도적이나 침탈을 신중히 방비하거나, 아랫사람으로 인한 손실에 대비해야 한다. 이러한 정형은 해궁이라 해도 면치 못한다.

- 예3) 투자착오
1957년 6월 ○일 해시 남명

旬天破天台陀右太 空廚碎天輔羅弼陽 　　　　陷平旺	大紅天祿破 昌鸞姚存軍 　　　旺廟	紅寡八三擎天 艷宿座台羊機 　　　　廟陷 　　　　　科 　　　　　祿	大大恩天天紫 曲鉞光巫府微 　　　　平旺 　　　　　科
力指白　35~44　45乙 士背虎　【子女】　冠巳 　　　　【大命】	博咸天　25~34　46丙 士池德　【身夫妻】　帶午 　　　　【大父】	官月弔　15~24　47丁 府煞客　【兄弟】　浴未 　　　　【大福】	伏亡病　5~14　48戊 兵神符　【命】　生申 　　　　【大田】
大陰武 　羊煞曲 　　　廟	음력 1957년 6월 ○일 해시 남자 命局 : 土5局 命主 : 廉貞 身主 : 天同		天鈴天左太 哭星鉞輔陰 　　陷廟陷旺 　　　　祿 　　　　忌
青天龍　45~54　44甲 龍煞德　【財帛】　旺辰 　　　　【大兄】			大將太　　　49己 耗星歲　【父母】　養酉 　　　　【大官】
大截天天天天文天 祿空月使壽虛曲同 　　　　　旺廟 　　　　　權			天地貪 空劫狼 　平廟
小災歲　55~64　55癸 耗煞破　【疾厄】　衰卯 　　　　【大夫】			病攀晦　　　50庚 符鞍氣　【福德】　胎戌 　　　　【大奴】
大天大天火七 陀官耗刑星殺 　　　　廟廟	天年封鳳龍天 傷解誥閣池梁 　　　　　旺 　　　　　權	大解天天地天廉 魁神貴喜空相貞 　　　　平廟平	大蜚天孤天天文巨 馬廉福辰馬魁昌門 　　　　平旺旺旺 　　　　　　忌
將劫小　65~74　54壬 軍煞耗　【遷移】　病寅 　　　　【大子】	奏華官　75~84　53癸 書蓋符　【奴僕】　死丑 　　　　【大財】	飛息貫　85~94　52壬 廉神索　【官祿】　墓子 　　　　【大疾】	喜歲喪　95~　51辛 神驛門　【田宅】　絶亥 　　　　【大遷】

명궁이 신궁의 자부다. 35~44세 을사대운은 태음화기가 대한관 록궁에 있게 된다. 이 관록궁은 선천의 부모궁이니 문서에 대한 투

4. 사화 157

자착오를 하기 쉬운데, 태음화기와 해궁에 있는 선천의 거문화기가 술궁의 대한노복궁(선천복덕궁)을 협하고 있으니 집안의 형제에게 돈을 문서적으로 투자해서 착오를 일으켰다. 집안의 형제에게 수억 원의 보증을 서서 기묘년 현재 집이 압류된 상태다. 정축년 유년궁의 삼방사정에 대한의 태음화기가 들어올 때 보증을 섰다.

- 예4) 어머니 사망
1966년 3월 ○일 유시 여명

孤流大天破祿天 辰馬官碎存府 廟廟 伏歲喪 兵驛門 博亡病 24~33 36癸 士神符 【夫妻】 生巳 【流福】	天勾流大三擎左太天 喜絞昌昌台羊輔陰同 平旺陷陷 祿 大息貫 忌 耗神索 忌 官將太 14~23 37甲 府星歲 【兄弟】 養午 【大兄】【流田】	解血天天貪武 神蠱壽空狼曲 廟廟 病華官 符蓋符 伏攀晦 4~13 38乙 兵鞍氣 【命】 胎未 【大命】【流官】	流奏流大大孤八天地右巨太 曲書鉞曲鉞辰座馬劫弼門陽 旺廟平廟閑 喜劫小 神煞耗 大歲喪 39丙 耗驛門 【父母】 絶申 【大父】【流奴】
直火流大截天寡年鳳陀 符血羊羊空月宿解閣羅 廟 官攀晦 府鞍氣 力月弔 34~43 35壬 士煞客 【子女】 浴辰 【大子】【流父】	음력 1966년 3월 ○일 유시 여자 命局 : 金4局 命主 : 武曲 身主 : 火星		紅天天 鸞鉞相 廟陷 飛災歲 廉煞破 病息貫 40丁 符神索 【福德】 墓酉 【大福】【流遷】
天流大台天天破廉 哭祿祿輔喜姚軍貞 旺閑 忌 博將太 士星歲 青咸天 44~53 46辛 龍池德 【財帛】 帶卯 【大財】【流命】			暴解龍陰火天天 敗神池煞星梁機 廟旺廟 權 奏天龍 權祿 書煞德 權祿 喜華官 94~ 41戊 神蓋符 【田宅】 死戌 【大田】【流疾】
流大紅旬蜚天天地 陀陀艷空廉使巫空 陷 力亡病 士神符 小指白 54~63 45庚 耗背虎 【疾厄】 冠寅 【大疾】【流兄】	血寡飛天大文文 刃宿財才耗曲昌 廟廟 科 青月弔 龍煞客 將天龍 64~73 44辛 軍煞德 【身遷移】 旺丑 【大遷】【流夫】	券將流大天天天天恩鈴 舌軍魁魁尉福傷虛哭貴光星 紅 陷 鸞 小咸天 耗池德 奏災歲 74~83 43庚 書煞破 【奴僕】 衰子 【大奴】【流子】	封天天七紫 誥刑魁殺微 旺平旺 將指白 軍背虎 科 飛劫小 84~93 42己 廉煞耗 【官祿】 病亥 【大官】【流財】

158 왕초보 자미두수

미궁의 무탐이 명궁이다. 을미대한을 살펴보면 태음화기가 선천 형제궁으로 들어간다(형제궁은 어머니궁이다).

이 형제궁에는 태음·천동이 함지에서 동궁하는데다 경양까지 동궁하며, 화성·영성에 차성안궁해서 공겁이 비치고 있다. 즉 오살이 형제궁으로 비침으로써 오궁에 흉한 마두대전격(馬頭帶箭格)이 형성되어 있다.

열 살 경오년 유년이 오궁 형제궁에 오고, 오궁의 천동은 유년에 의해 화기가 되어 오궁이 쌍화기에 오살이 비치고 있다. 이 해에 어머니가 혈압으로 돌아가셨다.

(3) 염정화기

염정은 피를 主로 하므로 혈연관계의 의미가 있다. 화기가 되면 여의치 못한 일이 발생하거나 장애와 좌절이 있는데, 가장 직접적인 의미는 농혈지재(膿血之災)가 된다. 정살(貞殺)화기에 살성을 만나면 교통사고나 수술의 암시 또는 피와 관계된 병의 의미가 있다.

염정은 정신향수를 主하기 때문에 연애의 좌절도 염정화기(廉貞化忌)의 표징이라고 할 수 있다. 만약 도화 제성이 동궁하면 이 성질은 더욱 확실해진다. 염정화기와 문곡화기가 교충(交沖)하면 더욱 상심해서 눈물을 흘리는 표징이 된다.

염정화기는 때로 파재의 징조도 있다. 기쁜 일로 파재할 수도 있고, 어떤 일이 진행하다가 갑자기 문제가 발생하여 파재가 발생되기도 한다. 그래서 염정화기를 추단할 때는 감정·혈연·정서에 착안한 후에 나머지 궁을 살펴야 발생하는 사건의 성질을 능히 추단할 수 있다.

일반적으로 육친궁에서 염정화기를 보면 육친과 불화하거나 여의치 못한 일이 발생할 수 있다. 만약 정형이 더 엄중하면 상병(傷

病)이나 사망할 수 있다. 그러나 염정화기가 창곡과 동회하고 길성을 보면 여명에서는 자식을 낳거나 시집가는 해가 될 수 있다. 심지어 육친궁에서도 이러한 징험이 있다.

그러므로 형제궁에서 이 星을 보았을 때 자매가 시집가거나 기쁜 일이 있는지, 아니면 여의치 못한 일이 있는지를 결코 염정 하나로 결정해서는 안 된다.

• 예5) 1956년 4월 ○일 신시 여명

天天祿七紫 官才存殺微 　廟平旺 博劫天 46~55 46癸 士煞德【財帛】　絶巳	鈴擎 星羊 廟平 官災弔 36~45 47甲 府煞客【子女】　墓午	寡紅地右左 宿鸞劫弼輔 　　平廟廟 伏天病 26~35 48乙 兵煞符【夫妻】　死未	天陰 貴煞 大指太 16~25 49丙 耗背歲【兄弟】　病申
旬截蜚天三天陀天天 空空廉使台姚羅梁機 　　廟旺廟 　　　　　　　權 力華白 56~65 45壬 士蓋虎【疾厄】　胎辰	음력 1956년 4월 ○일 신시 여자 命局 : 火 6局 命主 : 文曲 身主 : 天梁		破天天天破廉 碎壽空鉞軍貞 　　　廟陷平 　　　　　　忌 病咸晦 6~15 50丁 符池氣【命】　衰酉
大地天 耗空相 　　平陷 青息龍 66~75 56辛 龍神德【遷移】　養卯			解天封恩八火 神哭誥光座星 　　　　　廟 喜月喪 　　　51戊 神煞門【父母】　旺戌
天天天年台鳳天巨太 月傷虛解閣馬昌門陽 紅　　陷廟旺 艷　　　　　　科 小歲歲 76~85 55庚 耗驛破【奴僕】　生寅	天貪武 喜狼曲 　廟廟 將攀小 86~95 54辛 軍鞍耗【身官祿】浴丑	天天龍天文巨太 廚福池刑曲陰同 　　　廟廟旺 　　　　　　祿 奏將官 96~ 　53庚 書星符【田宅】　帶子	孤天天天 辰巫魁府 　　旺旺 飛亡貫 　　　52己 廉神索【福德】　冠亥

160　왕초보 자미두수

명궁 유궁에 염정·파군이 있는데 염정에 화기가 붙었다.
　감정을 主하는 염정이 그것을 깨는 파군과 동궁한 것도 나쁜데 화기까지 있으니, 부처궁이 그리 나쁘지 않아도 결혼에 두 번 실패하고 현재 열 살 연하의 남자와 동거하고 있다.

(4) 거문화기
　홍콩의 문기명은 거문화기(巨門化忌)가 되면 일반적으로 6~7월 사이에 암시된 사건이 발생한다고 하는데, 필자의 경험에 의하면 반드시 맞지는 않으니 단지 참조만 하기 바란다.

　①거문화기가 되면 일생 동안 시비가 특히 많고, 소인과의 다툼이 있으며, 타인으로부터 회한이 많다.
　②거문화기가 재백궁에서 입묘하면 문서 방면의 시비가 있다. 일반적으로 거문화기가 입묘하고 천기화과가 묘궁에 있으면 처음에는 나쁘다가 나중에 좋거나 처음에는 없다가 나중에 얻는데, 거문화기는 주로 전자에 속하고 천기화과는 주로 후자에 속한다.
　③형제궁에서 거문화기를 보면 다른 사람과 합작해서는 안 된다. 시비구설이나 의견이 맞지 않기 쉽기 때문이다.
　④거문화기가 질액궁에 있으면 대체로 골수·신경질환이 있다. 거문은 또 식도와 위장을 主하는데 화기가 되면 이런 계통의 병으로 나타나기도 한다. 만약 거문화기가 태음화기를 충회하면 인후병이 있다.
　⑤육친궁에서 거문화기가 있으면 반드시 감정상 어두운 면에 주의해야 한다. 예를 들어 부모궁에서 거문화기를 보면서 양타가 있으면 부모불화의 가능성이 있고, 화령이 동궁하면 조년에 부모를 떠날 수 있다. 따라서 소위 감정의 어두운 면은 일괄해서 논할 수

없다. 부처궁에서는 거문화기를 보는 것이 가장 좋지 않은데, 가까운 사람에게는 소원하고 먼 사람에게는 친한 현상이 발생하기 쉽다. 또 감정문제에서 말못할 고통을 겪게 된다.

거문은 구설·언어를 主하므로 화기가 되었을 때 가장 직접적인 의의는 시비구설이다. 살형 제성을 만나게 되면 관재소송으로까지 발전하기도 한다. 이 경우 官으로부터 질책과 욕을 먹는 것도 관비(官非)에 속한다.

재백궁에서 거문화기를 보더라도 돈으로 인해 구설·송사가 일어나는 것은 일정하지 않다. 단지 직업이 중간상인·세일즈맨·교사와 같이 말을 많이 하는 것으로 나타나기도 한다. 거문화록이든 거문화기든지 간에 모두 이런 성질이 있는데, 이런 유의 직업에 종사하지 않을 때 화록은 손실을 초래하기 쉬운 반면 화기는 시비가 일어나기 쉬운 차이가 있을 뿐이다. 반드시 이렇게 분별하고 난 연후에야 세밀하게 운을 논명할 수 있다.

거문화기가 되면 거문에 의해 어둡게 되는 星으로 인해 무슨 일이 발생할 것인가를 결정해야 한다. 예를 들어 천기가 가리워지면 경거망동해서는 안 되며 책획은 더욱 마땅치 않다.

- 예6) 1971년 4월 ○일 술시 여명

미궁이 명궁으로 일월이 동궁하고 있다.

정유대한은 선천의 복덕궁이면서 천기·거문이 있고 녹존이 동궁하고 있으며 여기에 지겁까지 있다. 정유대한의 정간(丁干) 거문화기가 대한본궁에 있으므로 이 대한 안에서는 돈(동궁한 녹존) 때문에 시비구설이 있기 쉽다(거문화기). 그리고 녹존이 있으면서 거문화기가 되므로 양타협기가 되고 있다. 여기에 지겁은 파재의 속

大大截天天天 曲陀空福虛馬同 平廟 權 病歲歲　　31癸 符驛破【夫妻】生巳 　　　【大財】	大天天八天天武 祿廚才座鉞府曲 　　　　　旺旺 大息龍　　32甲 耗神德【兄弟】浴午 　　　【大子】	大天火右左太太 羊哭星弼輔陰陽 閑廟廟平平權 　　　　　　祿 伏華白　4～13　33乙 兵蓋虎【命】　帶未 　　　【大夫】	三陰鈴陀貪 台煞星羅狼 　　旺陷平 官劫天　14～23　34丙 府煞德【父母】冠申 　　　【大兄】
大台紅天破 耗輔鸞姚軍 　　　　旺 喜攀小　94～　30壬 神鞍耗【子女】養辰 　　　【大疾】	음력 1971년 4월 ○일 술시 여자 命局 : 金4局 命主 : 武曲 身主 : 天機		大大紅天破祿地巨天 昌鉞艷官碎存劫門機 　　　　旺平廟旺 　　　　　　祿 　　　　　　忌科 博災弔　24～33　35丁 士煞客【福德】旺酉 　　　【大命】
	旬龍 空池		解寡天擎天紫 神宿喜羊相微 　　　廟閑閑
飛將官　84～93　41辛 廉星符【身財帛】胎卯 　　　【大遷】			力天病　34～43　36戊 士煞符【田宅】衰戌 　　　【大父】
天孤天天天天文廉 月辰使壽貴魁曲貞 　　　　　　平廟 　　　　　　　科 奏亡貫　74～83　40庚 書神索【疾厄】絶寅 　　　【大奴】	蜚地 廉空 　陷 將月喪　64～73　39辛 軍煞門【遷移】墓丑 　　　【大官】	天天封恩天文七 傷空誥光刑昌殺 　　　　　旺旺 　　　　　　忌 小咸晦　54～63　38庚 耗池氣【奴僕】死子 　　　【大田】	大大年鳳天天 馬魁解閣巫梁 　　　　　陷 青指太　44～53　37己 龍背歲【官祿】病亥 　　　【大福】

성을 더해준다.

　정축 유년이 되자 거문쌍화기가 유년재백궁에 있게 된다. 이 해에 남편이 친구에게 보증을 서서 시비구설이 있었다.

• 예7) 1967년 1월 ○일 인시 남명
　자궁의 천량이 명궁이다.
　부처궁은 술궁으로 거문화기가 있는데 대궁에 천동이 있어 거문·천동의 감정적으로 어두운 조합이 이루어져 있다. 게다가 거문

天天三天天陀破武 廚傷台巫馬羅軍曲 　　　平陷閑平 　　　　　　權 力歲弔　73~82　35乙 士驛客　【奴僕】　病巳 　　　　【大疾】	天祿文太 貴存曲陽 　旺陷廟 　　　　祿 博息病　63~72　36丙 士神符　【遷移】　衰午 　　　　【大財】	大大紅天天擎天 鉞陀艷使才羊府 　　　　　廟廟 　　　　　　科 官華太　53~62　37丁 府蓋歲　【疾厄】　旺未 　　　　【大子】	大大解孤天台恩紅文太天 馬祿神辰空輔光鸞昌陰機 　　　　　　　旺平閑 　　　　　　　　祿科 伏劫晦　43~52　38戊 兵煞氣　【財帛】　冠申 　　　　【大夫】
寡封左天 宿誥輔同 　　廟平 　　權 　　忌 青攀天　83~92　34甲 龍鞍德【身官符】死辰 　　　【大遷】	음력 1967년 1월 ○일 인시 남자 命局 : 木3局 命主 : 貪狼 身主 : 天相		大八地天貪紫 羊座空鉞狼微 　　　　廟平平 大災喪　33~42　39己 耗煞門　【子女】　帶酉 　　　　【大兄】
大旬截蜚年鳳 曲空空廉解閣 小將白　93~　　45癸 耗星虎　【田宅】　墓卯 　　　　【大奴】			天右巨 月弼門 　廟旺 　　忌 病天貫　23~32　40庚 符煞索　【夫妻】　浴戌 　　　　【大命】
天陰天 官煞喜 將亡龍　　　　44壬 軍神德　【福德】　絶寅 　　　　【大官】	大破天天地七廉 魁碎虛姚劫殺貞 　　　　陷廟旺 奏月歲　　　　43癸 書煞破　【父母】　胎丑 　　　　【大田】	大鈴天 耗星梁 　陷廟 飛咸小　3~12　42壬 廉池耗　【命】　養子 　　　　【大福】	大天天天龍火天天 昌福壽哭池星魁相 　　　　　平旺平 喜指官　13~22　41辛 神背符　【兄弟】　生亥 　　　　【大父】

　화기와 천월·병부가 동궁하고 있으며 삼방에서 또 병부가 비치고 있다.

　23~32세 경술대한은 선천의 부처궁 대한이다. 이 대한 중 1997년 정축년 서른한 살에 다발성경화증에 걸려 눈이 멀고 신경이 죽어가고 사지가 마비되면서 입만 움직이는 여자와 결혼했다.

　대운을 보면 경술대한에 대한본궁(선천의 부처궁)으로 경간(庚干) 천동화기가 대궁에서 치고 있어 부처궁이 암적인 분위기로 충만하다.

잡성들이 질병 성계를 이루고 있으므로 이러한 감정적인 고통이 아내의 병으로 나타난 것이다. 선천부처궁의 상황이 이러한데 대운이 이 궁으로 가면 이 대운이 넘어갈 때까지 결혼은 자제하는 것이 좋다.

(5) 천기화기

천기화기(天機化忌)가 되면 쓴 소리 한마디를 기억해야 한다.
"꾀를 많이 부릴수록 화(禍)도 더욱 깊게 된다."
그래서 천기화기가 명궁·복덕궁에 있을 때는 장사하지 않는 게 좋다. 반드시 자기 꾀에 빠지는 상황에 부딪치게 된다.

천기는 장점도 단점도 기변(機變)이라고 할 수 있는데, 이것은 지나치게 총명한 임기응변이 때로 교활하게 나타나 다른 사람에게 믿음을 주지 못하기 때문이다. 천기화기가 되면 이러한 성질이 더욱 두드러지게 된다. 이 경우 후천적인 도덕수양이 매우 중요하게 작용하므로 똑같이 천기화기가 좌명해도 인생의 기회와 인연은 크게 다를 수 있다.

천기화기의 또 하나의 결점은 매사에 다른 이들의 훼방을 초래하기 쉽다는 것이다. 어떤 일로 입신하든지 간에 비방을 초래하기 쉽고 이로 인해 인신공격을 초래하게 된다. 인간관계의 장애가 심하여 일일이 대처하기에 힘이 들 것이다.

옛사람들은 여명이 천기가 함지에서 화기가 되면서 화령을 보면 자살할 경향이 있다고 했다. 그로 인해 가정에 훼방을 초래하게 된다는 것이다. 이것은 고대사회에서 여성들의 세계가 가정에 한정되었기 때문에 나온 표현이라고 추측된다. 오늘날에는 여성들도 사회활동을 많이 하므로, 이런 경우 가정생활이 불미하다고 판단하는 것이 옳다.

• 예8) 1965년 12월 ○일 유시 남명

大年鳳天 祿解閣機 　平 　祿 　忌 伏指太　　　37辛 兵背歲【父母】生巳 　　　【大田】	大大解天天紫 曲羊神廚空微 廟　　　廟 　　　　　科 大咸晦　　　38壬 耗池氣【福德】養午 　　　【大官】	大截蜚八三鈴 鉞空廉座台星 　　　　　旺 病月喪　94～　39癸 符煞門【田宅】胎未 　　　【大奴】	大大紅天孤天地天破 馬昌艶福辰刑劫鉞軍 　　　廟廟　　　陷 喜亡貫　84～93　40甲 神神索【官祿】絶申 　　　【大遷】
大天寡天恩陰天擎七 陀官宿貴光煞喜羊殺 　　　　　　　廟旺 官天病　4～13　36庚 府煞符【命】浴辰 　　　【大福】	음력 1965년 12월 ○일 유시 남자 命局 : 金4局 命主 : 廉貞 身主 : 天機		破天天龍 碎傷才池 飛將官　74～83　41乙 廉星符【奴僕】墓酉 　　　【大疾】
旬天台祿左天太 空壽輔存輔梁陽 旺陷廟廟廟 　　　　　權 　　　　　科 博災弔　14～23　47己 士煞客【兄弟】帶卯 　　　【大父】			大紅天廉 耗鸞府貞 　　　廟旺 奏攀小　64～73　42丙 書鞍耗【身遷移】死戌 　　　【大財】
天地陀天武 月空羅相曲 陷陷廟廟閑 力劫天　24～33　46戊 士煞德【夫妻】冠寅 　　　【大命】	大天文文巨天 魁哭曲昌門同 　　廟廟旺陷 青華白　34～43　45己 龍蓋虎【子女】旺丑 　　　【大兄】	天火天貪 姚星魁狼 　平旺旺 　　　　祿 小息龍　44～53　44戊 耗神德【財帛】衰子 　　　【大夫】	天天封天天右太 使虛誥巫馬弼陰 　　　　　平閑廟 　　　　　　　忌 　　　　　　　權 將歲歲　54～63　43丁 軍驛破【疾厄】病亥 　　　【大子】

명궁은 진궁으로 칠살이 있다.

무인대한(24～33세)에는 무곡 · 천상에 지공 · 타라가 동궁하고 대궁에는 지겁 · 천형이 있으므로, 이 대한에는 재적으로 불리함을 알 수 있다.

무인대한 정축년이 되자 유년명궁에 유년의 거문화기가 천동과 동궁하고, 유년관록궁은 선천의 문서궁인 부모궁과 대한의 전택궁이 동궁하면서 대한천기화기가 있다.

이 해에 직장생활에서 버는 월급 외에 돈을 벌기 위해서 처남이 하는 전화기 사업에 수천만 원을 투자했다가 모두 날렸다.

(6) 문곡화기

홍콩의 학자 문기명은 문곡화기(文曲化忌)에 대한 경험을 다음과 같이 말하고 있다.

보통 문창·문곡이 화기가 되면 문예 방면의 직업은 좋지 않다고 하는데, 그가 경험한 바에 의하면 적잖은 문인들의 명궁에 문창화기나 문곡화기가 있었다고 한다.

신문사에 근무하는 사람들 중에도 편집이나 번역·기사작성을 하는 일에 최고의 능력을 가진 이들이 많았으며, 아주 높은 자리까지 올라간 경우도 꽤 있었다고 한다.

결론적으로 문기명은, 이러한 현상은 창곡의 화기가 동궁한 정성과 삼방사정의 星을 전체적으로 보고 결정해야지 단순히 창곡화기만으로 문예 방면의 직업은 좋지 않다고 할 수 없음을, 즉 창곡화기 하나만으로 희기를 가릴 수 없음을 밝혔다.

심지어는 문창화기나 문곡화기가 있는 사람 중에 도박에 능해 상당한 수입을 올리는 사람도 있었다고 한다. 창곡화기에 대한 기존의 관념을 깨는 소리이므로 말미에 언급한 것이다.

대체로 문곡화기는 다음과 같은 징험이 있으며 아주 잘 맞는다. 문기명의 견해는 참고 정도로 알아두는 것이 좋다.

문창화기나 문곡화기는 둘 다 문서착오의 의미가 있지만 경험에 의하면 문곡화기의 피해가 훨씬 크다.

①문곡화기가 입묘하면 감정이 곤란하거나 명성이 좋지 않게 된

다. 낙함하면 문서상 착오가 발생하거나 명예가 실추되고 계약이나 유가증권 등에 좋지 않다. 당연히 주식투자에는 좋지 않다. 특히 문곡화기와 천기화기가 상충할 때는 투기에 매우 불리하다. 주로 먼저 이겼다가 나중에 패하게 된다.

② 재백궁에서 문곡화기가 입묘하면 자금이 동결되거나 금전운용이 막히게 된다. 가령 토지를 매각하거나 건설의 중단으로 돈을 받는 것 등이 동결된다. 어음 역시 동결된다. 낙함하면 공수표를 받거나 문서가 반환되거나 문서로 인한 파재가 있다.

③ 관록궁에서 문곡화기가 입묘하면 고생을 하나 성취가 크지 않다. 낙함하면 직장인의 경우 직장을 그만두려 하거나 직장에서 문서착오가 많게 되고, 사업하는 사람의 경우 사업에 문제가 발생하기 쉽다.

④ 문창화기와 문곡화기가 충회하면 문서계약으로 인한 손실이 있고, 태음을 보면 도둑을 맞거나 사기를 당하는 징조가 있다.

• 예9) 1961년 10월 ○일 묘시 여명

선천명궁은 신궁의 동량이다.

기해대한에 이르자 대한명궁에 정성이 없고 대한재백궁에는 선천의 문창화기가 있는데, 기해대한의 기간(己干) 문곡화기가 또 들어가 문창·문곡 쌍화기가 있게 된다.

정축년에 남편이 형제에게 보증을 섰다가 이 사람이 하고 있던 옷가게를 빼앗겼다.

大大大旬截天天封龍貪廉 馬曲陀空空福哭池狼貞 　　　　　　　　陷陷 　　　　　　　　　權 病指官　96~　　41癸 符背符　【子女】　冠巳 　　　　【大遷】	大天天大天恩天火天巨 祿月廚耗貴光刑星鉞門 　　　　　　　廟　旺 　　　　　　　　　祿 大咸小　　　42甲 耗池耗　【夫妻】　旺午 　　　　【大疾】	大天文文天 羊虛曲昌相 　　旺平閑 　　科忌 　　忌 伏月歲　　　43乙 兵煞破　【兄弟】　衰未 　　　　【大財】	大陰天天地陀天天 鉞煞巫喜空羅梁同 　　　　廟陷陷旺 　　　　　　　　科 官亡龍　6~15　44丙 府神德　【命】　病申 　　　　【大子】
解太 神陰 　閑 喜天貫　86~95　40壬 神煞索　【財帛】　帶辰 　　　　【大奴】	음력 1961년 10월 ○일 묘시 여자 命局 : 火6局 命主 : 廉貞 身主 : 天相		大紅蜚天天年台鳳祿七武 昌艷廉官才解輔閣存殺曲 　　　　　　　　旺閑旺 　　　　　　　　　　祿 博將白　16~25　45丁 士星虎　【父母】　死酉 　　　　【大夫】
			寡天擎太 宿姚羊陽 　　廟陷 　　　權 力攀天　26~35　46戊 士鞍德　【福德】　墓戌 　　　　【大兄】
天天天 使壽府 　　平 飛災喪　76~85　51辛 廉煞門　【疾厄】　浴卯 　　　　【大官】			
孤天紅地天 辰空鸞劫魁 　　　　平 奏劫晦　66~75　50庚 書煞氣　【身遷移】　生寅 　　　　【大田】	破天八三鈴右左破紫 碎傷座台星弼輔軍微 　　　　　陷廟廟旺廟 將華太　56~65　49辛 軍蓋歲　【奴僕】　養丑 　　　　【大福】	大天 魁機 　廟 小息病　46~55　48庚 耗神符　【官祿】　胎子 　　　　【大父】	天 馬 平 青歲弔　36~45　47己 龍驛客　【田宅】　絕亥 　　　　【大命】

(7) 천동화기

천동은 복성이다. 복성이 화기를 맞으면 복에 시비를 거는 격이 되므로 복을 복으로 여기지 않게 된다. 이것은 구체적으로 현실에 영원히 만족하지 못하고 늘 불만족스러워하며 즐거움을 모르는 것으로 나타난다.

직장생활을 한다면 자기 월급이 남보다 작아 보이고, 동료는 승진이 빨리 되는데 자기는 그렇지 못하다고 생각되어 불만을 터트리게 된다.

주부라면 다른 가정은 행복해 보이는데 자기 가정은 그렇지 않은 것 같아 불만스러우며, 다른 집 남편은 잘나 보이는데 제 남편은 못나 보이고, 자식 역시 다른 집 자식은 똑똑해 보이는데 제 자식은 못나 보인다.

천동화기(天同化忌)가 자식궁에 있으면 자녀에게 과도하게 기대를 하게 되어 기대에 못 미치는 자녀를 못마땅하게 여기는 경우가 많다.

부처궁에 있으면 부부간에 감정문제가 발생하는데, 대부분 남편이 바람을 피우는 것이 원인인 경우가 많다. 설사 바람을 피우지 않더라도 항상 마찰이 생기게 된다.

여명의 경우 천동화기가 명궁에 있으면서 부처궁에 보좌 제성·도화 제성이 가득하면 유흥업에 종사할 가능성이 많다.

홍콩의 자미양은, 천동은 '천상의 거울'과 같아서 천동화기가 되면 그 집안에 큰 거울과 같은 것을 풍수적으로 잘못 배치하게 되어 문제가 일어나는데, 거울의 방위를 바꾸었더니 불편했던 관계가 호전되었다는 믿기 어려운 경험담을 말하고 있다.

필자는 임상을 통해 천동화기가 질액궁·신궁(身宮)·대한의 삼방에 걸리면서 질병 성계와 같이 있으면 허리 디스크에 걸리거나 기타 허리병으로 인해 척추수술을 받는 경우를 아주 많이 경험했다. 다리에 문제가 있는 경우도 있었다.

• 예 10) 1940년 11월 ○일 오시 남명

선천부처궁 진궁에 천동화기와 영성이 동궁하고 있다.

한의원장으로 사회적인 지위는 있으나 평생 부인 때문에 마음이 상하고 힘들어한다. 부인에 대한 불만으로 심장병이 생길 정도다.

孤天天地地破武 辰空喜劫空軍曲 　閑廟閑平 　　　　　權 大劫晦　　　62辛 耗煞氣【兄弟】病巳	截解蜚天年鳳陰太 空神廉福解閣煞陽 　　廟　　廟祿 伏災喪 3~12 63壬 兵煞門【身命】死午	天陀天天 刑羅鉞府 　廟旺廟 　　　科 官天貫 13~22 64癸 府煞索【父母】墓未	旬封龍祿火太天 空誥池存星陰機 　　廟陷平閑 博指官 23~32 65甲 士背符【福德】絕申
恩鈴文天 光星昌同 　旺旺平 　　　忌 病華太　　　61庚 符蓋歲【夫妻】衰辰	음력 1940년 11월 ○일 오시 남자 命局：木3局 命主：破軍 身主：文昌		擎貪紫 羊狼微 陷平平 力咸小 33~42 66乙 士池耗【田宅】胎酉
三台 喜息病 93~　　72己 神神符【子女】旺卯			紅天天天天天文巨 艷月壽才虛貴曲門 　　　　　　陷旺 青月歲 43~52 67丙 龍煞破【官祿】養戌
天天天天左 廚哭巫馬輔 　　　旺廟 飛歲弔 83~92 71戊 廉驛客【財帛】冠寅	破寡天天七廉 碎宿使魁殺貞 　　　旺廟旺 奏攀天 73~82 70己 書鞍德【疾厄】帶丑	台右天 輔弼梁 　旺廟 將將白 63~72 69戊 軍星虎【遷移】浴子	天天大八紅天天 官傷耗座鸞姚相 　　　　　　平 小亡龍 53~62 68丁 耗神德【奴僕】生亥

• 예11) 경술년 11월 ○일 자시 남명

공자의 명이다. 관록궁에 천동화기가 있어 관록이 평생 여의치 않았음을 알 수 있다.

天大紅破武 傷耗鸞軍曲 閑平 權 大亡龍 56~65 32辛 耗神德【奴僕】 冠巳	截解天台陰太 空神福輔煞陽 廟 廟 祿 伏將白 66~75 33壬 兵星虎【遷移】 旺午	寡天天陀天天 宿使刑羅鉞府 廟旺廟 科 官攀天 76~85 34癸 府鞍德【疾厄】 衰未	天祿天太天 哭存馬陰機 廟旺平閑 博歲弔 86~95 35甲 士驛客【財帛】 病申
天文天 虛曲同 廟平 忌 病月歲 46~55 31庚 符煞破【官祿】帶辰	경술년 11월 ○일 자시 남자 命局 : 火6局 命主 : 貪狼 身主 : 文昌		恩擎貪紫 光羊狼微 陷平平 力息病 96~ 36乙 士神符【子女】 死酉
天鈴 貴星 廟 喜咸小 36~45 42己 神池耗【田宅】 浴卯			紅天天文巨 艷月壽才昌門 陷旺 青華太 37丙 龍蓋歲【夫妻】 墓戌
旬天封龍三天左 空廚詰池台巫輔 廟 飛指官 26~35 41戊 廉背符【福德】 生寅	破火天七廉 碎星魁殺貞 旺旺廟旺 奏天貫 16~25 40己 書煞索【父母】 養丑	蜚年鳳八右天 廉解閣座弼梁 旺廟 將災喪 6~15 39戊 軍煞門【身命】 胎子	天孤天天地地天 官辰空喜姚劫空相 旺陷平 小劫晦 38丁 耗煞氣【兄弟】 絶亥

• 예 12) 1960년 2월 ○일 인시 남명

명궁이 축궁으로 일월이 동궁하고 있다.

신궁(身宮)은 천량에 천월이 동궁하고 대궁에서 천동화기가 병부와 동궁하고 있어 선천적으로 척추에 문제가 있을 소지가 있다.

26~35세 기묘대운에는 천동화기가 걸리고, 36~45세 경진대한에는 대한의 질액궁에 천동의 쌍화기가 치고 있다.

정축년 서른여덟 살 현재까지 척추디스크로 인해 말할 수 없는 고생을 했다. 수술을 세 번 했는데 다 재발해서 다시 수술을 해야

天破天左天 月碎壽輔梁 平陷	截天天天天八文七 空福傷虛哭座曲殺 陷旺	大陀天 耗羅鉞 廟旺	解蜚天台天三天祿文廉 神廉使輔貴台巫存昌貞 廟旺廟
大劫小 46~55 42辛 耗煞耗【身官祿】冠巳	伏災歲 56~65 43壬 兵煞破【奴僕】 旺午	官天龍 66~75 44癸 府煞德【遷移】 衰未	博指白 76~85 45甲 士背虎【疾厄】 病申
旬封龍火天紫 空詰池星相微 閑旺陷	음력 1960년 2월 ○일 인시 남자 命局 : 火6局 命主 : 巨門 身主 : 火星		天地擎右 喜空羊弼 廟陷陷
病華官 36~45 41庚 符蓋符【田宅】 帶辰			力咸天 86~95 46乙 士池德【財帛】 死酉
紅巨天 鸞門機 廟旺			紅寡年鳳恩天破 艷宿解閣光刑軍 旺
喜息貫 26~35 52己 神神索【福德】 浴卯			青月弔 96~ 47丙 龍煞客【子女】 墓戌
天孤天天貪 廚辰姚馬狼 旺平	天天地天太太 才空劫魁陰陽 陷旺廟陷 祿	陰鈴天武 煞星府曲 陷廟旺 科權	天天 官同 廟 忌
飛歲喪 16~25 51戊 廉驛門【父母】 生寅	奏攀晦 6~15 50己 書鞍氣【命】 養丑	將將太 49戊 軍星歲【兄弟】 胎子	小亡病 48丁 耗神符【夫妻】 絕亥

될 염려가 있다고 한다. 대학병원의 의사였지만 이 때문에 장애자가 되는 것이 아닌가 염려하고 있다.

(8) 문창화기

① 창곡은 과명(科名)을 主하고 학업을 의미하므로 화기가 되면 학업이나 시험에 지장이 있다. 그래서 공부할 시기인 둘째 대한에 본궁과 삼합에서 문창화기(文昌化忌)를 보면 학업에 좋지 않거나 공부하기를 싫어한다.

②대·소한의 본궁과 복덕궁에서 화기를 만나면 정신적인 번뇌가 있으며, 재백궁에 있으면 문서·수표·재무상의 문제가 있는데 만약 살이 가해지면 상황이 엄중하다. 문서라 함은 계약·공문서는 물론 다른 사람의 담보나 은행에 있는 개인적인 담보 등이 모두 포함된다. 따라서 만약 재백궁에서 문창화기를 보면 반드시 계약에 조심해야 한다. 문창화기와 공겁이 동궁하면 공수표를 받거나 돈을 돌려받지 못할 수도 있다.

③관록궁에 있으면 문서 방면에서 특별한 주의가 요구된다.

④전택궁에 있으면 차압당하거나 저당잡힐 수 있다.

⑤창곡은 예(禮)를 주하므로 화기가 되면 예의 방면에 문제가 있게 된다. 그래서 문창화기가 되면 상례(喪禮)나 경전(慶典)상의 실의(失儀)가 있다. 유년의 부모궁에서 문창화기를 보면서 기성이 충기하고 살형을 보면 상 당하는 것을 대비해야 한다. 이러한 정형이 전택궁에서 비쳐도 길조가 아니다.

⑥부처궁에서 문창화기를 보면 혼례에 결함이 있을 징조다. 만일 정성이 자파 또는 자탐이면 혼례 없이 결혼할 가능성이 있다. 운에서도 부처궁에서 문창화기를 보면서 살을 보면 이혼하는 일이 많다.

⑦노복궁에서 문창화기를 보면서 살기형모를 만나면 아랫사람이 원인이 되어 손실을 초래하거나 곤란을 당하게 된다.

• 예 13) 1937년 2월 ○일 해시 남명
명궁이 진궁으로 천동화권이 있다.

신해대한(56~65세)의 운을 보면 천상이 문창과 동궁하고 있으며 삼방에서 양타를 보고 있다. 이 천상은 술궁의 거문화기로 인해 이미 형기협인(刑忌夾印)이 되어 있는데 다시 대한의 문창화기가 동궁하고 있으므로, 천상이 가진 문서의 의미에 문창화기의 문서로

大天天天天台龍三陀左破武 馬月廚才哭輔池台羅輔軍曲 　　　　　　陷平閑平 力指官　　　65乙 士背符【父母】絕巳 　　　【大遷】	大大祿太 鉞耗存陽 　　旺廟 　　　權 博咸小　　　66丙 士池耗【福德】墓午 　　　【大疾】	紅天擎天 艷虛羊府 　　廟廟 官月歲　96～　67丁 府煞破【田宅】死未 　　　【大財】	大解天天太天 陀神巫喜陰機 　　　平閑 　　　祿科 伏亡龍　86～95　68戊 兵神德【官祿】病申 　　　【大子】
天同平權 青天貫　6～15　64甲 龍煞索【命】　胎辰 　　　【大奴】	음력 1937년 2월 ○일 해시 남자 命局：火6局 命主：廉貞 身主：天相		大旬蜚天年鳳八鈴天右貪紫 祿空廉傷解閣座星鉞弼狼微 　　　　　陷廟陷平平 大將白　76～85　69己 耗星虎【奴僕】衰酉 　　　【大夫】
截天文 空壽曲旺 　　　科 小災喪　16～25　75癸 耗煞門【兄弟】養卯 　　　【大官】			大寡恩天地巨 羊宿光刑劫門 　　　平旺 　　　　忌 　　　　祿 病攀天　66～75　70庚 符鞍德【遷移】旺戌 　　　【大兄】
大大天孤天天紅天火 曲魁官辰空貴鸞姚星 　　　　　　　廟 將劫晦　26～35　74壬 軍煞氣【身夫妻】生寅 　　　【大田】	破封七廉 碎詰殺貞 　　廟旺 奏華太　36～45　73癸 書蓋歲【子女】浴丑 　　　【大福】	大陰地天 昌煞空梁 　　平廟 飛息病　46～55　72壬 廉神符【財帛】帶子 　　　【大父】	天天天天文天 福使馬魁相 　　平旺旺平 　　　　　忌 喜歲弔　56～65　71辛 神驛客【疾厄】冠亥 　　　【大命】

인한 문제가 겹친다.

　정축년에 큰딸에게 보증을 서줬는데, 1997년 큰딸이 몇십억짜리 건물을 짓다가 부도를 내고 남편과 도망을 가버려 엄청난 경제적인 압박을 받고 있다.

　• 예14) 1940년 6월 ○일 유시 여명
　명궁이 술궁으로 염정·천부이다.
　신사대한에는 천기가 있으며 삼방사정에서 화성·경양, 선천의

孤天天天右天 辰使空喜弼機 　　　　平平 小劫晦　55~64　62辛 耗煞氣【疾厄】　冠巳	截蜚天年鳳天紫 空廉福解閣姚微 　　　　　　廟 青災喪　45~54　63壬 龍煞門【財帛】　帶午	鈴陀天 星羅鉞 旺廟旺 力天貫　35~44　64癸 士煞索【子女】　浴未	旬天龍天祿地破 空壽池巫存劫軍 　　　　廟廟陷 博指官　25~34　65甲 士背符【夫妻】　生申
天恩陰七 貴光煞殺 　　　旺 將華太　65~74　61庚 軍蓋歲【身遷移】旺辰	음력 1940년 6월 ○일 유시 여자 命局 : 土5局 命主 : 祿存 身主 : 文昌		擎左 羊輔 陷陷 官咸小　15~24　66乙 府池耗【兄弟】　養酉
天天台天太 月傷輔梁陽 　　　廟廟 　　　　　祿 奏息病　75~84　72己 書神符【奴僕】　衰卯			紅天天廉 艷虛府貞 　　　廟旺 　　　　科 伏月歲　5~14　67丙 兵煞破【命】　胎戌
天天天天地天武 廚才哭刑馬空相曲 　　　旺陷廟閑 　　　　　　權 飛歲弔　85~94　71戊 廉驛客【官祿】病寅	破寡八三天文文巨天 碎宿座台魁曲昌門同 　　　旺廟廟旺陷 　　　　　　　忌 喜攀天　95~　　70己 神鞍德【田宅】　死丑	解貪 神狼 　旺 病將白　　　　69戊 符星虎【福德】　墓子	天大封紅火太 官耗詰鸞星陰 　　　　平廟 大亡龍　　　　68丁 耗神德【父母】　絕亥

천동화기, 대한의 문창화기가 비치고 있다. 정축년 쉰여덟 살은 선천의 전택궁에 대한의 재백궁인데 이 궁에 선천의 천동화기, 대한의 문창화기, 유년의 거문화기의 세 개가 동궁하고 있고 대궁에서 양타·영성이 비치고 있다.

　이 해에 다단계에 빠져 돈을 날려, 살던 집을 팔고 새 아파트를 계약해서 들어갔는데 거의 사기당하다시피 했다. 문창화기의 계약 착오가 명확하게 드러난 명례다.

(9) 무곡화기

①무곡은 재성이기 때문에 재적인 측면에서 치명적인 상황이 된다. 따라서 장사하는 사람은 돈의 융통이 곤란하고 월급쟁이는 해고의 위험을 당하게 된다. 정형의 엄중함 여부를 알려면 반드시 살기형성의 충기 유무를 살펴야 한다. 만약 있으면 장사하는 사람은 문을 닫을 수 있고 월급쟁이는 장기간 실업할 수 있다. 이 부분은 매우 징험하여 잘 맞는다. 만약 길성이 비치면 일시적인 곤란함에 불과하며 자금회전에 곤란함이 많다.

②명궁·재백궁에서 무곡화기를 보면 자유업이나 전문직에 종사하는 편이 좋다. 특히 외과의사·치과의사·이발사에서부터 도살자·주방장 등에 이르기까지 이로운 기구를 사용하는 전문업에 마땅하다. 직업의 고하와 성취 여부는 만나는 제성을 보아서 정하게 되는데, 특히 잡성을 참고해야 한다. 예를 들어 천주(天廚)를 보면 음식업과 관계가 있고, 천형을 보면 더욱 이기(利器)를 이용하여 돈을 버는 성질의 직업임을 확정할 수 있다.

③무곡화기는 공겁과 동회하는 것을 싫어하는데 만약 동회하면 금전을 모손(耗損)시키게 된다. 문곡화기와 상충하는 것 역시 좋아하지 않는데 만약 충회하면 두수 가운데 매우 징험한 패국(敗局)이 되어 큰 사고가 일어나거나 돌발적인 재화(災禍)가 있게 되며, 사기성의 파재(破財)가 발생하기도 한다.

④무곡화기는 영창타무(鈴昌陀武)의 격국이 구성되는 것을 좋아하지 않는데, 진술궁에서는 더욱 그렇다. 이것은 주로 자기행위로 인해 실패를 초래하는 것으로 극단적으로 말하면 자아훼멸의 상징으로도 볼 수 있다. 복덕궁에서도 좋지 않아, 영창타무의 격국이 복덕궁에서 이루어지면 극단적인 사상이 있고 이로 말미암아 자아훼멸을 초래할 수 있다.

⑤ 무곡은 금성이므로 화기가 되면 금속으로부터 창상(創傷)을 입을 암시가 있는데 형살 제성(刑煞諸星)이 충회하면 심(甚)하다. 그러나 간혹 아주 작은 수술을 주하기도 한다. 예를 들어 수혈을 한다든지 침을 맞거나 물리치료를 하는 정도에 그친다.

• 예 15) 1959년 8월 ○일 술시 남명

大旬天天陀天 鉞空虛馬羅府 平陷平 科 力歲歲 66~75 43己 士驛破 【遷移】 絶巳 　　　　【大子】	天天祿太天 使壽存陰同 　　旺陷陷 博息龍 56~65 44庚 士神德 【疾厄】 墓午 　　　　【大夫】	天天火擎貪武 月哭星羊狼曲 閑廟廟廟 權祿 忌 官華白 46~55 45辛 府蓋虎 【身財帛】死未 　　　　【大兄】	天天鈴天巨太 廚姚星鉞門陽 旺廟廟閑 伏劫天 36~45 46壬 兵煞德 【子女】 病申 　　　　【大命】
紅天大台紅天 艷傷耗輔鸞刑 青攀小 76~85 42戊 龍鞍耗 【奴僕】 胎辰 　　　　【大財】	음력 1959년 8월 ○일 술시 남자 命局 : 火6局 命主 : 巨門 身主 : 天機		截天破地天 空官碎劫相 平陷 大災弔 26~35 47癸 耗煞客 【夫妻】 衰酉 　　　　【大父】
大龍八右破廉 魁池座弼軍貞 　　　陷旺閑 小將官 86~95 53丁 耗星符 【官祿】 養卯 　　　　【大疾】			大寡天天天天 陀宿才喜梁機 　　　　旺廟 科 祿 病天病 16~25 48甲 符煞符 【兄弟】 旺戌 　　　　【大福】
大大解天孤文 馬昌神廚辰曲 平 忌 將亡貫 96~ 52丙 軍神索 【田宅】生寅 　　　　【大遷】	蜚天地 廉貴空 陷 奏月喪 51丁 書煞門 浴丑 【福德】 【大奴】	大大天封陰天天 曲羊空誥煞魁昌 　　　　　旺旺 飛咸晦 50丙 廉池氣 帶子 【父母】 【大官】	大年鳳恩三天左七紫 祿解閣光台巫輔殺微 閑平旺 權 喜指太 6~15 49乙 神背歲 【命】 冠亥 　　　　【大田】

명궁은 해궁으로 자미 · 칠살이 있다.

임신대한(36~45세)에는 거문·태양이 있는데 대궁에서 문곡화기가 치고 있어 계약상의 사기에 관련된 문제가 있을 수 있다. 게다가 선천재백궁 미궁에 무곡이 화기가 되면서 경양과 화성이 동궁하고 있다. (무곡과 경양에 화성이 있으면 돈 때문에 목숨을 잃는 조합이 된다.)

정축년에 이르면 무곡화기에 경양·화성이 천이궁에 있고, 기묘년에는 유년의 삼방사정에 또 무곡화기가 걸린다.

정축년 서른아홉 살에 후배에게 이끌려 도박에 손을 댔다가 1억 원 정도를 날렸다.

기묘년 마흔네 살에는 동업자의 부도를 막기 위해 3억 원을 투자하면서 도움을 줬는데, 그 동업자가 부도를 내고 도망을 가서 5억 원 이상을 손해봤다.

(10) 탐랑화기

홍콩의 자미양은 자미를 배우는 사람들이 대체로 화기(化忌)에 지나치게 민감하다면서, 경우에 따라서는 화기가 되어 더 좋은 경우도 있다고 한다. 그때 제시하는 예가 바로 탐랑화기(貪狼化忌)다.

또한 문기명은, 인궁의 탐랑화기에 신궁이 칠살인 명반을 예로 들어, 탐랑이 화기가 되지 않았다면 명반의 주인공은 아주 많은 기호를 가지고 있어서 만일 살이라도 동궁한다면 술·여자·도박 등 좋아하지 않는 것이 없을 것이나, 탐랑화기가 되었기 때문에 적잖은 불량한 기호들을 없앨 수 있으며, 동시에 재백궁의 파군화록과 자궁의 녹존이 복덕궁을 회조하고 있어서 좋다고 설명한다.

일반적으로 탐랑화기가 수명(守命)한 사람은 기호가 있기는 하지만 운동 방면에 편향되어 있어서, 화기가 아닌 탐랑과는 커다란 차이를 보인다.

①십이궁 중에서 화기를 가장 두려워하지 않는 星이 탐랑이다. 파군화록을 고정적으로 만나기 때문이다. 일반적으로 개창(開倉)으로 인해서 말할 수 없는 접대가 있으나 이것이 문제가 되지는 않는다. 만약 길성이 회집하면 생각지 않은 이익을 얻기도 하므로 탐랑화기가 오히려 좋게 작용하기도 한다.

②탐랑화기에는 또 쟁탈의 의미가 있다. 만약 형살허모 제성을 보면 주로 피동적이기 때문에 반드시 경쟁자의 행동거지에 유의해야 한다. 탐랑화기에 도화·창곡 제성을 보면 주로 애정상의 쟁탈이 있다. 여명의 경우 명궁에서 이런 조합을 만나면 감정문제에 더욱 주의해야 한다. 주동·피동을 막론하고 모두 좋지 않은 영향을 낳는다. 다른 사람과 자신 양쪽 다 무익하게 된다.

③탐랑이 자궁에서 화기가 되면 반드시 녹존과 동궁하게 된다. 이런 경우 파군화록이 비치지만, 주로 다른 사람의 간섭으로 인한 피해를 받는 수가 많다. 명궁에서 이러한 조합을 보면 좋지 않다. 사업궁에서 보면 일생 동안 사업이 다변하고, 고정적인 발전의 목표가 없으며, 星이 비록 아름다우나 단지 허명에 그칠 뿐이다.

④탐랑화기와 화령이 동궁해도 주로 돌발하는데 만나는 星을 살펴서 길흉을 정해야 한다. 길하면 생각지 않은 이익을 얻게 된다. 흉하면 갑자기 일어섰다가 갑자기 넘어지는데, 일어서고 넘어지는 과정이 모두 당사자의 예상을 넘어서서 발생된다. 그래서 이러한 성계를 만나면 투기는 특히 좋지 않다. 비록 일시적인 기쁨이 있을지라도 최후에는 실패를 면치 못한다. 탐랑이 자궁에서 화기가 되면 여명에 특히 나쁘다. 만약 부처궁에서 이 星이 비치면 혼인에 반드시 실의(失意)함이 있다.

⑤여명의 경우 질액궁에 탐랑화기가 있으면 산부인과 질병에 조심해야 한다. 만약 탐랑화기와 염정화기가 충회하면 성병이나 생식

기관의 제반 질환이 있다.

　⑥노복궁에 탐랑화기가 있으면 부하가 반발하거나, 믿고 신임하던 사람이 갑자기 문호를 열어 자기의 경쟁자가 되어버린다.

5. 격국

『자미두수전집』에는 많은 격국(格局)들이 있다. 그러나 정성과 기타 보좌살성과의 전체적인 조화에 중점을 두지 않고 단순한 星의 배합을 두고 장황하게 격을 붙여서 번거롭게 하는 경우가 많다.

예를 들어 문창이 명궁에 있으면 문성공명격(文星拱命格)이라고 해서 과거에 급제하여 벼슬에 나아간다고 하고, 보필이 비치니 좌우동궁격(左右同宮格)이라고 하여 사람들에게 추앙을 받고 이름을 대궐에까지 떨친다고 하며, 자부가 인신궁에서 동궁했다고 자부동궁격(紫府同宮格)이라 하여 이름을 천지에 떨친다는 등 견강부회한 설명들이 많다.

그러나 조금만 공부해보면 알겠지만 명궁에 문창이나 보필이 동궁하거나 자부가 동궁한 경우는 열에 두서넛은 될 정도로 많지만, 그들이 모두 이름을 떨치고 관직에 있지는 않다.

이 장에서는 가장 실용적이고 의미가 있으며 징험한 격을 선별하여 소개하려고 한다. 격국을 모두 소개하면 족히 책 한 권의 분량이 되겠지만, 1권과 2권을 서술하는 가운데 이미 언급한 것도 많으므로 이 장에서 빠진 격국은 내용 중에서 보충하면 되리라 생각한다. 또한 널리 알려진 격국 외에도 필자가 경험상 징험하다고 판단되는 성계의 조합도 격의 이름을 붙여 소개했다. 가령 천기·천량·경양이 만나면 조유형극 만견고가 되는데 이것을 기량회양타격(機梁會羊陀格)이라는 식으로 이름을 붙였다.

『전서』의 「논인명입격(論人命入格)」에는 격국이 짜여져 있는 명반의 상하고저를 판단하는 내용이 있다. 격국에 관해서 언급한 내용이므로 인용한다.

命이 입격(入格)하고 묘왕하며 길이 모여 있고 祿·權·科가 있으면 상상(上上)의 명이다.
입묘하지 않았으나 길이 더해지고 길화가 있으며 祿·權·科가 있으면 상차(上次)의 명이다.
입묘하지도 않았고 길도 없으면 평상의 명이다.
입묘했으나 길이 더해지지 않으면 평등의 명이다.
그러나 함지에 거하면서 살·화기가 더해지면 하격의 명으로 입격하지 않는다고 논한다.
또 입격했으나 길화도 없고 흉으로 화했다면 단지 본명의 길흉의 다과를 보아 판단한다.

자부와 수(數)가 상합하면 어떠한가? 자미는 남북두로 중천의 제왕이며 천부는 남두의 主가 된다. 또 음양상반됨을 봐야 하는데, 음양이 골고루 있지 않고(不相伴) 數도 상생치 않으면 하격이 된다. 음양이 순하기도 하고 섞여 있으면 중격이 된다. 또 삼방사정에 모두 길성이 있으면 상격이 되고, 길흉이 반반으로 수조하면 중격이 되며, 길성·악살이 있으면 하격이 되어 흉한 무리로 논한다.

1) 웅숙건원격

웅숙건원격(雄宿乾垣格)이란 염정이 미신궁에 수명한 것을 말한다. 『전집』의 구결에 말하기를 "염정이 미궁·신궁의 득지하는 곳에 있으면 칠살이 더해져도 흉하지 않아서 성명을 드러내게 되며 대한이나 유년에서 만나도 부귀하게 된다"고 했다. 웅숙이란 염정을 뜻하는데, 이러한 명칭을 통해 염정에게는 기본적으로 위무(威武)의 성질이 있음을 알 수 있다.

미신궁에서 웅숙건원격이 형성되는 것은 칠살과의 관계 때문이다. 미신궁에서 길하다 함은 미궁에서는 정살(貞殺)로 격국을 이루고, 신궁에서는 신궁의 염정이 오궁의 칠살을 제하여 격을 이루기 때문이다. 이것은 염정의 음화(陰火)가 칠살의 음금(陰金)을 단련하여 金으로 하여금 성기(成器)할 수 있게 하기 때문인데, 정살이 미궁에 동궁하거나 신궁에는 염정이 오궁에는 칠살이 있는 경우 단련의 능력이 있어 옛사람들은 미격(美格)에 속한다고 보았다.

그러나 축궁의 정살은 미격이라고 하지 않는다. 미궁은 木의 고(庫)가 되므로 木이 火를 생하여 염정에게 유리하나, 축궁은 金의 묘(墓)가 되어 염정에게 불리하기 때문이다. 옛사람들은 두수를 논할 때 오행의 생극을 중시했는데 이 격이 그 예 중의 하나이다.

그러나 웅숙건원격은 반드시 고생을 겪은 뒤에 이루는 특징이 있다. 경험상 대체로 염정이 미신궁에 있으면서 살을 보지 않고 길을 보면 일생을 편하게 잘사는 사람이 많았다.

• 예1) 1959년 10월 ○일 묘시 남명

旬天封八天陀天 空虛詰座馬羅梁 　平陷陷 　　　　科 力歲歲 34~43 43己 士驛破【子女】　生巳	天天祿七 月刑存殺 　　旺旺 博息龍 24~33 44庚 士神德【夫妻】　養午	天天擎文文 才哭羊曲昌 　　廟旺平 　　　　忌 官華白 14~23 45辛 府蓋虎【兄弟】　胎未	天陰天地天廉 廚煞巫空鉞貞 廟　廟廟廟 伏劫天 4~13 46壬 兵煞德【命】　絶申
紅解大紅天紫 艷神耗鸞相微 　　　　旺陷 青攀小 44~53 42戊 龍鞍耗【財帛】 浴辰	음력 1959년 10월 ○일 묘시 남자 命局 : 金4局 命主 : 廉貞 身主 : 天機		截天破台三 空官碎輔台 大災弔　　47癸 耗煞客【父母】 墓酉
天龍巨天 使池門機 　　廟旺 小將官 54~63 53丁 耗星符【疾厄】 帶卯			寡天天破 宿喜姚軍 　　　旺 病天病 　 48甲 符煞符【福德】 死戌
天孤天恩地貪 福辰貴光劫狼 　　　平平 　　　　　權 將亡貫 64~73 52丙 軍神索【身遷移】冠寅	蜚天天鈴右左太太 廉傷壽星弼輔陰陽 　陷廟廟廟陷 奏月喪 74~83 51丁 書煞門【奴僕】 旺丑	天火天天武 空星魁府曲 平旺廟旺 　　　　祿 飛咸晦 84~93 50丙 廉池氣【官祿】 衰子	年鳳天 解閣同 　　廟 喜指太 94~ 49乙 神背歲【田宅】 病亥

 신궁이 명궁이면서 염정이 있어 웅숙건원격에 해당한다. 삼방사정에 무곡화록에 탐랑화권·괴월이 비치고 있어 전형적인 웅숙건원격을 이루고 있다. 대기업에서 오랫동안 근무했다.

 임상에서 이런 조합을 가지고 있는 명을 여러 명 봤는데 공무원이나 교사가 많았고, 민간기업이라면 상당히 많은 보수를 받는 곳에 근무했다.

• 예2) 1964년 7월 ○일 자시 남명

天孤天八天天 廚辰空座喜梁 　　　　　陷 小劫晦　94～　38己 耗煞氣【子女】　生巳	紅蜚年台鳳七 艶廉解輔閣殺 　　　　　旺 將災喪　　　39庚 軍煞門【夫妻】浴午	天天天 官姚鉞 　　旺 奏天貫　　　40辛 書煞索【兄弟】帶未	截龍恩廉 空池光貞 　　　廟 　　　祿 飛指官　4～13　41壬 廉背符【身命】　冠申
文右天紫 曲弼相微 廟廟旺陷 青華太　84～93　37戊 龍蓋歲【財帛】　養辰	음력 1964년 7월 ○일 자시 남자 命局：金4局 命主：廉貞 身主：文昌		天三 福台 喜咸小　14～23　42癸 神池耗【父母】　旺酉
天天擎巨天 使刑羊門機 　　陷廟旺 力息病　74～83　48丁 士神符【疾厄】　胎卯			天鈴文左破 虛星昌輔軍 廟陷廟旺 　　　　權 病月歲　24～33　43甲 符煞破【福德】　衰戌
解天封天陰天祿天火貪 神哭誥貴煞巫存馬星狼 旬　　　　　廟旺廟平 空 博歲弔　64～73　47丙 士驛客【遷移】　絶寅	破寡天陀天太太 碎宿傷羅魁陰陽 　　　廟旺廟陷 　　　　　　忌 官攀天　54～63　46丁 府鞍德【奴僕】　墓丑	天天天武 壽才府曲 　　廟旺 　　　科 伏將白　44～53　45丙 兵星虎【官祿】　死子	天大紅地地天 月耗鸞劫空同 　　旺陷廟 大亡龍　34～43　44乙 耗神德【田宅】　病亥

　　명궁이 신궁의 염정화록이다. 대궁을 살펴보니 화탐격이 이루어지고, 녹존과 천마가 동궁하여 녹마교치가 이루어지고 있다. 전형적인 웅숙건원격이다.

2) 풍류채장격

『전서』의 「태미부」에 나온 풍류채장격(風流綵杖格)에 대한 주(註)를 보면, 탐랑과 경양이 인궁에서 동궁하면서 명·신궁이면 총명하고 풍류가 있다 하여 나쁘지 않게 표현되어 있다.

풍류채장의 채장은 비단지팡이를 의미하는데, 멋을 내기 위해서 짚는 지팡이가 아니라 곤장 같은 지팡이, 즉 형장(刑杖)을 의미한다. 그래서 풍류채장격은 말 그대로 풍류 때문에 곤장맞는 격이라고 해석할 수 있다.

명궁에서 풍류채장격이 형성되면 정 때문에 곤란하고 정 때문에 괴롭게 된다. 총명하더라도 어쩔 수 없다. 유년·대한에서 풍류채장격이 형성되어도 마찬가지이다.

풍류채장격은 탐랑이 인궁에서 타라와 동궁하면 형성되는데, 만약 여기에 화성과 동궁하거나 천형을 보면 더욱 정욕으로 인해서 화를 일으키는 정도가 증가하게 된다. 원명반에 풍류채장격이 형성되어 있는 경우에는 대한·유년의 양타의 충기를 받는 해에 발동한다. 대궁에 염정과 유타(流陀)가 동궁하면 상황은 더욱 나빠진다.

• 예3) 1965년 2월 ○일 축시 남명

탐랑이 인궁에서 타라와 동궁하고 있으므로 전형적인 풍류채장격이다. 더구나 삼방사정에서 함지·홍란까지 비치고 있다.

그러나 복덕궁이 신궁(身宮)이면서 자미·천상이 쌍재음협인이 되어 있고 삼방에서 천형·지공·지겁을 보고 있다.

이 명반의 주인공은 여자에 빠져 문제를 일으키거나 색(色)을 좋아하지는 않는다고 한다. 다만 술은 굉장히 좋아하며 대인관계나 사교능력에 탁월하다.

天年鳳文左天 月解閣曲輔梁 廟平陷 權 伏指太 95~ 37辛 兵背歲【田宅】 冠巳	天天七 廚空殺 旺 大咸晦 85~94 38壬 耗池氣【官祿】 帶午	截輩天天台 空廉傷才輔 病月喪 75~84 39癸 符煞門【奴僕】 浴未	紅解天孤天天廉 艷神福辰巫鉞貞 廟廟 喜亡貫 65~74 40甲 神神索【遷移】 生申
天寡天火擎天紫 官宿喜星羊相微 閑廟旺陷 科 官天病 36庚 府煞符【身福德】 旺辰	음력 1965년 2월 ○일 축시 남자 命局 : 土5局 命主 : 祿存 身主 : 天機		破天天龍文右 碎使壽池昌弼 廟陷 飛將官 55~64 41乙 廉星符【疾厄】 養酉
旬封八祿巨天 空詰座存門機 旺廟旺 祿 博災弔 47己 士煞客【父母】 衰卯			大天紅天地破 耗貴鸞刑空軍 陷旺 奏攀小 45~54 42丙 書鞍耗【財帛】 胎戌
恩天陀貪 光姚羅狼 陷平 力劫天 5~14 46戊 士煞德【命】 病寅	天太太 哭陰陽 廟陷 忌 青華白 15~24 45己 龍蓋虎【兄弟】 死丑	陰地天天武 煞劫魁府曲 陷旺廟旺 小息龍 25~34 44戊 耗神德【夫妻】 墓子	天三天鈴天 虛台馬星同 平廟廟 將歲歲 35~44 43丁 軍驛破【子女】 絶亥

3) 석중은옥격

석중은옥격(石中隱玉格)은 자오궁의 거문을 말한다. 길성이 회조하면 부귀쌍전한다. 그러나 자기 재주를 지나치게 뽐내거나 최고의 자리에 앉게 되면 대중의 반발을 사기 쉽다.

석중은옥(石中隱玉)이란 말 그대로 돌 속에 숨겨진 옥이라는 뜻이다. 돌 안에 들어 있는 옥을 꺼내는 데는 시간이 필요하므로, 이 격이 형성되면 대부분 초년이 좋지 못하거나 선빈후부(先貧後富)하는 경우가 많다. 임상경험에 의하면 석중은옥격이 형성되고 살을 보면 어릴 때 육친이 온전하지 못하거나 좋지 않았다. 이상하게도 선빈후부격이 형성되는 명들은 자평명리에서의 운도 그와 비슷하여 중년 이후에 좋은 것을 보게 된다.

　석중은옥격이 구성되었을 때 가장 주의해야 할 것은 나서지 않아야 한다는 것이다. 최고의 자리에 앉으면 귀한 옥이 노출되어 있는 것이나 마찬가지이므로, 그 옥을 빼앗기 위해 온갖 시비구설이 발생하게 된다. 이런 현상은 아주 징험하다.

　본명에 있을 때뿐만 아니라 운에 있을 때도 거문이 자오궁에 있는 대한이라면 10년 중에서 전반 5년보다 후반 5년이, 유년이라면 전반 6개월보다는 후반 6개월이 좋다. 단 석중은옥격이 형성되려면 반드시 살을 보지 않고 길을 봐야 한다. 더구나 화성·영성은 아주 좋지 않다.

　만약 살을 많이 보면 돌 속의 옥이 아니라 돌 속에 숨은 고철, 돌 속에 숨은 쓰레기가 되므로 캐내봤자 별볼일이 없게 된다. 그러나 임상경험에 의하면 거문이 자오궁에서 살을 보더라도 약간의 길성이 있으면 격의 고하의 차이는 있을지언정 석중은옥의 의미와 비슷한 현상이 나타났다.

4) 명주출해격

　명주출해격(明珠出海格)에 대한 『전서』의 원주에 의하면, "미궁에 안명하고 태양은 묘궁, 태음은 해궁에서 비치면 명주출해가 되어서 재부쌍미하게 된다. 만일 진궁에 태양이 수명하고 술궁에서 태음이 대조하거나 술궁에 태음이 수명하고 진궁에서 태양이 대조하면 반드시 극귀하게 된다"고 씌어 있다.

　진술궁의 일월에 관한 부분은 후대의 술사들이 명주출해 뒤에 가필한 것이므로, 엄밀하게 말해서 명주출해격은 미궁 안명에 축궁의 거동을 끌어다 쓰면서 양날개에서 묘왕지의 일월이 비치는 것을 말한다. 미궁 무주성은 공백이니 바다〔海〕로 비유하고 입묘한 일월이 비치는 것을 명주(明珠)라고 비유해서 명주출해라 이름한 것이다.

　명주출해격은 축궁의 거동을 차성안궁(借星安宮 : 별을 빌려다 쓰는 것)해서 쓰기 때문에 매우 조심해야 한다. 거동 성계에는 결점이 많기 때문이다. 천동화기든 거문화기든 모두 시비를 야기하기 쉽고 강하면 송사가 일어난다. 비록 화기가 아닐지라도 본신 역시 질투·시기를 초래하기 쉽고 다른 사람의 수단이나 음모를 만나기 쉬우며 살을 만나면 더욱 심하다. 따라서 명주출해격은 조심해서 판단하지 않으면 안 된다.

　이 격은 「골수부」(骨髓賦 : 『전서』에 나오는 賦文의 하나)에서 '삼합명주왕지 온보섬궁(三合明珠旺地 穩步蟾宮)'이라고 해서 과거나 고시에 이로워 쉽게 과거합격해서 극귀하게 된다고 했다. 예4)의 제갈공명의 명이 전형적인 명주출해격이다. 일생 부귀했고 다재다능했다.

5) 탐무동행격

　탐무동행격(貪武同行格)이란 무탐이 축미궁에 있으면서 명궁일 때를 말한다. 『전집』의 가결에 말하기를 "무곡·탐랑이 입묘하면 귀한데 반드시 관에서 대권을 쥐게 되며, 문인이면 감사(監司)로서 그 몸이 현달하게 되고 무신이면 용맹하여 변방의 오랑캐를 진압하

• 예4) 제갈공명
신유년 4월 ○일 술시 남명

截天破天 空福碎機 　　　平 將指白　24~33　21癸 軍背虎【夫妻】　　生巳	天紅天紫 廚鸞鉞微 　　　廟 小咸天　14~23　22甲 耗池德【兄弟】　　養午	寡右左 宿弼輔 　廟廟 青月弔　4~13　23乙 龍煞客【命】　　胎未	恩陰鈴陀破 光煞星羅軍 　旺陷陷 力亡病　　　　24丙 士神符【父母】　絶申
天台三天七 才輔台姚殺 　　　　旺 奏天龍　34~43　20壬 書煞德【子女】　浴辰	신유년 4월 ○일 남자 命局：金4局 命主：武曲 身主：天同		紅天天祿地 艷官哭存劫 　　　旺平 博將太　　　　25丁 士星歲【福德】　墓酉
天天太 虛梁陽 　廟廟 　　權 飛災歲　44~53　31辛 廉煞破【身財帛】帶卯			解天天八擎天廉 神空貴座羊府貞 　　　　廟廟旺 官攀晦　94~　　26戊 府鞍氣【田宅】　死戌
天天大天文天武 月使耗魁曲相曲 　　　　平廟閑 　　　　　　科 喜劫小　54~63　30庚 神煞耗【疾厄】　冠寅	旬年鳳龍地火巨天 空解閣池空星門同 　　　　陷旺旺陷 　　　　　　　祿 病華官　64~73　29辛 符蓋符【遷移】　旺丑	天天封天天文貪 傷壽詰喜刑昌狼 　　　　　旺旺 　　　　　　忌 大息貫　74~83　28庚 耗神索【奴僕】　衰子	蜚孤天天太 廉辰巫馬陰 　　　平廟 伏歲喪　84~93　27己 兵驛門【官祿】　病亥

여 공을 세운다"고 했다.
　『전서』의 「골수부」 원주에는 "축미궁이 명궁이면서 두 星이 동궁한 경우로, 대개 무곡의 金이 탐랑의 木을 극해 木이 제화를 만남으로써 유용하게 되기 때문에 먼저 빈한 후에 부귀하게 된다. 또한 만약 삼방에서 창곡·보필 등의 星이 공조하면 주귀하며 운에서 祿·

權·科를 만나면 귀현해진다"고 했다.

요무 거사는 탐무동행격에 대해서 "무탐이 축미궁에 있을 때 삼방을 살펴보면 관록궁에 자살, 재백궁에 정파, 천이궁은 무주성으로, 자미조원에 살파랑 양개 土의 조합이 된다. 전자는 보필이 있어야 합격하고 후자는 충격이 크므로 통상 서른 살 이후에 안정된다. 아마 이런 이유로 선빈후부한다 했을 것이다"라고 했다.

모든 격은 다 祿을 보는 것을 좋아한다. 탐무동행격 역시 무곡이 재성이고, 화탐이 횡발하기 위해서는 祿이 있어야 진면목을 드러내므로 戊·己년생이나 辛년생 등 명궁의 삼방에서 祿을 봐야 좋다. 왕정지는 이 격에 대해 다음과 같이 설명하고 있다.

대개 무곡은 재성이고 무관이 되는데 탐랑과 동궁하면 주부(主富)하여 무곡의 성세를 증가시킬 수 있어 좋은 격으로 본다. 현대에서 탐무동행격의 사람은 대부분 官으로 나가지 않는다. 내가 본 탐무동행격인 사람은 외과의사였다.

외과의사는 살기가 크며 종사하는 행업에서 칼을 휘둘러야 하고, 이과실험 역시 실험기구를 휘둘러야 하므로 탐무동행격과 비슷하다. 이것으로 보면 옛사람들의 가결에 구속되지 말고 그 정신만 취하는 것이 좋다.

또 탐무동행격은 탐랑이 화성·영성을 보는 것이 가장 좋아서 화령이 대궁에 있을 때가 상격이 된다. 만일 화령과 무탐이 동궁한다면 축궁이 미궁보다 좋다. 축궁은 무곡에게 유리하기 때문이다. 이때도 화령이 경양과 동궁하면 좋지 않다. 두 살끼리 스스로 상쇄되어버리기 때문이다.

무탐을 화령이 협해도 역시 화탐·영탐이 되므로 주의해야 한다.

• 예 5) 1959년 9월 ○일 묘시 남명

旬天封天天天陀七紫 空虛詰巫刑馬羅殺微 　　　　　平陷平旺 力歲歲 25~34 43己 士驛破【夫妻】 冠巳	天祿 才存 　旺 博息龍 15~24 44庚 士神德【兄弟】帶午	天八三擎文文 哭座台羊曲昌 　　　廟旺平 　　　　　忌 官華白 5~14 45辛 府蓋虎【命】浴未	天地天 廚空鉞 　廟廟 伏劫天 46壬 兵煞德【父母】生申
紅解大紅天天 艶神耗鸞梁機 　　　旺廟 　　　　科 青攀小 35~44 42戊 龍鞍耗【子女】旺辰	음력 1959년 9월 ○일 묘시 남자 命局：土5局 命主：武曲 身主：天機		截天破台天破廉 空官碎輔姚軍貞 　　　　　陷平 大災弔 47癸 耗煞客【福德】養酉
龍天 池相 　陷 小將官 45~54 53丁 耗星符【財帛】衰卯			寡陰天 宿煞喜 病天病 95~ 48甲 符煞符【田宅】胎戌
天天孤天地右巨太 月福辰使劫弼門陽 　　　　　平廟廟旺 將亡貫 55~64 52丙 軍神索【疾厄】病寅	蜚天恩鈴貪武 廉貴光星狼曲 　　　陷廟廟 　　　　權祿 奏月喪 65~74 51丁 書煞門【身遷移】死丑	天天天火天左太天 傷壽空星魁輔陰同 　　　平旺旺廟旺 飛咸晦 75~84 50丙 廉池氣【奴僕】 墓子	年鳳天 解閣府 　　旺 喜指太 85~94 49乙 神背歲【官祿】絶亥

　　명궁이 미궁이면서 정성이 없이 경양에 문곡화기가 동궁하며, 대궁 축궁에서 무탐이 녹권이 되면서 영탐격이 이루어지고 있다. 잡성을 보면 명궁에 삼태·팔좌가 있고, 명궁에서 끌어다 쓰는 축궁 신궁(身宮)의 무탐은 보필이 협하고 있으며, 신궁 본궁에는 은광·천귀가 동궁하고 있다. 재백궁과 관록궁에서 용지·봉각이 동궁하고 백관조공하는 잡성이 세 쌍이나 비치고 있으니 사회적인 지위나

지명도에 일조를 한다.

잡성편에서도 말했지만 용지·봉각이 창곡·천재·화과 등을 보면 용각의 재예적인 속성을 증가시킨다. 이 명은 명궁에 경양이 묘왕지에 있고 대궁에서는 영탐격이 형성되었으므로 전형적인 탐무동 행격으로, 이로(異路)에서 현달하는 命이 되어 수술칼을 잡는 의사가 되었다.

6) 재여수구격

재여수구격(財與囚仇格)은 『전서』의 정빈천격(定貧賤格)에 나온 격국이다. 주(註)에 보면 무곡과 염정이 명·신궁에 같이 있는 것을 말한다고 했는데, 구체적으로 무곡이 명궁에 있고 염정이 재백궁에 있는 것을 말한다.

그러나 이것만으로 재여수구격이 형성되는 것은 아니다. 星의 배치상 무곡이 명궁에 있으면 반드시 재백궁에는 염정이 있게 되기 때문이다. 재여수구격이 형성되려면 명궁에 무곡이 있으면서 재백궁의 염정이 신궁(身宮)이 되어야 한다. 그리고 반드시 무곡과 염정에 화기가 붙어야 한다.

이치적으로는 무곡이 명궁에 있으면서 재백궁이자 신궁인 염정에 화기가 붙어야 재여수구의 정격이 된다. 그러나 반드시 선천명궁에서만 이루어지는 것이 아니라 응용상 운에서도 가능하다. 단지 운에서는 무곡이 운의 명궁에 있는데 운의 재백궁에 있는 염정이 화기가 되거나 그 반대일 때, 또는 운의 명궁에 선천의 무곡화기가 있는데 운의 사화에 의해서 운의 재백궁 염정에 화기가 붙을 때도 재여수구격이 형성된다.

심지어는 운의 재백궁에 무곡, 운의 관록궁에 염정이 있어 재여 수구의 정격과는 거리가 멀지만 삼방에서 염정과 무곡이 화기가 되는 것도 재여수구가 형성된다고 볼 수 있다. 그러나 통상 무곡이 화기가 되어도 재여수구격이 이루어짐을 볼 수 있었다.

이 격의 특징은 『전서』에서 빈천국이라고 한 것처럼 재물 면에서 치명적인 격국이다. 즉 파재와 손실을 主하는 격국이다.

• 예6) 1962년 10월 ○일 신시 남명

孤天天天 辰才鉞機 　　旺平 飛亡貫 24~33 40乙 廉神索【福德】　生巳	天天龍天紫 月福池刑微 　　　　廟 　　　　權 喜將官 34~43 41丙 神星符【田宅】　浴午	天地 喜劫 　平 病攀小 44~53 42丁 符鞍耗【身官祿】帶未	天天年鳳陰天天破 傷虛解閣煞巫馬軍 　　　　　　　旺陷 大歲歲 54~63 43戊 耗驛破【奴僕】　冠申
旬解天七 空神哭殺 　　　旺 奏月喪 14~23 39甲 書煞門【父母】　養辰	음력 1962년 10월 ○일 신시 남자 命局 : 金4局 命主 : 文曲 身主 : 天梁		天破天大火 廚碎壽耗貴星 　　　　　陷 伏息龍 64~73 44己 兵神德【遷移】　旺酉
天八地天天太 空座空魁梁陽 平廟廟廟祿 將咸晦 4~13 50癸 軍池氣【命】　胎卯			蜚天天封天陀天廉 廉官使詰姚羅府貞 　　　　　廟廟旺 　　　　　　　科 官華白 74~83 45庚 府蓋虎【疾厄】　衰戌
截台文天武 空輔昌相曲 　　陷廟閑 　　　　忌 小指太　　49壬 耗背歲【兄弟】絶寅	寡紅右左巨天 宿鸞弼輔門同 　　廟廟旺陷 青天病　　48癸 龍煞符【夫妻】墓丑	紅擎文貪 艷羊曲狼 　陷廟旺 力災弔 94~　47壬 士煞客【子女】死子	恩三祿鈴太 光台存星陰 　　廟廟廟 博劫天 84~93 46辛 士煞德【財帛】病亥

5. 격국　195

명궁은 묘궁의 태양·천량이다. 병오대한에는 자미가 있고 삼방 사정에서 대한재백궁에 선천의 무곡화기, 대한관록궁에 염정화기가 있어 전형적인 재여수구격이 형성된다. 이 대한에 형제에게 몇 번씩 보증을 섰다가 억대의 돈을 손해봤다.

7) 마두대전격

마두대전격(馬頭帶箭格)은 길한 것과 흉한 것의 두 경우가 있다.
먼저 길한 마두대전격의 형성 조건을 살펴보면, 첫째 탐랑과 경양이 오궁에 수명하는 것으로 戊년생이 탐랑화록이거나 丙년생이 미궁의 천동화록에 사궁의 녹존이 오궁의 탐랑을 협하는 경우이다. 둘째 천동과 경양이 오궁에 수명하는 丙·戊년생인 경우이다. (戊년은 탐랑화록이 되어 오궁의 동월을 사궁의 녹존과 함께 쌍록이 협한다.) 셋째 경양이 오궁에 독수하고 정성이 없으면서 대궁의 동월(同月)을 차성안궁하여 쓰는 경우이다.
이 세 경우에 해당되면서 다른 살이 간섭하지 않고 육길성이 다 비쳐야 합격한다. 길한 마두대전에 대해서는 옛사람들이 '위진변강(威鎭邊彊)'한다고 해서 무관으로 귀현한다고 보았다.
다음으로 흉한 마두대전격을 살펴보면, 길한 마두대전과 같은 상황에서 육길성이 비치지 않고 흉살이 많이 비칠 때를 말한다. 『전집』의 가결에 "경양은 절대로 오궁에 있으면 안 된다. 만약 운에 있으면 재앙이 심하게 되며 처를 형극하고 극자하며 직업이 없어 놀게 되고 신체장애가 있으며 중년에 요절한다"고 했다.
옛사람들은 경양을 강강하고 용감한 것을 좋아하는 星으로 보았다. 오궁에서는 경양이 낙함하지만 오궁의 火가 경양의 金을 제할

수 있기 때문에 도리어 그릇을 만들어 쓸 수 있어, 횡폭한 힘을 위
권으로 화할 수 있으므로 위진변강이라는 말이 나온 것이다. 오늘
날 위진변강의 가능성은 간혹 깡패들의 명조에서 발견된다.

• 예7) 병진년 6월 ○일 축시 남명

天孤天八天祿文右天 官辰空喜存曲弼府 廟廟平平 博劫晦　　　　26癸 士煞氣【兄弟】　生巳	蜚年鳳天擎太天 廉解閣姚羊陰同 平陷陷 祿 力災喪 4～13　27甲 士煞門【命】　浴午	台貪武 輔狼曲 廟廟 青天貫 14～23　28乙 龍煞索【父母】　帶未	龍恩天巨太 池光巫門陽 廟閑 小指官 24～33　29丙 耗背符【身福德】冠申
截天陰陀 空貴煞羅 廟 官華太　　　　25壬 府蓋歲【夫妻】　養辰	병진년 6월 ○일 축시 남자 命局：金4局 命主：破軍 身主：文昌		三天文左天 台鉞昌輔相 廟廟陷陷 科 將咸小 34～43　30丁 軍池耗【田宅】　旺酉
天封火破廉 月誥星軍貞 平旺閑 忌 伏息病 94～　36辛 兵神符【子女】　胎卯			天天地天天 才虛空梁機 陷旺廟 權 奏月歲 44～53　31戊 書煞破【官祿】　衰戌
紅天天天 艷哭刑馬 旺 大歲弔 84～93　35庚 耗驛客【財帛】　絶寅	破寡天 碎宿使 病攀天 74～83　34辛 符鞍德【疾厄】　墓丑	旬解天天天地 空神廚福壽劫 陷 喜將白 64～73　33庚 神星虎【遷移】　死子	天大紅鈴天七紫 傷耗鸞星魁殺微 廟旺平旺 飛亡龍 54～63　32己 廉神德【奴僕】　病亥

한나라 광무제의 명으로 전형적인 마두대전격이다. 오궁에 동월
이 경양과 동궁하면서 태음·천동화록이 되었다.

한의 광무제 유수는 공신들을 주살했는데 민간의 전설에 의하면 신경착란으로 죽었다고 한다. 옛사람들은 마두대전격의 사람은 비록 부귀하나 오래가지 못한다고 보았다.

8) 기량회양타격

기량회양타격(機梁會羊陀格)은 격의 이름이 붙여진 것은 아니나, 운을 추론할 때 상당히 많이 쓰이고 잘 맞는 조합이므로 『전서』에 근거해서 필자가 이름을 지은 것이다.

천기·천량이 경양과 만나면 '조유형극 만견고(早有刑剋晚見孤)'라고 해서 어려서는 형극이 있고 늙어서는 고독하다고 했다. 실제로도 선천명이나 운에서 이런 조합을 만나면 고독한 경우가 많다. 특히 여명에는 아주 좋지 않은 조합이다.

선천명궁이나 부처궁 또는 대한에서 기량회양타격이 형성되면 형극과 고독의 일에 주의해야 한다. 특히 천기가 화기가 되면서 경양을 만나면 진정한 조유형극 만견고의 형태가 되는데, 궁의 속성에 따라 사안을 추론할 문제지만 형제궁이라면 형제가 상해서 본인이 고독하게 되고, 부처궁이라면 부처간에 고독한 현상이 있으며, 부모궁이라면 부모에게 그러한 문제가 발생한다.

여명에 기량회양타격이 이루어졌을 때는 혼인이 불미한 경우를 임상에서 많이 경험했다. 천기나 천량이 함지일수록 형극은 더욱 심하다. 두말할 것도 없이 살을 많이 만날수록 심하다.

천기·천량이 경양이 아닌 타라를 만났을 경우에도 기량회양타격이 형성된다. 이런 격국이 보이면 필자는 나름대로 고독격이라고 판단한다.

• 예8) 1958년 12월 ○일 유시 여명

大紅祿貪廉 耗鸞存狼貞 　廟陷陷 　　　祿 博亡龍　　44丁 士神德【父母】冠巳	解天三擎巨 神廚台羊門 　　　平旺 官將白　　45戊 府星虎【福德】帶午	寡天天 宿鉞相 　旺閑 伏攀天 95〜 46己 兵鞍德【田宅】浴未	天天八天天地天天 壽哭座刑馬劫梁同 　　　旺廟陷旺 大歲弔 85〜94 47庚 耗驛客【官祿】　生申
紅旬天陰陀太 艶空虚煞羅陰 　　　　廟閑 　　　　　權 力月歲 5〜14 43丙 士煞破【命】　旺辰	음력 1958년 12월 ○일 유시 여자 命局 : 土5局 命主 : 廉貞 身主 : 文昌		天七武 傷殺曲 　閑旺 病息病 75〜84 48辛 符神符【奴僕】養酉
天天台天恩左天 福官輔貴光輔府 　　　　　陷平 青咸小 15〜24 54乙 龍池耗【兄弟】衰卯			火太 星陽 廟陷 　科 喜華太 65〜74 49壬 神蓋歲【身遷移】胎戌
天天龍地 月才池空 　　　陷 小指官 25〜34 53甲 耗背符【夫妻】病寅	破天文文破紫 碎魁曲昌軍微 　　旺廟旺廟 將天貫 35〜44 52乙 軍煞索【子女】死丑	截蜚年鳳天鈴天 空廉解閣姚星機 　　　　陷廟 　　　　　　忌 奏災喪 45〜54 51甲 書煞門【財帛】墓子	孤天天封天天右 辰使空誥巫喜弼 　　　　　　閑 飛劫晦 55〜64 50癸 廉煞氣【疾厄】絶亥

　명궁이 진궁의 태음으로 타라와 동궁하고 있고 삼방에서 천기화기와 천량·천형을 만나 기량회양타의 조유형극 만견고의 조합이 이루어진다. (기량이 동궁한 것뿐만 아니라 이와 같이 삼방으로 이러한 조합이 걸려도 마찬가지로 판단한다.)

　서른일곱 살 갑술년에 남편이 교통사고로 사망해서 아이 둘과 혼자 산다.

• 예9) 1968년 4월 ○일 해시 여명

台祿七紫 輔存殺微 　廟平旺 博劫天　16~25　34丁 士煞德【兄弟】　絶巳	天天擎 廚貴羊 　　平 官災弔　6~15　35戊 府煞客【命】　墓午	寡紅天右左 宿鸞鉞弼輔 　　旺廟廟 伏天病　　　36己 兵煞符【父母】死未	陰 煞 大指太　　　37庚 耗背歲【福德】病申
紅蜚天陀天天 艷廉姚羅梁機 　廟旺廟廟 　　　　　忌 力華白　26~35　33丙 士蓋虎【身夫妻】胎辰	음력 1968년 4월 ○일 해시 여자 命局：火6局 命主：破軍 身主：天梁		破天鈴破廉 碎空星軍貞 　陷陷平 病咸晦　96~　38辛 符池氣【田宅】衰酉
天天大八文天 福官耗座曲相 　　　　旺陷 青息龍　36~45　44乙 龍神德【子女】養卯			解天地 神哭劫 　　平 喜月喪　86~95　39壬 神煞門【官祿】旺戌
旬天天天年鳳恩天巨天 空月才虛解閣光馬門陽 　　　　　　　旺廟旺 　　　　　　　　　科 小歲歲　46~55　43甲 耗驛破【財帛】　生寅	天封天火天貪武 使詰喜星魁狼曲 　　　旺旺廟廟 　　　　　　祿 將攀小　56~65　42乙 軍鞍耗【疾厄】　浴丑	截天龍天地太天 空壽池刑空陰同 　　　　平廟旺 　　　　　　權 奏將官　66~75　41甲 書星符【遷移】　帶子	孤天三天文天 辰傷台巫昌府 　　　　旺旺 飛亡貫　76~85　40癸 廉神索【奴僕】冠亥

　　명궁이 오궁이면서 경양이 있고 대궁의 동월을 끌어다 쓴다. 이 명반은 마두대전격이기도 하다. (그래서 직업이 간호사다.) 명궁의 삼방사정을 보니 술궁에 정성이 없어 진궁의 천기화기·천량·타라를 끌어오게 되는데, 그 결과 명궁의 삼방사정에서 기량에 양타의 조유형극 만견고의 조합이 이루어진다. 병진대운 기묘년에 남편과 이혼했는데, 대운 역시 기량회양타의 조합이 이루어져 있다.

9) 삼합화탐격

　삼합화탐격(三合火貪格)이란 탐랑이 화성과 진술축미궁에서 동궁하는 것을 말한다. 흔히 화탐격이라고 한다. (탐랑이 있는데 삼방에서 화성이 비치면 격국의 역량이 조금 떨어진다. 또한 진술축미 외의 궁에서 만나도 화탐·영탐의 작용이 있다.) 영성과 만나면 영탐격이라고 한다.
　화탐격은 저명한 횡발격국이다. 따라서 횡발·횡파의 속성이 내재되어 있으므로 격이 온전히 이루어지려면 살을 보지 않고 길을 봐야 한다. 그래야 횡발 후의 상황이 좋다. 만약 다른 살의 간섭이 있으면 횡파의 쓴잔을 마시게 되니 조심해야 한다.
　『전서』의「골수부」에는 '탐랑화성봉묘왕 명진제방(貪狼火星逢廟旺 名鎭諸邦)'이라고 해서 탐랑이 묘왕지에서 화성을 만나면 사방에 이름을 떨친다고 했다.『전집』의 가결에는 "탐랑이 화성을 만나면 반드시 영웅이 되며 머지않아 변방에서 큰공을 세우게 된다"고 씌어 있다. 이것을 통해 화탐(영탐)격은 이도공명(異途功名)의 속성이 있음을 알 수 있다.
　이처럼 화탐격은 정도(正途)를 통해 부귀를 얻게 되는 것은 아님을 암시하는데, 오늘날과 같은 산업사회에서는 군대에서 공을 세울 일은 드물기 때문에 화탐격은 주로 의외의 재를 얻게 된다. 단 득재(得財)의 순조로움 여부는 명궁의 삼방 조합을 보아 정해야 한다. 만약 회합한 토이 불길하다면 투쟁과 놀람이 있게 되는데, 이것이 화탐격의 특수한 성질이라고 하겠다.

　• 예 10) 1958년 4월 ○일 술시 여명
　명궁에 정성이 없으므로 천이궁의 토을 차성안궁하여 쓴다. 천이

天大紅祿七紫 才耗鸞存殺微 廟平旺 博亡龍 26~35 44丁 士神德【夫妻】 絶巳	天擎 廚羊 平 官將白 16~25 45戊 府星虎【兄弟】 墓午	寡天右左 宿鉞弼輔 旺廟廟 伏攀天 6~15 46己 兵鞍德【命】 死未	天恩陰天 哭光煞馬 旺 大歲弔 47庚 耗驛客【父母】 病申
紅旬天台三天陀天天 艶空虛輔台姚羅梁機 廟旺廟 忌 力月歲 36~45 43丙 士煞破【子女】 胎辰	음력 1958년 4월 ○일 술시 여자 命局 : 火6局 命主 : 武曲 身主 : 文昌		地破廉 劫軍貞 平陷平 病息病 48辛 符神符【福德】 衰酉
天天天 福官相 陷 青咸小 46~55 54乙 龍池耗【身財帛】 養卯			解天八 神貴座 喜華太 96~ 49壬 神蓋歲【田宅】 旺戌
天天龍文巨太 月使池曲門陽 平廟旺 科 小指官 56~65 53甲 耗背符【疾厄】 生寅	破天地鈴天貪武 碎壽空星魁狼曲 陷陷旺廟廟 祿 將天貫 66~75 52乙 軍煞索【遷移】 浴丑	截蜚天年封鳳天文太天 空廉傷解詁閣刑昌陰同 旺廟旺 權 奏災喪 76~85 51甲 書煞門【奴僕】 帶子	孤天天天火天 辰空巫喜星府 平旺 飛劫晦 86~95 50癸 廉煞氣【官祿】 冠亥

궁을 살펴보니 무곡·탐랑화록이 영성과 동궁하여 전형적인 영탐격이 형성된다. 또한 해궁에 화성이 있어 명궁 입장에서는 화탐격도 형성된다.

화탐이나 영탐이 될 때는 탐랑화록이 되어야 횡발을 크게 할 수 있는데, 이 명은 탐랑에 화록이 되어 있다.

46~55세는 대한관록궁으로 이러한 조합이 들어오므로 이 대한에서는 횡발을 하게 될 것이다.

10) 화양격 · 영타격

『전서』의 「골수부」에 의하면 '경양화성 위권출중(擎羊火星 威權出衆)'한다고 했고, 원주에 보면 "진술축미 사묘궁(四墓宮)에 안명하고 화양을 만나면 입묘한데 문무쌍전하여 만리에 병권을 잡는다"라고 했다.

사살끼리는 서로 제화하는 경우가 있다. 화양(火羊)과 영타(鈴陀)가 바로 그 경우로, 서로 견제하여 흉살을 유용한 것으로 변화시킨다.

경양은 본래 형상(刑傷)을 主하는데 화성과 동궁하면 화성이 경양의 강폭함을 제하여 형상을 권력으로 변화시킨다. 위권출중이란 이것을 뜻하는 것이다. 같은 이치로 타라는 본래 음기(陰忌) · 암손(暗損)을 主하지만 영성과 동궁하면 불로 광석을 제련한 것과 같아서 주인이 암으로 권력을 잡는다.

경양과 타라는 사묘궁에서 입묘하기 때문에 화양이 사묘궁에서 동궁하는 것이 좋다. 원래 화양격 · 영타격은 진술축미 네 궁에서 형성되는 것이 정격이지만 다른 궁에서 만나도 형성되는 경우가 많고, 반드시 동궁해야만 되는 것이 아니라 삼방에서 만나도 형성된다.

그러나 다른 살이 간섭하면 화양격과 영타격은 형성되지 않는다. 『전서』에 구체적으로 언급되어 있지는 않지만 기본적으로 살을 제화해서 쓰므로 정성이 강하면 가장 좋을 것이다.

그러나 화양을 만나도 거문과 같은 정성과 배합되면 '거화양(巨火羊)의 종신액사격(終身縊死格)'이 되어 좋지 않고, 영타격이 되어도 문창 · 무곡과 만나면 '영창타무 한지투하(鈴昌陀武 限至投河)'의 흉격이 되어 좋지 않다. 따라서 이러한 조합을 보고 화기가 간섭하고 있다면 섣불리 격발하는 격이라고 해서는 안 된다.

• 예11) 기축년 10월 ○일 진시 남명

天龍陀 哭池羅 　　　陷 力指官　25~34　53己 士背符【夫妻】　冠巳	天大封三天祿文天 月耗誥台刑存昌機 　　　　　旺陷廟 博咸小　15~24　54庚 士池耗【兄弟】　帶午	旬天地火擎破紫 空虛空星羊軍微 　　平閑廟廟廟 官月歲　5~14　55辛 府煞破【命】　浴未	天天八陰天天天文 廚才座煞巫喜鉞曲 　　　　　　廟平 　　　　　　　忌 伏亡龍　　　　56壬 兵神德【父母】　生申
紅解天太 艶神壽陽 　　　旺 青天貫　35~44　52戊 龍煞索【子女】　旺辰	기축년 10월 ○일 진시 남자 命局 : 土5局 命主 : 武曲 身主 : 天相		截蜚天年鳳天 空廉官解閣府 　　　　　陷 大將白　　　　57癸 耗星虎【福德】　養酉
地七武 劫殺曲 平陷陷 　祿 小災喪　45~54　63丁 耗煞門【身財帛】衰卯			寡台恩天太 宿輔光姚陰 　　　　旺 病攀天　95~　58甲 符鞍德【田宅】　胎戌
天孤天天紅鈴天天 福辰使空鸞星梁同 　　　廟廟閑 　　　　　科 將劫晦　55~64　62丙 軍煞氣【疾厄】　病寅	破右左天 碎弼輔相 　廟廟廟 奏華太　65~74　61丁 書蓋歲【遷移】　死丑	天天天巨 傷貴魁門 　　　旺旺 飛息病　75~84　60丙 廉神符【奴僕】　墓子	天貪廉 馬狼貞 平平陷 　　權 喜歲弔　85~94　59乙 神驛客【官祿】　絶亥

　『자미두수전서』에 나온 백기라는 사람의 명이다.
　미궁에 자미·파군으로 정성이 묘왕지에 있는데 묘왕지의 경양과 화성이 동궁하여 화양격이 이루어지고, 삼방에서는 화록과 화권에 녹마교치가 이루어지며 보필을 보아 격이 튼튼해 보인다.
　『전서』의 저자는 "福이 가볍지 않고 문무쌍전했으며 부귀의 명이다"라고 판단했다.

• 예 12) 1959년 12월 ○일 오시 남명

旬天天地地陀天 空虛馬劫空羅相 平閑廟陷平 力歲歲 25~34 43己 士驛破【夫妻】 冠巳	解天天天祿天 神壽才貴存梁 旺廟 科 博息龍 15~24 44庚 士神德【兄弟】 帶午	天擎七廉 哭羊殺貞 廟旺廟 官華白 5~14 45辛 府蓋虎【身命】 浴未	天封天天 廚誥刑鉞 廟 伏劫天 46壬 兵煞德【父母】 生申
紅大陰紅鈴文巨 艶耗煞鸞星昌門 旺旺平 青攀小 35~44 42戊 龍鞍耗【子女】 旺辰	음력 1959년 12월 ○일 오시 남자 命局 : 土5局 命主 : 武曲 身主 : 天機		截天破 空官碎 大災弔 47癸 耗煞客【福德】 養酉
龍火左貪紫 池星輔狼微 平陷地旺 權 小將官 45~54 53丁 耗星符【財帛】 衰卯			寡天文天 宿喜曲同 陷平 忌 病天病 95~ 48甲 符煞符【田宅】 胎戌
天天孤天八太天 月福辰使座陰機 閑旺 將亡貫 55~64 52丙 軍神索【疾厄】 病寅	蜚天 廉府 廟 奏月喪 65~74 51丁 書煞門【遷移】 死丑	天天台恩三天天太 傷空輔光台姚魁陽 旺陷 飛咸晦 75~84 50丙 廉池氣【奴僕】 墓子	年鳳天右破武 解閣巫弼軍曲 閑平平 祿 喜指太 85~94 49乙 神背歲【官祿】 絕亥

명궁에서 염정·칠살과 묘왕지의 경양이 동궁하며, 삼방에서 화성·탐랑화권·무곡화록·보필이 비치고 있다. 선천명궁에 응숙건원격이 형성되어 있고, 경양과 화성이 보여서 화양격이 형성된다.

법관의 사주다. 잡성도 명궁에 백호·관부가 동궁하고, 재백궁에는 장성과 관부가 비친다. 무관으로 귀현해지는 명은 불길한 잡성도 이살제살로 적절하게 쓰여지는 것을 볼 수 있다.

11) 삼기가회격

삼기가회격(三奇嘉會格)에 대해서 『전서』의 「골수부」에서는 '과권록공 명예소창(科權祿拱 名譽昭彰)' 한다고 해서 화록·화권·화과가 같이 비치면 명예가 환하게 드러난다고 했다. 원주에서는 다음과 같이 설명하고 있다.

> 이것은 삼길화성을 말하는 것으로, 예를 들어 명·신궁에 그중 하나가 좌하고 재백궁·관록궁에 두 개가 있으면서 내합하는 것이다. 이렇게 되면 삼합 수조(守照)가 되어서 녹권과공(祿權科拱)이 되며, 길성이 가해지면 삼공의 지위에 이르게 된다.

삼기가회격은 삼기격으로 불리기도 한다. 삼길화란 祿·權·科로서 각기 재록·권세·명예를 主한다. 세 개가 다 비치지 않고 두 개만 비쳐도 효과가 있다.

명궁·재백궁·관록궁에 각기 하나씩 있으면 역량이 최대가 되고(이때도 명궁에 화록이 있으면서 삼방에서 화록·화권이 비치는 것이 가장 좋다), 명궁·천이궁·재백궁·관록궁에 있으면서 세 개가 비치는 것이 그 다음이며, 명궁에는 없고 삼방의 천이궁·재백궁·관록궁에 있는 것이 그 다음이다. 祿·權·科가 한 궁에 집중되는 것은 균형을 잃기 때문에 좋지 않다. 단 삼기는 사살을 보거나 공겁이나 천형·화기를 보지 않아야 비로소 좋은 격이 된다.

고대에서는 선비들을 중히 여기고 농사나 장사를 가볍게 여겼으므로, 삼기격이 되면 벼슬길로 나아가 부귀영화를 누릴 수 있으므로 좋게 보았다. 그러나 현대사회에서는 꼭 관으로 나아간다기보다는 재단의 수뇌가 될 수도 있다.

• 예13) 갑술년 11월 ○일 오시 남명

天大紅地巨 廚耗鸞劫空門 閑廟平	紅解三陰天廉 艶神台煞相貞 旺平 祿	天寡恩天火天天 官宿光刑星鉞梁 閑旺旺	旬截天封八天七 空空哭詰座馬殺 旺廟
小亡龍　　　8己 耗神德【兄弟】絶巳	將將白 5~14　9庚 軍星虎【身命】胎午	奏攀天 15~24 10辛 書鞍德【父母】養未	飛歲弔 25~34 11壬 廉驛客【福德】生申
天天天文貪 壽才虛昌狼 旺廟 青月歲　　　7戊 龍煞破【夫妻】墓辰	갑술년 11월 ○일 오시 남자 命局：土5局 命主：破軍 身主：文昌		天鈴天 福星同 陷平 喜息病 35~44 12癸 神神符【田宅】浴酉
擎太 羊陰 陷陷 力咸小 95~　18丁 士池耗【子女】死卯			天文武 月曲曲 陷廟 　科 病華太 45~54 13甲 符蓋歲【官祿】帶戌
龍天祿左天紫 池巫存輔府微 廟廟廟廟 博指官 85~94 17丙 士背符【財帛】病寅	破天天陀天天 碎使貴羅魁機 廟旺陷 官天貫 75~84 16丁 府煞索【疾厄】衰丑	蜚年台鳳右破 廉解輔閣弼軍 旺廟 　權 伏災喪 65~74 15丙 兵煞門【遷移】旺子	孤天天天太 辰傷空喜姚陽 陷忌 大劫晦 55~64 14乙 耗煞氣【奴僕】冠亥

유명한 한신(韓信)의 명이다.

명궁이 오궁인데, 염정·천상에 염정화록, 천이궁에 파군화권, 관록궁에 무곡화과가 있어 삼기가회격이 되었으므로 출장입상(出將入相)의 격이 되었다.

5. 격국 207

12) 거일동궁격

거일동궁격(巨日同宮格)은 흔히 거일격이라고 한다.

『전서』에서는 '거일동궁인 관봉삼대(巨日同宮寅 官封三代)'라고 했고, 원주에서는 "인궁에 거일이 안명하고 겁공·사살이 없으면 상격이 되며 신궁(申宮)은 그 다음이 된다. 사해궁은 좋지 않다. 사궁에 태양이 수명하고 해궁에 거일이 있어도 상격이 된다. 사궁에 거문이 수명하고 해궁에 태양이 있으면 좋지 않아 하격이 된다. 신궁에 태양이 있고 거문이 동궁할 때는 살이 없어도 평상인에 불과하다"고 했다.

『전집』의 가결에서는 "거일이 삼합에서 공조하면 세상을 뒤덮는 재주가 있고 만약 흉성이 없으면 자색관복을 입게 된다"고 했다. 거일이 삼방에서 비쳐도 거일격과 같은 의미가 있음을 알 수 있다.

거일은 격국이 이루어진다 해도 반드시 祿·權·科 등의 길화가 있어야 좋다. 낮생인의 태양은 더더욱 백관조공이 있어야 한다. 거일의 속성인 시비·구설은 후천적인 수양을 거쳐야 재능으로 발전할 수 있다.

오늘날의 사회에서는 정치에 종사하는 것에 국한하지 않고 변호사와 같은 것도 해당된다.

또한 거일동궁격은 매우 저명한 이족(異族) 성계에 해당한다. 신년생으로 거문화록·태양화권이 되면 더욱 그러하며, 신년생이 아니라도 길화가 있으면 외국과 관계있는 경우가 많다.

• 예14) 1963년 7월 ○일 오시 남명

거문·태양이 인궁에 있으며 삼방사정에서 차성안궁한 태음화과에 녹존, 본궁에 거문화권이 있어 祿·權·科를 모두 보고 있다. 태

孤天天三天地天七紫 辰壽才台空鉞殺微 破天輩旬廟廟旺旺 碎福廉空	天天 官喜	天年鳳龍天 傷解閣池姚	紅大封 艷耗詰
喜歲喪 92~ 39丁 神驛門【田宅】 冠巳	飛息貫 82~91 40戊 廉神索【官祿】 帶午	奏華官 72~81 41己 書蓋符【奴僕】 浴未	將劫小 62~71 42庚 軍煞耗【遷移】 生申
天天鈴文右天天 空貴星昌弼梁機 旺旺廟旺廟	음력 1963년 7월 ○일 오시 남자 命局 : 水 2局 命主 : 祿存 身主 : 天同		天天八破廉 使虛座軍貞 陷平 祿
病攀晦 38丙 符鞍氣【福德】 旺辰			小災歲 52~61 43辛 耗煞破【疾厄】 養酉
天天火天天 哭刑星魁相 平廟陷			恩文左 光曲輔 陷廟
大將太 49乙 耗星歲【父母】 衰卯			青天龍 42~51 44壬 龍煞德【財帛】 胎戌
解陰天巨太 神煞巫門陽 廟旺 權	截寡擎貪武 空宿羊狼曲 廟廟廟 忌	台紅祿太天 輔鸞存陰同 旺廟旺 科	天天陀天 月廚羅府 陷旺
伏亡病 2~11 48甲 兵神符【身命】 病寅	官月弔 12~21 47乙 府煞客【兄弟】 死丑	博咸天 22~31 46甲 士池德【夫妻】 墓子	力指白 32~41 45癸 士背虎【子女】 絶亥

양이 낮에 태어나 주성이 되었는데 삼방에서 보필·창곡·은광·천귀·태보·봉고 등을 보아서 백관조공이 형성되었다. 전형적인 거일동궁격에 해당한다고 하겠다.

외국 여행사의 지사를 운영하고 있는 사람의 명이다.

- 예 15) 1963년 1월 ○일 오시 여명

명·신궁이 신궁(申宮)이면서 정성이 없어 대궁의 거일을 끌어다 쓰는 거일격이다. 예 14)의 거일격과는 상황이 다르다.

5. 격국 209

天破孤天天地天七紫 福碎辰天巫劫空鉞殺微 蜚旬　平閑廟廟平旺旺 廉空	天天 官喜	年鳳龍 解閣池	紅解大封天 艷神耗誥貴
奏歲喪 93～　39丁 書驛門【子女】　病巳	飛息貫　　40戊 廉神索【夫妻】死午	喜華官　　41己 神蓋符【兄弟】墓未	病劫小 3～12 42庚 符煞耗【身命】絶申
天鈴文左天天 空星昌輔梁機 　旺旺廟旺廟	음력 1963년 1월 ○일 오시 여자 命局：木3局 命主：廉貞 身主：天同		天天破廉 虛刑軍貞 　　陷平 　　　祿
將攀晦 83～92 38丙 軍鞍氣【財帛】　衰辰			大災歲 13～22 43辛 耗煞破【父母】　胎酉
天天三火天天 使哭台星魁相 　　平　廟陷			天文右 月曲弼 　陷廟
小將太 73～82 49乙 耗星歲【疾厄】　旺卯			伏天龍 23～32 44壬 兵煞德【福德】　養戌
恩陰巨太 光煞門陽 　　廟旺 　　　權	截寡天天擎貪武 空宿傷姚羊狼曲 　　　廟廟廟 　　　　　忌	台紅祿太天 輔鸞存陰同 　　旺廟旺 　　　　科	天天天八陀天 廚壽才座羅府 　　　　陷旺
青亡病 63～72 48甲 龍神符【遷移】冠寅	力月弔 53～62 47乙 士煞客【奴僕】帶丑	博咸天 43～52 46甲 士池德【官祿】浴子	官指白 33～42 45癸 府背虎【田宅】生亥

　예14)의 거일격은 명궁에만 정성이 있고 삼방에 모두 정성이 없으나, 이 명례는 명궁에는 정성이 없지만 재백궁·관록궁·천이궁에 모두 정성이 있어서 예14)의 거일격보다 인생이 대체로 순조로운 경우가 많았다.
　이 명도 祿·權·科가 비치고 좌보·문창·은광·천귀·태보·봉고 등의 백관조공의 星이 비친다. 대학교 서무과에 근무하는 사람의 명이다.

13) 월랑천문격

『전서』의 「골수부」에서 말하기를 '월랑천문 진작봉후(月朗天門 晉爵封候)'라고 해서 월랑천문격(月朗天門格)이 되면 봉후의 작위를 받는다고 했다. 원주에 보면 "해궁에 태음이 안명하고 삼방에서 길이 비치면 대부대귀하며 길이 비치지 않더라도 잡직(雜織)으로나마 공명함이 있다. 丙·丁생인은 주귀(主貴)하며 壬·癸생인은 주부(主富)한다"라고 나와 있다.

잡직으로나마 공명함이 있다는 것은 돈으로 벼슬을 사는 것으로, 선부후귀를 말한다.

태음은 재성이기 때문에 수명하고 입묘하면 주부하고, 묘궁의 사업궁 양양(陽梁)은 주귀하므로 부귀쌍전의 격국이 되기 쉽다. 태음은 야생인에 이로운데, 만약 해시에 태어나면 문창이 해궁에 수명하고 문곡이 묘궁에서 회조하므로 위인이 총명하고 학업을 이루어 좋은 격이라고 하겠다.

대개 일조뇌문(日照雷門 : 묘궁의 태양)과 월랑천문의 격국은 육살·화기 등 살기성을 삼방에서 보면 파격이 되니 주의해야 한다.

丙생인은 녹존이 천이궁에 있으면서 천동화록을 만나고, 壬생인은 녹존과 태음이 동궁하므로 합격하는데 태음이 녹존과 동회하므로 귀국(貴局)이 된다. 丁생인이라면 태음 본신이 화록이 되고, 癸생인은 태음화과가 되므로 부국(富局)이 된다. 이 둘은 모두 평생 의외의 財를 얻을 수 있다.

야생인은 태음이 주성이므로 보좌성의 조공을 보는 것을 좋아한다. 부귀를 억지로 나누어 인식하지 않는 것이 좋다.

• 예16) 1972년 2월 ○일 진시 여명

天破天天左天 月碎貴鉞輔機 　　旺平平 飛劫小 64~73 30乙 廉煞耗【遷移】　生巳	天天天天封火文紫 福使虛哭誥星昌微 廟陷廟 　　　　　　權 奏災歲 54~63 31丙 書煞破【疾厄】　養午	天大地 壽耗空 　　平 將天龍 44~53 32丁 軍煞德【身財帛】胎未	解蜚天文破 神廉巫曲軍 　　　平陷 小指白 34~43 33戊 耗背虎【子女】　絶申
天龍七 傷池殺 　　旺 喜華官 74~83 29甲 神蓋符【奴僕】　浴辰	음력 1972년 2월 ○일 진시 여자 命局：金4局 命主：巨門 身主：火星		天天右 廚喜弼 　　陷 青咸天 24~33 34己 龍池德【夫妻】　墓酉
恩三紅地天天太 光台鸞劫魁梁陽 平廟廟廟 　　　　　祿 病息貫 84~93 40癸 符神索【官祿】　帶卯			天寡年台鳳天陀天廉 官宿解輔閣刑羅府貞 　　　　　　廟廟旺 　　　　　　　　　科 力月弔 14~23 35庚 士煞客【兄弟】　死戌
旬截孤天天鈴天武 空空辰姚馬星相曲 旺廟廟閑 　　　　　　忌 大歲喪 94~　 39壬 耗驛門【田宅】冠寅	天巨天 空門同 旺陷 伏攀晦　　　 38癸 兵鞍氣【福德】旺丑	紅陰擎貪 艶煞羊狼 陷旺 官將太　　　 37壬 府星歲【父母】衰子	天八祿太 才座存陰 　　廟廟 博亡病 4~13 36辛 士神符【命】　病亥

『전서』의 원주에서 말한 합격자 중 壬년생에 해당한다. 태음이 녹존과 동궁하며 천량화록과 좌보가 비치고 천괴·천월·삼태·팔좌 등의 보좌 제성이 비친다.

현재 학원을 운영하고 있다.

14) 영창타무격

영창타무격(鈴昌陀武格)에 대해서 『전서』의 「골수부」에서는 '영창라무 한지투하(鈴昌羅武 限至投河)'라고 해서 영성·문창·타라·무곡이 만나면 그 운에는 물에 빠진다고 했다. 원주에서는 "이 네 별이 진술궁에서 교회하고 辛·壬·己년생으로 대·소한에서 진술궁에 이르면 정히 수액(水厄)을 만나고, 악살이 가해지면 반드시 밖에서 죽으며, 네 별이 진술궁에 좌명해도 역시 그렇다"고 했다.

영창라무(鈴昌羅武 : 흔히 영창타무라고 부른다)는 두수에서 아주 중요한 성계다. 무곡이 진술궁에서 독좌하고 대궁에는 탐랑이 독좌하는데, 辛년생이면 타라가 신궁(申宮)에 있어 진궁의 무곡을 만난다. 이때 만약 문창까지 만난다면 문창은 반드시 화기가 되고, 진궁의 대한에 이르렀을 때 그 간지는 임진이 되므로 무곡이 또 화기가 된다. 게다가 타라·영성의 두 살성이 더해지므로 불길하다. 무곡은 종종 수험(水險 : 물에 빠지거나 하는 사고)을 主하므로 이 운에 이르면 주로 투하(投河)하게 된다.

만약 壬년생이라면 무곡은 이미 화기가 되고 타라는 술궁에 있어 불량한 구조가 된다. 己년생은 타라를 보지 않으므로 원주가 잘못된 것이다. 乙년생으로 고쳐야 한다. 이때 타라가 인궁에 있어 술궁의 무곡을 보며 술궁에 대한이 이르면 그 간지는 병술이 되므로, 염정화기에 천상이 오궁에서 동궁하여 비치고 대한의 유양(流羊)·유타(流陀)에 원국의 영타까지 비치므로 불량한 성계가 구성된다.

己년생인 경우 비록 영창타무격이 이루어지지 않는다 해도 문곡과 무곡이 쌍화기를 만나기 쉽기 때문에 조심해야 한다.

영창타무는 좌절을 主할 뿐 반드시 수액을 당하는 것은 아니다. 영창타무는 흔히 자기가 잘못해서 좌절을 당하는 의미가 강하다.

• 예 17) 1952년 5월 ○일 자시 남명

孤天三天天天天 辰空台巫喜姚鉞機 　　　　　　旺平 飛劫晦　　　　50乙 廉煞氣【兄弟】　絶巳	旬蜚天年台鳳恩陰右紫 空廉福解輔閣光煞弼微 　　　　　　　旺廟 　　　　　　　　權 喜災喪 2～11 51丙 神煞門【身命】 胎午	天 月 病天貫 12～21 52丁 符煞索【父母】 養未	龍左破 池輔軍 　平陷 大指官 22～31 53戊 耗背符【福德】 生申
文七 曲殺 廟旺 奏華太　　　　49甲 書蓋歲【夫妻】　墓辰	음력 1952년 5월 ○일 자시 남자 命局：水2局 命主：破軍 身主：文昌		天八 廚座 伏咸小 32～41 54己 兵池耗【田宅】　浴酉
天天太 魁梁陽 廟廟廟 　　祿 將息病 92～　60癸 軍神符【子女】 死卯			天天天天鈴陀文天廉 官壽才虛星羅昌府貞 　　　　廟陷廟廟旺 　　　　　　　　科 官月歲 42～51 55庚 府煞破【官祿】 帶戌
截天封天火天武 空哭誥馬星相曲 　　　旺廟廟閑 　　　　　　忌 小歲弔 82～91 59壬 耗驛客【財帛】 病寅	破寡天天巨天 碎宿使刑門同 　　　　旺陷 青攀天 72～81 58癸 龍鞍德【疾厄】　衰丑	紅解天擎貪 艶神貴羊狼 　　　陷旺 力將白 62～71 57壬 士星虎【遷移】 旺子	天大紅祿地地太 傷耗鸞存劫空陰 　　　廟旺陷廟 博亡龍 52～61 56辛 士神德【奴僕】 冠亥

명궁은 오궁으로 자미가 있다.

경술대한(42~51세)에 이르면 염정·천부에 영성·타라·문창이 동궁하고 대한의 관록궁(선천의 재백궁)에 무곡화기가 있어 전형적인 영창타무격이 형성된다.

1998년 무인년에 경영하던 건축업이 부도나서 망했다.

15) 명무정요격

명무정요격(命無正曜格)이란 명궁에 정성이 없는 것을 말한다. 엄밀한 의미에서는 격이라고 할 수 없고, 별이 배치되는 과정에서 생기는 하나의 형태를 지칭하는 것이다. 그러나 선천명이나 운의 상황을 추론할 때 항상 고려해야 하고 격국이 이루어진 것과 비견할 정도로 중요한 문제이므로 격국편에 넣어서 강조하려고 한다.

『전서』에는 '명무정요 고요빈(命無正曜 孤夭貧)'이라고 해서 명궁에 정성이 없으면 고독하고 요절하고 가난하다고 했다. 궁(집)에 별(주인)이 없으면 도둑맞기도 쉽고 집도 성하지 못하게 된다는 말이다.

명궁에 정성이 없는 것은 집에 주인이 없는 것과 같다. 이때는 항상 대궁에 있는 정성을 끌어다 쓰게 된다. 이 상황은 주인이 출장 간(정성이 천이궁에 있으니까!) 것과 같으므로 이 집(명궁 또는 십이 사항궁)은 털릴 소지가 있다. 따라서 『전서』에서 '고요빈(孤夭貧)'이라고 한 표현은 심하기는 하지만 전혀 근거가 없는 것은 아니다.

주인이 곧 돌아온다지만 주인이 없을 때 무슨 일이 생긴다면 그 일을 어떻게 수습하겠는가? 그래서 일단 명궁에 정성이 없으면 무력한 것과 같아서 이런 명이나 대소한·유년은 도전적이거나 개창적인 일을 하기 어렵고, 재주가 빼어날지라도 환경에 순응하거나 환경의 지배 속에서 그 시기를 보내게 되기 쉽다.

명궁에 정성이 없으면 천이궁에서 차성안궁해야 하는데, 그 상황에 따라 많은 차이와 변수가 있다. 먼저 밖에 나가 있는 주인이 건강한지, 약한지, 병들었는지, 억류된 상태인지, 좋은 친구나 조력자와 같이 있는지에 따라 달라진다. (이것은 천이궁에 있는 정성이 묘왕지에 있느냐 함지에 있느냐, 살과 동궁하고 있느냐 길과 동궁하고 있느냐의 문제를 말한다.)

　또 주인은 밖에서 문제가 없지만 집 안(명궁)에서 도둑(살성)이 주인노릇을 하고 있는지 아니면 친구나 좋은 사람(길한 보좌성이나 잡성)이 주인노릇을 하고 있는지도 문제가 될 수 있다. (정성이 없는 명궁에 살성이 동궁하고 있느냐 길성이 동궁하고 있느냐의 문제를 말한다.)

　명궁과 대궁은 아무런 문제가 없지만 삼방(재백궁·관록궁)에서 나쁜 사람이 있어 빈집을 노리고 있는지, 아니면 그와 반대로 좋은 사람이 도와주려고 기다리고 있는지도 살펴야 한다. (명궁과 천이궁은 깨끗하고 문제가 없지만 재백궁과 관록궁에 살이 동궁하는지 길이 동궁하는지의 문제를 말한다.)

　명무정요격이 되면 이러한 여러 가지 경우의 수를 잘 살펴 격의 고저와 길흉의 차이를 따져야 하기 때문에, 무조건 명무정요격이면 고요빈이라고 읊기는 곤란하다.

　명무정요격의 힘의 강약을 악살이 있을 때의 상황을 예로 정리해보면, 명궁에 있는 것이 가장 영향력이 크고 그 다음으로는 대궁, 삼방의 순이다. 길성에 대한 영향력도 이런 식으로 따져야 한다. 따라서 명궁에 정성이 없더라도 신중하게 판단해야 한다.

　가령 명궁과 삼방사정에 정성이 있지만 모두 살의 침습을 당하고 있는 경우와, 비록 명궁에는 정성이 없지만 비어 있는 궁에 길성이 있고 대궁의 정성이 묘왕지에 있으며 길성이 동궁하고 삼방사정이 깨끗한 경우를 비교해본다면, 전자보다 후자가 좋다. 정성이 없는 이유만으로 후자가 전자보다 못하다고 할 수는 없는 것이다.

　명궁에 정성이 없을 때의 관점은 명을 보거나 운을 추론할 때 아주 중요하므로 명심하고 있어야 한다. 명궁에 정성이 없을 때의 중요한 징험은 명격의 문제뿐만 아니라 육친에 관한 문제로도 나타난다. 즉 서모 소생이 된다든지, 어머니를 따라 성을 바꾼다든지, 데릴사위로 들어간다든지, 첩의 소생이 된다든지 하는 것이다.

16) 노상매시격

『전서』의 「태미부」에 '칠살염정동위 노상매시(七殺廉貞同位 路上埋屍 : 칠살이 염정과 동궁하면 노상매시)'라고 해서 길바닥에 시체를 묻는다는 무시무시한 격이 있다. 현대인은 여행을 많이 하기 때문에 노상매시격(路上埋屍格)은 교통사고로도 해석할 수 있으므로 주의 깊게 봐야 한다. 칠살·염정 성계는 축미궁에서 동궁할 가능성이 있다. 길하면 웅숙건원격이 되고 흉하면 星의 성질이 오만하고 횡포해져서 좌절이 생기기 쉽다.

「태미부」에서 말하는 노상매시란 이향(離鄕)에서 객사하는 것을 통칭한 것이다. 옛사람들이 이향에서 가난과 병으로 쫓기다가 객사한 것은 오늘날과 같이 통신수단이 발달하지 못해 쉽게 도움을 얻지 못했기 때문이다.

만약 혈광지재·교통사고 등으로 말한다면 칠살과 염정이 반드시 동궁하지 않아도 된다. 명궁·천이궁·질액궁에서 칠살을 보고 삼방에서 염정을 보면서 형살기성(刑煞忌星)을 보면 더욱 조심해야 한다. 때로는 부인이 출산하거나 수술할 수 있다. 칠살은 맹장염을 主한다.

자미칠살·무곡탐랑·염정파군 삼조의 星은 명반에서 서로 만나는데 만일 무곡·염정이 모두 화기(化忌)가 되면 피를 보는 의미는 더욱 중해진다. 따라서 이 星을 추단할 때 객사이향과 교통사고는 별개라는 것을 알아야 한다.

6. 이것이 궁금합니다

1) 자미에서 윤달을 보는 방법

명리에서는 주요 논쟁이 되는 것이 자미에서는 그다지 문제가 되지 않고, 자미에서는 문제가 되는 것이 명리에서는 문제가 안 되는 경우가 있다. 예를 들어 명리에서는 자시를 두고 조자시니 야자시니 논쟁이 그치지 않지만, 자미에서는 이것이 논쟁거리가 되지 않는다. 반면에 절기를 기준으로 월을 나누는 명리에서는 윤달이 전혀 문제가 되지 않지만, 자미는 태음력을 사용하기 때문에 윤달이 아킬레스건이 된다.

예를 들어 1998년 무인년은 5월에 윤달이 있다. 그냥 음력 5월생이야 문제가 없지만 윤 5월에 태어난 사람은 어떻게 봐야 하는지 의문이 생기게 된다.

이 윤달을 보는 방법에는 몇 가지가 있다.

①15일을 기준으로 달을 나눈다. 가령 윤 5월 1일에서 15일까지는 5월로, 윤 5월 16일에서 30일까지는 다음달인 6월로 본다는 것이다. 이것이 전통적으로 알려진 방법이다.

②윤달을 그 다음달로 본다. 윤 5월을 6월로 본다는 것이다.

③날짜를 모두 합해서 따진다. 가령 윤 5월 18일이라면 5월의 30일과 윤달의 18일을 합하여 48일로 보고 명반을 작성한다.

④명리처럼 절기를 채용하여 명반을 작성한다. 이 방법으로 하면 윤달문제로 고민할 필요가 없다.

⑤명반을 두 개 작성하여 비교해서 본다. 즉 윤 5월이라면 5월 명반과 6월 명반을 작성하여 맞는 것으로 본다는 것이다. 말은 그럴 듯하지만 이론이라고 할 수 없는, 순전히 자의적인 방법이다.

우리 나라에서는 ③번 방식으로 윤달을 보는 경우가 많다. 이 방법은 대만의 한학 거사의 이론으로 대만이나 홍콩에서는 그다지 채용하고 있지 않다.

전통적이고 대중적인 이론은 『자미두수전서』에 근거한 ①번 방식이다. 필자도 이 방법을 쓰고 있다. 원서에 있는 내용이기 때문이 아니라 이 방법으로 명반을 작성하는 것이 임상경험상 가장 타당했다.

2) 자미두수도 여러 가지?

자미두수의 맥은 크게 북파(北派)와 남파(南派), 두 가지로 나눌 수 있다. 중국의 문명 또는 문화가 장강을 분계선으로 강북과 강남의 두 가지 색깔을 띠듯이 두수도 마찬가지다. 대만에서 유행하고 있는 자미두수 역시 북파와 남파로 나눌 수 있다. 점험파(占驗派)니 하락파(河落派)니 투파(透派)니 하는 것은 모두 요즘말로 하면 벤처파라고 할 수 있다.

정통 자미두수의 맥을 이은 홍콩의 중주파는 남파에 속한다. 그 밖에 대만에서 활동하고 있는 유명한 두수가들, 즉 자운·요무·혜심제주·진혜명·혜경·오동초·진계전·반자어 등도 모두 남파 계열의 학자들이다.

남파 계열은 星의 성정(性情)에 대해 아주 자세하다는 특징이 있다. 남파는 삼방사정을 위주로 별들의 공조나 충조 등을 살펴 길흉을 판단하고 태세신살로 유년의 길흉을 논한다. 그리고 星을 중요시하므로 명운을 판단할 때 쓰는 별이 100개가 넘는다.

북파는 십사정성과 육길성·육살성·천형·천요의 스물다섯 개의 별을 사용하면서 주로 사화(四化) 비성(飛星)으로 일생의 길흉을 판단한다.

소위 비성사화(飛星四化)라고 해서 사화를 매우 복잡하게 쓰는 파는 대부분 북파 계열에 속한다고 해도 과언이 아니다.

대만의 방외인(方外人)·우완야농(迂頑埜農)·능일 거사(凌逸居士)·두성 거사(斗星居士 : 輔弼居士라는 필명으로도 쓴다) 등이 북파 계열의 학자들이다. 기타 다른 파들은 모두 이 두 파의 지류 또는 아류에 해당한다.

북파는 남파처럼 星을 치밀하게 쓰지 않고 사화로만 모든 사정을 판단하므로 이론 자체가 이언령비언령인 경우가 많다. 그래서 북파 계열의 책은 몇십 년을 공부해도 여전히 오리무중 상태에서 헤어나지 못한다.

대만이나 홍콩에서는 남파가 우세하다. 가장 정통적인 자미두수 이론을 전개하는 중주파도 남파 계열이며, 필자 역시 엄밀한 의미에서는 남파 계열이라고 하겠다.

3) 『심곡비결』에 대하여

한국에서 자미두수를 조금이라도 배운 사람이라면 『심곡비결(深谷秘訣)』이라는 책을 알고 있을 것이다. 자미두수 책이라는데 '비결(秘訣)'이라는 이름이 붙어 있으므로 뭔가 특별한 비결이 있지 않을까 기대되는 책이다. 그러나 『심곡비결』은 아직 번역이 되지 않았을 뿐만 아니라 분량도 다섯 권으로 방대하고 책을 구하기도 쉽지 않아 더욱 신비한 채 남아 있다.

『심곡비결』은 조선 선조 때 대사간을 지낸 김치 선생이 쓴 책이기 때문에 일반적으로 한국적인 자미두수라고 알려져 있으나, 실은 김치 선생도 중국에 가서 배운 것이다. 그러니 특별히 한국적이랄 것은 없다. 필자도 처음에는 어떤 특별한 비결을 기대하며 열심히 공부했다. 그러나 자미두수를 깊이 연구하고 다섯 권의 번역을 모두 끝내고 나자 이 책에 대한 바른 판단을 할 수 있었다.

결론은 『심곡비결』에 대해서 가지고 있는 기존의 엄청난 기대는 환상이라는 것이다. 『심곡비결』을 다 외운다고 해도 운을 추론할 수는 없다. 『심곡비결』의 독특한 점은 지금은 실전(失傳)되었다고 할 수 있는 자미두수에서의 오행의 생극제화에 관한 내용이 아주 자세하게 기록되어 있다는 것이다. 그리고 『자미두수전서』에 나온 내용들이 많다.

그러나 자미두수에서의 오행의 생극제화는 난해한 부분이 많아서 응용이 매우 어렵다. 『심곡비결』 뒷부분에는 명례를 분석하는 부분이 많은데, 그 내용이 전체적이라기보다는 지엽적인 데 치우치고 있어서 공부에 크게 도움이 되지 않는다.

결론적으로 필자의 개인적인 생각으로는 『심곡비결』에 크게 매달리지 말 것을 권하고 싶다.

4) 자미두수는 별이 많다?

자미두수를 막 배우려고 하는 사람들로부터 가장 많이 듣는 소리가 별이 너무 많고 복잡하다는 것이다. 별만 100개가 넘으니 그런 말이 나올 법도 하다. 그래서인지 자미두수를 한다는 사람 가운데는 십사정성·육길성·육살성·천형·천요·녹마·사화의 30~40개 남짓한 별만 배치해놓고 보는 경우가 많다.

이러한 분위기는 우리나라뿐만 아니라 대만에서도 마찬가지여서, 가장 대중적인 두수명가 중 한 사람인 자운 선생이나 요무 거사도 30~40개 수준으로 배치해놓고 논명을 하고 있다.

그러나 이렇게 자미두수를 보면 적중률이 형편없어진다. 그저 성격 정도나 맞추고 운이 좋네, 나쁘네 할 정도지 세밀하게 접근할 수 없다. 실제로 운을 추론하다 보면 잡성의 중요함을 뼈저리게 느낄 때가 한두 번이 아니다. 가령 사망에는 반드시 상문·백호·조객 등이 관계되고, 질병에는 반드시 천월·병부·홍란 등이 관계되며, 관재에는 관부·관색 등이 관계된다.

결론은 반드시 잡성을 살펴야 한다는 것이다. 컴퓨터가 복잡하다고 해서 큰 부속만 남겨두고 작은 부속은 다 빼버린다면 어떻게 되겠는가? 복잡하지만 요령을 안다면 별이 많더라도 그다지 문제가 없다.

5) 형제궁이나 부모궁에서 대한이 시작된다는 말의 진위는?

자미두수의 고전 『자미두수전서』의 「안대한결(安大限訣)」에 보면 "양남음녀는 명궁 전 1궁 즉 부모궁에서 대한을 일으키고, 음남양녀는 명궁 후 1궁 즉 형제궁에서 대한을 일으킨다"고 되어 있다.

그런데『자미두수전서』의 모본(母本)이 되는『자미두수전집』의 대한을 정하는 결에 보면, "대한은 국수(局數, 즉 오행국)의 숫자로 일으키는데 양남음녀는 순행하고 음남양녀는 역행한다"고 했으며, 그 원주(原註)에는 분명히 '구이명궁위주(俱以命宮爲主)'라고 되어 있다. 즉『전서』에서처럼 부모궁이니 형제궁이니 하는 데서 대한이 시작하는 것이 아니라 모두 명궁을 위주로 한다는 것이다.

어느 책이 맞을까?

이처럼 원서의 내용이 각기 다르기 때문에 혼자서 자미두수를 공부하다 보면 방향을 엉뚱하게 잡기 쉽다. 그 결과 명궁이 아닌 부모궁과 형제궁에서 대한을 일으킨다고 주장하는 사람이 나타나기도 한다.

그러나 대만과 홍콩에서는 거의 모든 학자들이『전집』의 말처럼 명궁을 위주로 대한을 일으키며 필자도 역시 명궁에서 일으킨다. 그리고 무엇보다 중요한 것은 대한을 부모궁이나 형제궁에서 일으키면 맞지 않는다는 점이다.

그렇다면 왜 원서에 틀리게 기록되어 있을까? 그것은 참으로 어이없는 이유 때문이다. 간단히 말해서 자미두수는 그 무서운 적중률 때문에 민간에게 유포되지 않고 왕실에서만 전해내려오던 학문이었다. 그런데 어느 대에선가 그 직책을 맡은 이가 궁궐에서 도망을 쳐 민간으로 숨게 되었다. 그러자 자미두수가 민간에 퍼지게 될 위험이 있다 하여 왕실에서 오늘날 위조지폐를 유통시키듯 진짜 같은 가짜를 민간에 퍼트리게 되었다.

이러한 이유로 자미의 진면목이 빠지거나 왜곡된 채로『자미두수전집』이나『전서』가 유통되었는데, 이것이 오늘날 우리가 보고 있는 자미두수의 원서들이다. 그래서 홍콩의 왕정지는『자미두수전

6. 이것이 궁금합니다 223

서』의 내용은 70퍼센트만 진짜고 30퍼센트는 가짜라고 주장한다. 실제로 『자미두수전서』나 『전집』에는 앞과 뒤의 내용이 다르거나 모호하게 말을 흐리고, 본말을 뒤집어서 표현한 부분이 많다.

이 30퍼센트의 가짜에 해당하는 대표적인 부분이 바로 대한을 일으키는 방법이다. 모든 추명학의 핵심은 운인데, 운을 추론하는 근본인 대한을 조작해놓으면 자미두수는 엉터리라는 말이 나오게 되지 않겠는가? 대한이 틀리면 운은 하나도 맞지 않게 되니 그런 말이 나오는 것은 당연하다. 그래서 일반인들 사이에서 자미두수는 잘 맞지 않는 학문이라는 소문이 돌게 되어 자미두수의 진면목이 좀처럼 드러날 수 없었던 것이다.

이런 이유 때문에 명리와 다르게 자미두수의 원서는 『전서』와 『전집』 외에는 없게 되었다.

6) 유년과 소한 중 어느것을 쓰나?

1년운을 보는 방법에는 두 가지가 있다. 하나는 유년(流年)이고 하나는 소한(小限)이다.

유년은 올해가 임오년이라면 오궁이 유년이 되고 신사년이라면 사궁이 유년궁이 된다. 경진년이라면 경간(庚干)으로 사화를 쓰고 신사년이라면 신간(辛干)으로 사화를 쓴다.

소한은 인오술년생은 진궁에서, 신자진년생은 술궁에서, 사유축년생은 미궁에서, 해묘미년생은 축궁에서 1세가 시작하는데, 남자는 양남·음남에 관계없이 무조건 순행하고 여자는 양녀·음녀에 관계없이 무조건 역행한다. 가령 인오술년에 태어난 남자의 경우 진궁이 1세, 사궁이 2세, 오궁이 3세…… 가 되어 12년마다 한 번씩 제자리로 돌아온다. 즉 1, 13, 25, 37세가 모두 진궁이다. 여자는 반대가 된다.

　소한을 쓸 경우에는 유년처럼 매유년마다 바뀌는 천간으로 사화를 돌리는 것이 아니라 고정된 선천 궁간으로 사화를 쓴다. 그 결과 경진유년이라고 할 때 똑같은 경진년은 60년에 한 번 오지만 소한은 12년에 한 번씩 천간이 중복된다.

　예를 들어 설명해보겠다. 경술년생의 경우, 인오술년생은 진궁이 1세이므로 진궁이 1세가 된다. 그런데 진궁은 월두법에 의해서 무인·기묘·경진이 되어 진궁의 천간은 庚이 된다. 그래서 1세의 소한은 경간(庚干)으로 사화를 쓰게 되는데 13세, 25세, 37세, 49세에도 모두 경간을 쓴다. 유년은 60년마다 같은 천간이 되는데 비해서 소한은 12년에 한 번씩 같은 궁간을 쓰는 것이다.

　소한에는 이것 외에 또 문제가 있다. 자미두수의 명반은 어떤 사람이든 자미자궁에서 자미해궁까지 열두 가지의 명반 중 하나에 해당된다. 열두 사람 중 한 사람은 명반의 기본적인 조합이 같을 수 있다는 소리다. 물론 명궁이야 다르겠지만 기본적인 별의 조합이 같을 확률이 12분의 1이 된다.

　그런데 소한은 십이지지 중 삼합을 기준으로 정하니 네 명 중 한 명은 소한이 같게 된다. 그렇다면 결국 12 곱하기 4 해서 48명 중에 한 명은 별의 조합과 소한이 같게 된다. 물론 육길성·육살성·잡성까지 고려한다면 이렇게 되지는 않겠지만 뭉뚱그려 말하자면 그렇다는 것이다. 좀 엉성하지 않은가!

　이처럼 소한은 중복성과 단순성 때문에 실제 추명에서 적중률이 현저히 떨어지게 되어 유년으로 판단하는 것만 못하므로, 대만이나 홍콩 모두 유년으로 운을 추론하는 것이 주류를 이루고 있다. 필자가 기준으로 삼는 중주파에서도 소한을 전혀 쓰지 않는 것은 아니지만, 특별한 경우 외에는 유년을 기준으로 소한을 써보면 사건이 발생하는 시기가 1~2년의 차이가 난다고 한다.

유년은 중첩될 확률이 적을 뿐만 아니라 설사 60년 만에 같은 유년이 왔다 해도 대한이 다르기 때문에 소한처럼 12년에 한 번씩 똑같은 상황이 오게 되지는 않는다. 소한과 유년 중 어느것이 더 논리적이며 운 추론에서 적중률이나 세밀함이 있을지는 독자들의 판단에 맡기겠다.

7) 오행의 생극제화 문제

자미두수에서 오행의 생극제화 부분에 대해서는 이론이 많다. 대만의 경우에도 자운 선생은 철저하게 오행의 생극제화를 응용하나 요무 거사는 무시하며 홍콩의 중주파 역시 생극제화를 쓰지 않는다. 물론 기본적인 오행의 개념은 모든 역학의 바탕이 되므로 오행의 생극제화를 전혀 쓰지 않는 것은 아니지만, 그렇다고 모든 것을 그것으로 해결하지는 않는다는 것이다.

결론부터 말하자면 자미두수에서는 오행의 생극제화를 '적당히' 응용한다. 중주파의 경우 오행의 생극제화를 응용하는 부분은 질액궁을 추단할 때뿐이고, 나머지 부분에서는 그다지 응용하거나 쓰지 않는다.

이 책 가운데 필자는 오행에 대한 이야기를 많이 하고 오행의 생극제화를 응용하는 듯한 내용을 언급했지만, 그것은 星에 대한 이해를 돕고 쉽게 설명하기 위해서일 뿐 모든 부분을 오행의 생극제화로 설명하지는 않았다. 星의 설명에 오행을 빌려 이해가 쉬울 경우에만 응용했다는 말이다.

자미두수를 공부하다 보면 오행의 생극제화와 맞아떨어지는 부분도 있고 그렇지 않은 부분도 있어서, 특히 『심곡비결』을 가지고 공부하는 분들은 많은 모순에 봉착하게 된다.
예를 들어 설명하겠다. 자미두수에서 흔히 이야기하는 오행의 생극제화는 다음과 같다.

①宮과 星의 상생 상극
②星과 星의 상생 상극
③宮과 局의 상생 상극
④星과 局의 상생 상극

대만의 두수가인 혜경(慧耕)은 이것에 대해 여러 가지 반론을 제기한다.

파군·거문·태음·천동의 똑같은 수성(水星)이 오궁에 좌명한다고 할 때, 오궁은 火宮으로 수화상극이 된다. 그런데 왜 파군이 오궁에 있으면 '가관진작(加官進爵 : 관에서 승진하고 벼슬이 더해짐)'하고 거문이 오궁에 있으면 '석중은옥격'이 되는데, 천동과 태음이 오궁에 있으면 낙함으로 보는가? 그 이유가 파군과 거문이 오궁에 있을 때는 수화기제가 되기 때문이라면, 왜 천동과 태음은 수화기제가 되지 않는가?

그래서 宮과 星의 생극제화는 이치에 맞지 않는다.
星과 星의 상생 상극에 대해서도 다음과 같은 반론을 제기한다.

천괴·천월은 귀인성으로서 길성에 속하지만 오행이 火다. 신년생의 경우 오궁과 인궁으로 괴월이 들어가는데 파군·거문·태음·천동의 네 星이 괴월을 만나면 수화상극이 형성된다. 그렇다면 이 네 星은 괴월을 싫어한다는 말인가? 또 토성(土星)인 좌보가 위의 네 개의 수성(水星)을 만나면 토극수하는데 그러면 좌보의 조력은 정성에게 방해가 되는가?

宮과 局, 星과 局의 상생 상극에 대해서도 반론을 제기할 수 있지만 지면관계상 생략하기로 한다.

혜경의 반론은 매우 타당성이 있어서, 오행의 생극제화로 자미를 맞추려고 하면 기상천외한 논리가 동원되고 이언령비언령이 될 수 밖에 없다. 특히 우리나라에는 『심곡비결』로 자미를 공부하는 분들이 많아 오행의 생극제화로 자미를 이해하려고 하는 경향이 있는데, 오행의 논리로 자미를 이해하려고 하면 끝없는 미궁에 빠지게 된다.

결론은 자미는 星이 중심이 되는 학문이므로 星간의 교호(交互) 관계를 살피는 것이 생극제화를 따지는 것보다 훨씬 직접적이고 합리적이라고 하겠다.

7. 논명개념과 방법
논명요결(論命要訣)

 원서인 『자미두수전서』를 비롯하여 많은 학자들의 책을 읽어보면 운 추론에 관한 이론이 매우 적은 것을 볼 수 있다. 국내외를 막론하고 자미두수 책들에는 대체로 星이나 격국에 대한 설명은 많으나 운 추론에 관해서는 원론적인 내용만 언급하고 있다.
 물론 중주파 자미두수에서는 구체적인 추단비결을 소개하고 있지만 책값이 비쌀 뿐 아니라 일반인들이 응용하기에는 어려운 면이 없지 않다. 그래서 이 장에서는 기본적으로 알아야 할 개념들을 짚어보기로 하겠다.
 '1) 자미두수 논명의 개념과 요령'에서 '12) 성정의 격국'까지는 대만의 진계전이 쓴 『자미두수논명상비』에서 인용했다. 진계전은 풍수를 전공하고 자미와 명리에 두루 달통한 학자로서, 그의 학문적인 자세는 본받을 만한 부분이 상당히 많다. 진계전의 열두 가지 논명관점은 운을 추론할 때 놓쳐서는 안 될 만큼 중요한 내용이다.

진계전의 관점과 저자의 관점이 상이한 경우에는 '▶'로 필자의 견해를 덧붙였다.

1) 자미두수 논명의 개념과 요령

자미두수는 星의 특성을 이해하는 것이 가장 중요하다. 예를 들어 살파랑 격국은 개창성이라는 특징이 있어서 살파랑 운에서 좋은 격국을 만나면 반드시 발전한다. 유년이 해궁에 천동인 경우, 천동이 해궁에서는 묘왕지나 유년에서는 묘왕지의 천동을 만나더라도 천동이 해궁에 있으면 방탕한 운이 되어 크나큰 발전을 하리라고 단정할 수 없다. 또한 천동·태음이 자궁에서 동궁하면 사업궁과 그 궁의 조합이 격을 이루었다고 논할 수 있기 때문에 비교적 좋지만, 그렇지 않으면 이러한 명반 본신의 발전은 아주 크다고 할 수 없다.

따라서 논단할 때에는 宮의 묘왕지나 함지, 星의 성격 등을 반드시 고려해야 한다.

명격에서 태양이 낙함한 경우 비교적 야간에 하는 직업, 즉 저녁에 출근하거나 밤늦게까지 일하는 직업에 종사하게 된다. 학교에 다닐 시기에 이러한 운을 만나면 저녁에 일을 하거나 야간학교에 다니는 등 밤낮으로 고생하게 되는 경우가 많다.

이처럼 자미두수에서는 별의 뜻을 상징으로 추산할 수 있는데, 할 수 있는 데까지 최대로 발휘하고 이용하면 어떠한 命이든 비교적 세세히 추단할 수 있다.

자미두수에서는 절기를 사용하지 않는다. 그런데도 당년 정월 입춘이 지난 후에야 비로소 그 해의 천간으로 사화를 돌리는 사람이 있는데, 이것은 두수이론에 맞지 않는다. 절기 이론은 태양력의 이론에 속하기 때문이다.

명반을 작성할 때 하루의 시작은 전날 저녁 11시 이후가 된다. 따라서 1월 20일의 야자시(밤 11시에서 12시까지)생을 1월 20일 자시로 논하는 것은 잘못된 것이다. 팔자 논명에서는 자시를 야자시, 조자시로 나누어 야자시는 전날로, 조자시는 다음날로 보므로 1월 20일의 조자시는 그 다음날이 되나, 두수에서는 그렇지 않다. 밤 11시 이후는 무조건 다음날이므로 1월 21일 자시로 명반을 작성해야 정확하다.

자미두수에서는 星의 조합 문제를 매우 중시하는데, 그 이유는 무엇일까?

예를 들어 살펴보자. 거문이나 염정화기가 천형을 만나면 관재소송이 일어나기 쉽다. 즉 명반에 거문화기가 함지에 떨어지고 천형과 동궁하면, 일생의 운의 과정에서 반드시 시비·관재·소송의 일을 만나게 된다고 단정할 수 있다. 이때 고려해야 할 것은 시점인데, 대한에서는 만나지 않고 유년에서만 만났을 경우 관재소송은 오래 끌지 않으나, 대한에서 만나면 일정기간 동안 계속 이어질 가능성이 있다.

어떤 명반에 거문이 오궁에 있고 유궁에서 무곡·칠살이 경양을 만나 '인재지도(因財持刀 : 돈 때문에 칼을 든다)' 격국을 보면, 행운이 유궁에 이르렀을 때 인재지도격이 형성되며 삼방에서 다시 천형을 만나면 관재소송이 발생한다. 그 결과 이 대한에서는 거의 매 유년마다 돈을 모두 관재소송에 쓴다. 그래서 두수 명반에서 星의 조합문제를 계속 강조하는 것이다.

명반의 주인공이 풍류가인가를 알려면 일반적으로 명·신궁이나 복덕궁에 도화성이 있는가를 살피면 된다. 주로 그것만으로도 도화가 있거나 사람 자체가 풍류적이라고 단정할 수 있다.

그런데 명반에는 도화성이 없는데도 일생 동안 감정이 복잡하고 심지어 실질적으로 도화를 많이 보는 경우는 무엇 때문일까? 이것은 원명반의 星의 조합 때문이다.

묘궁의 자미·탐랑, 해자궁의 탐랑이 이 경우에 해당된다. 여기에 홍란·천희·함지를 보면 그 도화의 속성이 드러나는데, 본명에 이러한 星이 없더라도 대한이나 유년에서 이런 조합이 구성되면 이 명반의 본질과 특성이 드러나게 된다.

또 만약 어떤 명반에서 학력과 관계있는 문성(文星)이 충파를 당하고 있다면, 삼방에서 보지 않더라도 학력이 높지 않다든가 책을 많이 보지 않았다고 할 수 있다. 이러한 것들은 명반을 볼 때 반드시 유의해야 하는 점이다.

자미두수가 명반의 조합을 중시한다는 것은 아무리 강조해도 부족하다. 이러한 명반의 조합을 삼방사정에서 보지 않더라도 위와 같이 판단해야 한다.

그렇다면 자미두수에서 말하는 삼방사정은 어떻게 해석해야 하는가? 일반적으로 명궁·천이궁·재백궁·관록궁을 삼방사정이라고 하는데, 이 부분은 논의의 여지가 많다. 천이궁·재백궁·관록궁을 삼방이라고 하는 것은 대체로 의견이 일치하나 사정은 다르다.

인신사해생의 명궁이 인신사해에 있을 때 이것을 사정의 宮이라고 하는데, 일생에 미치는 영향이 삼방에 비해 더 중요하다. 가령 계사년생인 사람의 명궁이 해궁이라면, 그 사람의 인신사해 네 개 궁은 본명의 삼방의 영향보다 더 크다고 할 수 있다.

이러한 관점은 아주 중요하다. 예를 들어 명궁이 축궁인 축년생이 살파랑과 같은 고극의 星을 보면서 부처궁에서 도화성을 많이 보면 감정이 비교적 복잡하게 된다. 살파랑 중에서도 탐랑·파군이 각각 명·신궁에 나뉘어 있는 경우에는 특히 감정이 낭탕(浪蕩)하다고 하는데, 만약 부처궁이 염정·탐랑이 묘왕지에 있는 조합이 되면 사정인 진술축미궁의 영향력은 매우 크다고 하겠다.

만일 이때 진술축미궁에서 고진·과숙과 약간의 형극의 星을 보면 사정의 문제를 더욱 고려해보아야 한다. 즉 본신이 도화 상황이 되어도 그것이 결코 분명하게 나타나지 않을 뿐만 아니라 일생 동안 이러한 문제에서 벗어나게 되고, 심지어 종교 방면과도 관계가 있게 된다.

만일 자오묘유생이면서 명궁이 자오묘유에 있으면 자오묘유궁은 명반의 삼방보다 더 중요하다. 이러한 정형이 아니라면, 예를 들어 인신사해생이 자오묘유에 안명했다면 이때는 삼방이 사정보다 중요하다. 이것이 삼방사정의 용법이다.

승직·발탁·고시 운을 볼 때는 과성·괴월 모두 관계가 있는데, 과성·괴월을 만나면 본신의 星의 조합이 나빠도 유명해진다. 전택궁의 星이 좋으면 크고 작은 부동산 투자와 투기 매매가 가능하다. 실제로 임상을 하다 보면 부동산에 투자를 많이 하고 부동산 매매를 경영하는 사람들은 모두 전택궁이 아주 좋다. 어떤 명반이 장사를 하면 좋은가? 명·신궁에 재성을 많이 보고 재백궁의 조합이 좋은 경우이다. 이런 것들은 모두 두수 안에서 활용할 수 있는 부분들이다.

▶ 진계전의 논명개념과 요령은 많은 중요한 부분을 시사해준다. 그러나 삼방사정의 개념 중 사정은 공감할 수 없는 부분이다. 필자는 전통적인 견해대로 삼방사정을 본다. 즉 대충궁만을 사정으로 본다.

2) 자미두수의 활반응용 개념

　자미두수의 논명은 정확하지 않다는 사람들이 많다. 이는 두수의 활반(活盤)의 응용과 오묘한 법을 충분히 이해하지 못했기 때문이다.
　두수의 십이궁은 대한 · 소한 · 유년 · 유일이 宮을 따라 돌아가는데, 이것을 '운한(運限)의 가차(假借)'라고 한다. 일반적으로 두수에서는 재백궁의 별로 일생의 재무상황과 수입고저를 보며, 관록궁의 星과 명궁을 배합하여 사업적인 상황과 사회적 지위를 본다.
　예를 들어 오궁의 재백궁에 자미와 녹존이 있다면 이 사람의 재무상황은 당연히 좋다. 그러나 어떤 대한에서는 큰돈을 버나 어떤 대한에서는 오히려 큰돈이 깨지기도 한다. 파군 · 양인이 재백궁에 있으면서 함지고 대궁에서 화기가 충파하면 이론적으로는 전혀 돈을 벌 수 없다. 그런데 어떤 대한에서 돈을 크게 벌었다면 운이 거기에 맞게 배합됐기 때문이다. 또 재백궁이 좋지 않은데 대한이 아주 좋다면 이 대한에서는 큰돈을 벌 수 있으며, 부처궁이 좋지 않은데(부처궁은 감정의 상황을 대표한다) 운이 아주 순조롭다면 좋지 않은 상황은 전혀 발생하지 않는다.
　이처럼 두수의 명반은 때에 따라 돌아가기 때문에 자미두수를 운용하려면 운한의 가차를 잘 알아야 한다. 운한의 가차란 활반이 이동하는 것으로, 두수에서 가장 오묘한 부분이라고 하겠다. 예를 들면 대한을 볼 때는 그 궁을 명궁으로 기타 각 궁이 돌아가는데, 이때 정해진 궁에 따라 재백 · 사업 · 부처의 상황 등을 논단하게 된다.
　장사에 적합한 명격을 예로 들어보면, 대한에서 염정이나 탐랑이 도화성을 만나면 오락계나 백화점 방면에서 종사하게 되고, 묘왕지의 천부궁이라면 부동산 중개나 매매 방면의 행업에 종사하게 된다. 이처럼 매대한마다 종사하는 행업이 가변적인 것은 앞에서 말한 명반의 변화 때문이다.

　보수적인 명격의 하나인 기월동량격을 예로 들어보자. 기월동량격의 命이 살파랑 운에 오면 현실을 불안해하면서 변화를 찾고 구하려 하는데, 이는 살파랑격의 운에서 살파랑의 본성이 발휘됐기 때문이다. 만약 샐러리맨이라면 이 운에서 자기 사업을 하기 위해 변화하지만, 이 운이 지나가버리면 다시 샐러리맨으로 돌아가게 된다. 또 살파랑 격국의 명들이 천상대한에 오면 재주와 지혜를 발휘할 수 없을 뿐만 아니라 재주가 매몰되며 배웠던 것을 써먹을 수 없게 되는데, 이 운이 지나가야 비로소 생기가 돈다.

　종합해보면 본명반의 재백궁은 한 개인의 일생 동안의 재무상황을 나타내고, 부처궁은 감정관계를 나타내며, 자녀궁은 자녀의 많고 적음과 자녀관계의 좋고 나쁨을 나타낸다. 물론 반드시 대한과 배합해서 봐야 한다. 재백이 일생 동안 아주 좋다고 해도 어떤 대한의 재백궁에 살성이 운집해 있으면, 이 대한에서 대파재가 있게 되는 것이다.

　또 다른 예를 들면, 기월동량 격국인 사람이 교사생활을 하고 있으면 매우 평온한 상태라고 할 수 있다. 그런데 운에서 살파랑을 만나면 명궁의 星과 기질이 다르므로 다른 사업을 하려고 변동을 하게 된다. 부처궁 역시 같은 이치가 적용되는데, 운에서 만일 파군·거문 등 분리(分離)하는 星을 만나면 직업이나 기타 다른 이유로 부부가 가까이 있는 시간보다 떨어져 있는 시간이 많게 된다. 또 그 대한에서 공겁을 만나면 사이가 좋던 아내와 감정상의 마찰이 발생하게 된다.

　운한의 가차는 대한·소한·유년·유월 모두 똑같은 원리로 움직인다. 이것이 자미두수의 정밀하고 오묘한 부분이라고 할 수 있다. 예를 들어 소한의 전택궁을 보고 금년에 집을 살 수 있을지, 집에 누수나 전기합선·도둑 등의 사고가 있겠는지까지를 볼 수 있다. 그리고 자녀궁에 살성이 충파하면 아이를 낳아도 유산할 가능성이 있다는 것을 알 수 있다.

▶ 진계전의 활반의 응용개념은 꽤 분명하고 확실하다. 기월동량격의 사람이 살파랑 운에 오면 자기 사업을 하려고 변화한다고 하는 것은 필자도 임상에서 많이 경험한 부분이다. 기월동량격인 사람은 살파랑 운에서 조심해야 할 것이다. 그러나 소한의 응용부분에 대해서는 동의하지 않는다.

3) 사화의 응용방법

일반적으로 사화 중 화기는 대부분 잘 쓰고 있지만 화권·화과·화록은 그렇지 못하다. 그러나 祿·權·科를 잘 활용하지 못하면 정밀한 논단을 할 수 없다.

본명의 사화는 네 개의 중요한 요소가 있고 대한의 사화는 10년의 중요한 부분을 나타낸다. 예를 들어 대한의 부처궁에 사화가 있으면 이 10년 안에 감정이 복잡하거나 그 반대인 경우가 많다. 도화성이 많으면 남녀의 인연이 특별히 좋게 된다. 대한의 재백궁에 화기가 있으면 그 대한의 10년 안에 파재가 발생할 가능성이 있다(예 1).

본명반의 사화는 대한·소한·유년·유월·유일을 막론하고 절대적인 영향을 준다. 대한의 사화는 유년에 영향력이 크지만 유월·유일에는 작용력이 적다. 대한의 사화를 유월·유일까지 적용하는 사람이 있는데 이것은 크게 잘못된 것이다. 유년의 천간사화는 유년·유월·유일에 영향을 주며, 유월의 천간사화는 유월과 유일에 영향을 준다. 유일의 천간사화는 유일과 유시에 영향을 준다.

　화기는 변동을 주로 하는데, 대부분 나쁜 변동이다. 대한에서 화기의 영향을 받는다면 이 10년에는 반드시 나쁜 변동이 있게 된다. 대한의 화기가 있는 궁에 유년이 오면 그 유년에 반드시 나쁜 변동이 있게 된다. 그러나 소한의 변동은 부동(不動)에 속하므로 반드시 나쁘다고만은 할 수 없다. 따라서 대한과 배합해서 논해야 한다.

　화권은 권력의 발휘를 의미하므로 대·소한에서 만나면 권위가 생긴다. 그 좋고 나쁨은 星의 성질과 격국을 배합하여 판단해야 한다.

　화록은 재록을 주로 한다. 대·소한에서 만나면 재원(財源)이 좋아지며 모든 일이 순조로워진다.

　화과는 주로 명성과 귀인을 뜻하는데, 좋은 것도 있고 나쁜 것도 있다. 만일 화권·화록과 만나면 좋은 명성이 있으나, 화기와 동궁하면 나쁜 일로 유명해져서 신문에 추문이 오르내리게 된다. 화과와 화기의 동궁이 가장 좋지 않다.

　사화를 운용할 때는 대소한·유년·유월·유일에 따라 서로 바뀌는데, 祿·權·科가 서로 바뀌면 좋다. 예를 들어 본생년 화록이 대한천간에 의해 화권으로 바뀌면 재관쌍미가 되며, 화권이 화과로 바뀌면 권력과 명성을 같이 얻게 된다. 그러나 쌍록을 만나지 않으면 돈을 번다고는 할 수 없다.

　가장 꺼리는 것은 화과와 화기가 서로 바뀌는 것이다. 이것은 매우 불리하여 나쁜 일이 천리까지 전해진다. 화기가 화과·화권으로 바뀌는 것도 좋지 않다. 나쁜 운이 좋은 운으로 바뀌기는 하지만 그 과정에서 갖은 고생을 하게 된다. 만약 화록·화권이 대·소한의 천간 때문에 화기로 변하면 처음에는 좋으나 나중에는 나빠서 꿈은 좋으나 아무것도 이루지 못한다.

　대한이 본생년의 화권궁에 오면 처음에 권력을 얻는다.

대한이 본생년의 화록궁에 오면 처음에 재리(財利)를 얻는다.

대한이 본생년의 화과궁에 오면 처음에 이름을 얻는다.

대한이 본생년의 화기궁에 오면 처음에 패(敗)하고 나중에 이룬다.

질액궁에서는 사화를 보는 것을 싫어하는데, 더욱이 대한유년에서 화권을 만나면 재화(災禍)가 발생하기 쉽다.

▶ 사화에 대한 진계전의 응용방법은 대부분 매우 징험하다. 그러나 "대한의 사화는 유년에 영향력이 크지만 유월·유일에는 작용력이 적다. 대한의 사화를 유월·유일까지 적용하는 사람이 있는데 이것은 크게 잘못된 것이다"라는 내용은 수긍하기 어렵다.

대한의 사화를 유일까지 쓰는 것은 곤란하다는 점은 필자도 공감하지만, 어떤 경우에는 유월에서 대한의 사화가 쓰이기도 하므로 이 내용은 전적으로 찬성하지 않는다. 이것은 선천의 사화는 대한의 사화에만 영향을 주고, 유년의 사화와 서로 독립적이라는 말과 같다. 그러나 유년의 사화가 선천의 사화에 영향을 끼치는 것을 누누이 경험하고 있으므로, 유월에 대한 대한사화의 영향을 무시하는 것은 잘못이라고 생각한다.

• 예1) 1962년 10월 ○일 신시 남명

선천명궁이 묘궁의 태양·천량화록이다. 병오대운 무인년 서른일곱 살 때 형제에게 보증을 선 것이 잘못되어 큰 파재를 경험했다.

대운을 살펴보면 서른일곱 살은 병오대운(34~43세)으로서 전택궁 대한이다. 선천전택궁에 대한이 오면 전택에 관한 문제가 발생하기 쉽다. 그런데 자미화권이 천형과 동궁하고 관부가 같이 보인다. 대궁에는 경양이, 대한관록궁에는 타라와 비렴·관부·백호가 있고, 대한재백궁에는 무곡화기가 문창과 동궁하고 있다. 진계전의

大孤天天天 祿辰才鉞機 　　　旺平 　　　　權 飛亡貫　24~33　40乙 廉神索　【福德】　生巳 　　　　【大兄】	大大天天龍天紫 曲羊月福池刑微 　　　　　　廟 　　　　　　權 喜將官　34~43　41丙 神星符　【田宅】　浴午 　　　　【大命】	病攀小　44~53　42丁 符鞍耗　【身宮】　帶未 　　　　【大父】 天地 喜劫 　平	大大天天年鳳陰天破 馬昌傷虛解閣煞巫馬軍 　　　　　　　　旺陷 大歲歲　54~63　43戊 耗驛破　【奴僕】　冠申 　　　　【大福】
大旬解天七 陀空神哭殺 　　　　旺 奏月喪　14~23　39甲 書煞門　【父母】　養辰 　　　　【大夫】	음력 1962년 10월 ○일 신시 남자 命局 : 金4局 命主 : 文曲 身主 : 天梁		大天破天大大火 鉞廚碎壽耗貴星 　　　　　　陷 伏息龍　64~73　44己 兵神德　【遷移】　旺酉 　　　　【大田】
天八地天天太 空座空魁梁陽 平廟廟廟 　　　　　祿 將咸晦　4~13　50癸 軍池氣　【命】　胎卯 　　　　【大子】			蜚天天封陀天廉 廉官使誥姚羅府貞 　　　　　廟廟旺 　　　　　　科 　　　　　　忌 官華白　74~83　45庚 府蓋虎　【疾厄】　衰戌 　　　　【大官】
截台文天武 空輔昌相曲 陷廟廟閑 　　　　忌 　　　　科 小指太　　　49壬 耗背歲　【兄第】　絶寅 　　　　【大財】	寡紅右左巨天 宿鸞弼輔門同 　　　廟廟旺陷 青天病　　　48癸 龍煞符　【夫妻】　墓丑 　　　　【大疾】	紅擎文貪 艶羊曲狼 　陷廟旺 力災弔　94~　　47壬 士煞客　【子女】　死子 　　　　【大遷】	大恩三祿鈴太 魁光台存星陰 　　　　廟廟廟 博劫天　84~93　46辛 士煞德　【財帛】　病亥 　　　　【大奴】

말처럼 대한재백궁에 화기가 있으니 파재의 가능성이 있음을 짐작할 수 있다.

그런데 대한재백궁은 선천형제궁이 된다. 이것은 그 파재가 형제와 관계된 것을 암시한다. 결국 이 사람은 서른여섯 살에 형제에게 수천만 원의 보증을 섰다가 1998년에 그것이 잘못되어 보증선 돈을 다 물어줬다. 대한의 암시에서 나타났듯이 이 와중에서 소소하지만 법원에 왔다갔다하면서 재판을 받는 등 관재도 발생했다.

평범한 직장인으로서 1년 안에 수천만 원을 날리는 것은 대파재

(大破財)라고 할 수 있다. 이렇게 큰 파재가 있었던 것은 대한재백궁에 돈을 의미하는 무곡이 화기가 되었기 때문인데, 통상 무곡화기가 재백궁에 있으면 아주 거대한 파재가 일어난다. 그런데 설상가상으로 병오대한의 염정화기까지 간섭하고 있으므로 피할 수 없었던 것이다.

• 예 2) 대한재백궁 화기 ― 대파재
1945년 8월 ○일 해시 남명

大破天天台天 鉞碎使壽輔機 　　　　　平 　　　　　祿 伏指白　55~64　57辛 兵背虎　【疾厄】　冠巳 　　　　【大兄】	天紅紫 廚鸞微 　　廟 　　科 　　權 大咸天　45~54　58壬 耗池德　【財帛】　帶午 　　　　【大命】	旬截天寡天 空空月宿才 病月弔　35~44　59癸 符煞客　【子女】　浴未 　　　　【大父】	大紅天天天破 馬艷福姚鉞軍 　　　　　廟陷 喜亡病　25~34　60甲 神神符　【夫妻】　生申 　　　　【大福】
天天擎七 官刑羊殺 　　　廟旺 官天龍　65~74　56庚 府煞德　【遷移】　旺辰 　　　　【大夫】	음력 1945년 8월 ○일 해시 남자 命局 : 土 5局 命主 : 祿存 身主 : 天同		天鈴 哭星 　陷 飛將太　15~24　61乙 廉星歲　【兄弟】　養酉 　　　　【大田】
大大天天八祿文右天太 魁傷虛座存曲弼梁陽 　　　旺旺陷廟廟 　　　　　　　權 　　　　　　　祿 博災歲　75~84　67己 士煞破　【奴僕】　衰卯 　　　　【大子】			大天恩地天廉 陀空光劫府貞 　平　　廟旺 　　　　　科 奏攀晦　5~14　62丙 書鞍氣　【命】　胎戌 　　　　【大官】
大解大天火陀天武 昌神耗貴星羅相曲 　　廟陷廟閑 　　　　　　忌 力劫小　85~94　66戊 士煞耗　【官祿】　病寅 　　　　【大財】	年封鳳龍巨天 解詰閣池門同 　　　　旺陷 青華官　95~　65己 龍蓋符　【田宅】　死丑 　　　　【大疾】	大大陰天地天貪 曲羊煞喜空魁狼 　　　　平旺旺 小息貫　　　64戊 耗神索　【福德】　墓子 　　　　【大遷】	大蜚孤三天天文左太 祿廉辰台巫昌輔陰 　　　　　平旺廟廟 　　　　　　　　忌 將歲喪　　　63丁 軍驛門　【父母】　絶亥 　　　　【大奴】

명궁은 술궁의 염정·천부다. 임오대한(45~54세)인 선천재백궁 대한으로 오자 대한재백궁에 대한의 무곡화기와 타라·화성이 동궁하고 공겁이 대한명궁으로 비치고 있다.

대한의 재백궁이 선천의 관록궁과 중첩되어 있어 사업적인 측면이나 관적인 측면에서 파재했음을 알 수 있다.

4) 운의 개론

자미두수로 재관을 논하면 잘 맞지 않다고 생각하는 사람이 많다. 그러나 그렇지 않다. 자미두수로 재관을 보려면 성정(星情)을 파악하고, 격국과 사화의 운용을 분명히 할 수 있어야 한다. 단지 사화만으로는 좋고 나쁨을 말할 수 없다. 여기에 소성을 사용해야 하는데, 그렇지 않으면 허다하게 많은 세목들을 빠뜨리게 될 뿐만 아니라 정확도까지도 떨어지게 된다.

정밀하게 추단하려면 소성을 모두 명반에 배치해놓고 판단해야 한다. 예를 들어 관색과 같은 툐이 유년의 명·신궁에 있으면서 살성이나 화기를 만나면 밧줄로 목매달기 쉽다. 만일 질액궁에서 흉을 만나면 관색이 음사(陰事)를 담당하는 저승사자와 같아서 황천으로 끌려가게 된다. 그러나 대한과 유년재백궁이 좋은데 관색이 재백궁에 있으면 천만금을 모을 수 있다. 만약 유년에서 파쇄가 관부를 만나면 이 해에는 관재가 생기기 쉽다.

자미두수에서 가장 중요한 것은 성정의 운용인데, 이것은 툐의 조합마다 다르다. 사화 역시 중요하여, 사화를 쓰지 않으면 논단의 정확도가 떨어진다. 재관 방면을 논할 때는 대한·유년을 합해서 논단하는 것이 가장 잘 맞는다. 예를 들어 소한으로는 출입을 논하고 유년으로는 길흉을 판단하는데, 소한은 일의 과정과 정황이기 때문에 어느 정도는 잘 맞지만 재관의 운용은 유년으로 논단하지 않으면 맞지 않는다.

전택궁을 예로 설명하면, 유년의 전택궁은 돈을 저축하는 창고로서 이 1년에 번 돈이 남아 있을까를 보고, 소한의 전택궁은 거주지 환경의 변동 성질, 즉 이사·수리·집의 누수·가구를 사들이는 것 등을 본다.

▶ 필자는 운을 볼 때 유년만을 볼 뿐 소한은 보지 않는다. 소한에 대한 진계전의 관점은 독자들이 응용해보아도 좋을 것이다.

5) 남·북두의 응험

자미두수의 모든 星은 남두·북두·중천 제성으로 나뉜다. 열네 개의 주성을 나누면 자미·탐랑·거문·염정·무곡·파군은 북두, 천기·천상·천량·천동·칠살·천부는 남두, 태양·태음은 중천에 해당된다.

그 작용을 살펴보면, 운에 있을 때 북두성은 운의 전반기를 주장한다. 대한은 전반 5년에, 소한·유년은 전반 6개월, 유월은 그 달의 전반기에 작용한다. 반대로 남두성은 운의 후반기를 주장한다. 대한은 후반 5년, 소한·유년은 후반 6개월, 유월은 그 달의 후반기에 작용한다.

자미두수에서 남·북두성의 구분은 적중률이 꽤 높은 편이다. 중천성은 이 둘 사이에 작용한다. 예를 들어 소한·유년에서 파군화록을 만나면 사업상 환경의 변동이 있는데, 본궁이나 사업궁을 막론하고 이러한 환경의 변동은 파군이 북두성이기 때문에 전반년에 나타난다.

그러나 북두성에도 예외가 있다. 탐랑이 그 경우로, 탐랑은 비록 북두성이지만 후반년에 작용하는데 거의 연말경에 발생한다. 예를 들어 소한·유년의 본궁이나 사업궁에서 탐랑화록을 보면 새로운 사업을 전개하는 뜻이 있다. 그런데 탐랑의 특성 때문에 새로운 사업의 전개 역시 연말에나 가야 있게 된다.

태양·태음은 모두 중천성에 속하지만, 태양의 작용력은 비교적 빨리 나타나고 태음은 비교적 늦게 나타난다. 그래서 소한·유년이 태양·태음을 보면서 축궁에 있으면 태음이 묘왕지고 태양은 낙함하므로 전반년은 좋지 않고 후반년은 좋게 된다.

▶ 탐랑은 연말이 되어야 암시된 사건이 발생한다는 진계전의 말은 필자도 임상을 통해 경험한 것이다. 파군화록이라든지 일월이 축궁에 있을 때의 속성들도 잘 맞는다.

그러나 북두 전반 5년, 남두 후반 5년의 설법은 매상황마다 맞아 떨어지지 않는다. 남·북두를 5년씩 끊어서 본다는 관점은 『전서』에 나온 내용이다. 그러나 원론적인 이야기만 되풀이할 뿐 누구도 이것을 구체적으로 어떻게 응용하고 여기에 내재된 모순을 어떻게 극복하는지에 대해서는 설명하지 않는다.

중주파는 이 이론에 내재된 분명한 모순을 언급한다. 남·북두성이 한 궁에 있는 경우, 북두는 전반 5년에만 응하고 남두는 후반 5년에만 응하는가? 또 만약 한 궁에 남두성만 있거나 북두성만 있는 경우, 10년 중에 5년은 공백이 된다는 의미인가? 녹존은 북두성인데, 그렇다면 녹존이 있는 궁에서는 10년 중에 항상 전반 5년만 돈을 벌게 되는가? 그러므로 이러한 구분법은 모순이라는 것이다.

중주파는 진정한 남·북두의 응용법은 이렇게 기계적이지 않다고 주장한다. 중주파는 자미가 명궁에 있으면서 대·소한의 명궁에서 북두성인 탐랑을 보거나 그 반대인 경우, 북두가 북두를 만난 것이므로 길흉이 비교적 민감하고 중요하다고 주장한다. 남두가 남두를 만났을 때 역시 마찬가지다.

중주파의 구결 중에 '문무이곡쌍화기(文武二曲雙化忌)'를 매우 꺼린다는 말이 있는데, 이것은 무곡·문곡이 모두 북두성이므로 그 해로움이 무곡·문창의 쌍화기보다 심하고 중하다는 뜻이다. 또 염정은 파군과 살기를 만나는 것을 꺼리는데, 이것은 염정과 파군이 모두 북두성에 속하기 때문이다. 탐랑은 양타와 만나는 것은 꺼리지만 화령은 좋아한다. 그 이유는 양타는 북두성이고 화령은 남두성이기 때문이다.

그래서 중주파는 남·북두에 따라 전후반으로 나누기보다는 어떤 星을 만나느냐에 따른 반응으로 운을 보는 관점을 취하고 있다.

6) 두수의 성정의 분포

자미두수의 핵심은 성정·궁·사화·대한·소한·유년·격국이라고 할 수 있다.

먼저 星에 대해 살펴보면, 두수의 성정(星情)에서 가장 중요한 것은 남·북두의 주성들이다. 북두에서는 탐랑이 머리가 되고 순서대로 거문·녹존·문곡·염정·무곡·파군의 일곱 개가 있다. 북두성 중 좌보·우필은 조성(助星)으로 좋은 별이고 경양·타라는 북두의 부성(副星)이다.

남두에서는 천부가 존성(尊星)이며 순서대로 천기·천상·천량·천동·칠살·문창이 있다. 천괴·천월은 남두의 선성이며 화성·영성은 남두의 부성이다.

그 외 중천 성계는 태양·태음이 중천주성이며 홍란·천희·천마 등이 중천성좌를 다스린다(1권의 내용을 참조하라).

7) 성정의 3대 계통

(1) 칠살·파군·탐랑·염정·무곡 계통

살파랑염무는 무성(武星)이라고 한다. 이 계통은 일정하게 삼방에서 만나는데, 대부분 개성이 강하고 창조력·돌파성이 풍부하여 일생의 기복이 비교적 크다. 직업도 2~3년 만에 바꾸거나 다른 회사와 합자하여 투자하는 등 현실생활이 불안하며, 늘 새로운 상황으로 변환을 모색한다. 물론 절대적으로 그렇다는 것이 아니라 대체로 이러한 성향이 있다는 것이다. 여러 번 강조하지만 전체적인 상황을 봐서 판단해야 한다.

사업을 할 때도 비교적 생산사업에 치우쳐, 공공기관에 있다면 군경 방면의 공작을 하게 되고 기타 회사에 있으면 총무나 판매와 같은 비교적 동적인 방면에 있게 된다. 만일 건축에 종사한다면 판매보다는 직접 만드는 일을 하게 된다.

(2) 기월동량 계통

기월동량격(機月同梁格)은 문성(文星)이라고 한다. 이 계통은, 예를 들어 설명하면 인신궁에서 동량이 동궁하게 되는데 삼방에서 천기·태음을 보게 되어 이루어진다. 『전서』의 「골수부」에서는 '기월동량 작리인(機月同梁作吏人 : 기월동량격이 되면 하급관리가 된다

는 말)'이라고 했다. 그러나 기월동량의 사람이라고 해서 공공기관
에 일정하게 근무하는 것은 아니다.

성격이 보수적이며 비교적 현실에 안주하려고 하기 때문에 대체
로 지혜와 재주가 필요한 교제나 접대와 같은 일을 한다. 그래서 지
혜와 재주 등의 수완으로 사회에서 우뚝 서며 일생 동안 비교적 안
정적이고 별다른 기복 없이 평온한 가운데 발전을 도모한다.

(3) 자미 · 천부 · 천상 · 태양 · 거문 계통

이 星들은 중간 계통의 성계인데, 그 중에서도 자부상(紫府相)은
약간 무(武) 쪽으로 기운다. 자부상과 살파랑염무가 왕왕 삼방이나
대궁에서 서로 만나기 때문이다(1권의 내용을 참조하라).

자부상과 거일의 특징은 중간도매상이나 국제무역과 같은 생산
과 판매의 교량역할에 속한다는 것이다. 특히 거일의 경우는 국제
무역이나 소개, 복무업(服務業) 방면의 일을 하는 경우가 많다. 이
성계가 중간성질에 속하기 때문에 연락 또는 중개적인 의미를 띠는
것이다.

성격도 극단으로 치우치지 않고 비교적 심지가 굳으면서도 안정
적이기 때문에 살파랑염무와 기월동량 양쪽 방면의 개성을 모두 갖
고 있다.

▶① 칠살 · 파군 · 탐랑이 만나면 통상 살파랑격이라고 한다.

살파랑격은 대체로 현실에 대한 불안과 파동이 많고 개조와 창신
을 좋아하기 때문에 변화가 많고 안정이 적다. 직업적으로는 생산
이나 기술과 관련된, 주로 손을 많이 사용하는 직업에 종사한다.

살파랑은 주군격이 되는 자미와의 관계가 중요하여, 먼저 자미를
만나느냐로 격을 정한다. 자미를 만나면 살파랑이라도 안정되고 리

더적인 발전을 할 수 있기 때문이다. 그런데 문제는 자미가 백관조공(百官朝拱 : 자미가 보필을 비롯한 육길성 및 보좌 제잡성을 보고 있는 경우)인가 재야고군(在野孤君 : 자미가 육길성을 보지 못한 경우)인가 혹은 무도지군(無道之君 : 자미가 육길성의 보좌를 받지 못한 상태에서 살·모성의 영향을 받고 있는 경우)인가를 살펴야 한다.

다음으로 안정적인 성격을 가진 부상격을 만나느냐 동적인 속성이 있는 거일격을 만나느냐가 중요하다. 살파랑격은 祿을 봐야 안정이 되고 살의 간섭을 받으면 파동적이 되는데, 격의 속성이 파동적인 측면이 강하면 안정적인 부상격이 좋으나, 안정적인 측면이 강하면서 부상격을 만나면 오히려 지체되고 둔체되는 현상이 나타나므로 이런 경우는 거일격을 만나는 것이 낫게 된다.

그리고 같은 살파랑이라도 命이 칠살이냐 파군이냐 탐랑이냐에 따라 각기 속성이 달라진다.

② 천기·태음·천동·천량을 만나면 보통 기월동량격이라고 한다.

기월동량격은 사성을 전부 만나지 않아도, 예를 들어 명궁의 삼방사정에서 천기·태음·천동만 만나고 천량을 만나지 않더라도 격국이 형성된다. 하지만 대운에서 천량을 만나야 비로소 완전한 기월동량의 위력이 발휘된다. 보수적이며 차분하고 기획적인 두뇌가 뛰어나며 대인관계가 탁월하다. 그래서 기월동량격 중에는 뛰어난 참모가 많다. 여러 분야에 관심과 재능이 많으며 평온한 발전과 더불어 현실에 안정적이다.

보수적이므로 연구분야에 종사하는 경우가 많다. 장사를 한다면 대리점이나 중간상에 적합하며, 기술 방면에서는 두뇌를 사용하는 일이 좋다. 기월동량격은 무엇보다도 두뇌를 사용하는 직업이 좋다. 그 밖에 심리분석이나 공정설계, 공무원도 적합하다.

기월동량은 참모와 같은 존재이므로 총명과 재지(才智)가 필요하며, 따라서 육길성을 만나느냐가 매우 중요하다. 만약 육살성을 만나면 이러한 재주를 흉적인 측면으로 사용하거나 기복이 많게 된다. 하지만 무엇보다도 중요한 것은 기월동량의 재주가 남에게 알려지거나 발탁되어야 하므로 반드시 태양이나 귀인성을 만나야 한다.

③ 천부와 천상이 만나는 것을 부상격이라고 한다.

부상격(府相格)이 되면 두 가지를 고려해야 한다. 먼저 부상격이 자미를 만나는가를 본 다음 녹존이나 화록을 만나는가를 봐야 한다. 통상 천부는 녹고(祿庫)·재고(財庫)라 하여 창고의 의미가 있으므로 富를 상징하고, 자미는 貴를 주하기 때문에 이 둘이 만나면 부귀하게 된다.

자미에도 등급이 있듯이 천부 또한 실고(實庫)·공고(空庫)·노고(露庫)로 구분된다. 실고란 녹존이나 화록을 만나 창고가 가득 찬 것을 말하고, 공고는 祿을 보지 않거나 지공·지겁을 만나 창고가 빈 것을 말하며, 노고는 살을 만나 창고를 탈취당하거나 새는 것을 상징한다.

이 경우에도 운과 밀접한 관련이 있다. 가령 부상격이 실고인 경우 살파랑을 만나면 비약적인 발전을 하며 실익도 있지만, 공고나 노고의 경우는 변화나 변동으로 인해 손실이 있게 된다.

성격적으로는 대인관계가 좋고 정신적·물질적인 면에서 주위 사람으로부터 도움을 받으며 곤란한 일을 당해도 그들의 도움으로 해소할 수 있다. 대·소한에서 만나면 대체로 복록이 많다.

④ 거일격은 경쟁적이며 하는 일이나 직업에 매우 열성적이다.

거일격(巨日格)은 말주변이 매우 좋고 말하길 좋아하며, 공익적인 일에 열성적이고 은중(隱重)하고 침착하며 고집이 있다. 자기 사업을 하는 것이 좋고, 무역과 관련된 일이나 정치·강의 분야, 탁아소·육아원·양로원 등의 공익사업도 괜찮다.

또한 거문은 외국과 연관이 많으므로, 외국이나 외국어와 관련이 많다. 거문은 말과 평가적인 측면에 적합하고 태양은 광명과 貴를 상징하므로, 거일격이 되면 법률이나 강사·기자·방송 계통에서 종사하는 것도 좋다.

여명의 경우도 집 안에만 있으면 남편이 신경을 많이 쓰게 되고 피곤하게 되므로 밖에서 일을 하는 것이 좋다.

8) 성의 음양

『두수선미(斗數宣微)』를 보면, 자미두수는 자미·천부가 중심이 되고 일월(日月)이 전반을 돌아가면서 관리한다고 씌어 있다. 이것은 태양·태음이 명반의 십이궁에 있을 때 그것의 음양이 기타 星의 왕약(旺弱)에 직접적인 영향을 준다는 뜻이다.

예를 들어 자미·천부가 인궁에 있으면 태양은 해궁, 태음은 묘궁에 있어 빛이 부족하기 때문에 미궁의 천량은 묘왕지가 아니게 된다. 그러나 자미·천부가 신궁에 있으면 태양이 사궁, 태음은 유궁에 있게 되어 일월 모두 입묘하게 되므로 축궁의 천량도 묘왕지가 된다. 똑같이 자미·천부가 명·신궁에 있는 명반이라도 태양·태음이 떨어지는 궁위의 광도에 따라 전체 명반의 왕약에 끼치는 영향이 다른데, 당연히 일월이 왕궁의 명반이 될 때 비교적 격국이 높다.

또 다른 예로 자미·파군이 미궁에 있으면 태양이 진궁, 태음이 술궁에 있게 된다. 자미·파군이 축궁에 있으면 태양이 술궁, 태음이 진궁에 있게 된다. 두 경우를 비교해보면 일생의 발전과정이 자미·파군이 미궁에 있을 때가 축궁에 있을 때보다 격국이 더 높다.

여기에서 하나의 규칙을 발견할 수 있는데, 태양과 태음이 묘왕지에 있으면 기타 다른 星도 대부분 묘왕지가 되고, 태양과 태음이 함지에 있으면 기타의 별도 함지가 된다. 이것은 기타 星들이 모두 태양·태음의 빛을 받아 빛나기 때문이다.

▶ 이 글은 『두수선미』의 저자 관운주인의 관점을 인용한 것으로, 대체로 옳은 것으로 받아들여지고 있다. 그래서 명궁의 정성이야 어떻든 자미·천부, 태양·태음이 있는 궁이 좋으면 그것이 설사 질액궁이라 하더라도 부귀지명으로 판단하는 학자도 있다.

그러나 관운주인의 관점은 태양·태음이 명반에서 상당한 힘이 있다는 정도로 받아들이는 것이 좋다. 1권에서도 말했듯이 실제로 태양이 함지면 태양 자체만 흠이 있는 것이 아니라 다른 星들에까지 상당 부분 영향을 미친다. 기본명반의 자녀궁에 태양이 있으면 자녀궁의 삼방에서 만나는 부모궁의 태음, 노복궁의 천량, 전택궁의 거문은 고정적으로 태양의 묘왕과 함지에 크게 영향을 받을 수밖에 없다.

간접적인 영향도 커서, 천상과 같은 별은 늘 거문과 천량의 협을 받기 때문에, 태양이 함지일 경우 이 둘의 기본적인 속성이 천상에게 불리한 영향을 미치게 된다. 결과적으로 태양이 함지일 경우 태양·태음·거문·천량·천상의 다섯 개 星이 영향을 받게 된다.

또 자미가 사해궁에 있을 때의 명반에서 축미궁의 무탐(武貪) 같은 경우도 일월의 협을 받고 있기 때문에 태양의 묘왕함지는 무곡·탐랑의 명격에 직접적인 영향을 끼치고, 자미가 묘유궁에 있는 명반에서 축미궁의 천부 역시 일월이 협하고 있으므로 태양의 향배에 따라 천부의 격의 고저가 차이가 나게 된다. 그렇다면 태양 하나의 명암으로 인해서 영향을 받는 星은 여덟 개까지 늘어나게 된다. 그러니 관운주인의 말은 충분히 일리가 있다고 하겠다.

그러나 절대적으로 모든 星의 묘왕함지가 태양·태음에 의해서 결정되는 것은 아니다. 가령 자미가 인신궁에 있을 때의 예를 들어보면, 자미가 인궁일 때의 명반에서는 태양이 해궁에 있어 함지가 되고 자미가 신궁일 때의 명반에서는 태양이 사궁에 있어 묘왕지다. 그러나 이 인신궁의 명반 중에서 진술궁의 무곡을 보면, 태양이 해궁에서 함지라 할지라도 여전히 술궁의 무곡은 묘왕지가 되며 사궁의 태양이 묘왕지라도 미궁의 천기는 여전히 함지다.

이런 예는 무수히 많다. 따라서 태양이 함지라고 해서 모든 별이 함지에 떨어지거나 태양이 묘왕지라고 해서 모든 별이 묘왕지에 앉는 것은 아니라는 것을 알 수 있다.

심지어는 태양에 의해 영향을 받는 星의 묘왕함지가 관운주인의 논리와 위배되는 경우도 있다. 몇 가지 예를 들어보자. 천량의 경우는 태양의 묘왕함지에 직접적으로 영향을 받는 星이지만, 천량이 오궁에 있으면 태양이 자궁에 있어 빛을 잃으니 분명히 함지가 되어야 함에도 불구하고 『자미두수전서』나 중주파를 비롯한 모든 학파들이 이 궁을 묘왕지로 인정하고 있다.

또 거문이 진술궁에 있으면 태양이 묘왕지든 함지든 간에 함지가 된다. 『전서』에서는 이 궁을 '평(平)' 또는 '평화(平和)'라고 하고 있는데, 그것은 곧 함지를 뜻하는 말이다. 논리적으로 따진다면 태양이 오궁에서 최고의 묘왕지가 되므로 술궁의 거문은 당연히 최고의 묘왕지가 되어야 할 것이 아닌가?

그리고 천기·거문이 묘유궁에 있을 때 일반적으로 묘궁이 좋고 유궁의 기거(機巨)는 목사수패지(木死水敗地)라고 해서 '재관불영(財官不榮)'의 결점이 있다고 좋지 않게 보는데, 이것도 엄밀한 의미에서는 유궁이 더 좋아야 한다. 유궁의 기거라야 축궁에서 미궁에 있는 묘왕지의 일월을 차성안궁해서 만나기 때문이다.

이 밖에도 많은 예들이 있다. 이러한 모순에 대해 중주파에서조차도 명확한 이유를 대지 못하고 있는데, 필자는 천량이나 거문이라 할지라도 그 고유의 묘왕함지가 있기 때문이라고 생각한다. 옛사람들이 모든 것을 태양과 관계시킨 것은 이러한 모순이 있음에도 불구하고 상당 부분 이들의 묘왕함지가 태양의 묘왕함지와 관계가 있기 때문이라고 보여진다.

그렇다면 이러한 모순을 어떻게 해결할 것인가 하는 문제가 남는다. 이것은 물론 우리 후학들이 해결해야 할 문제겠지만, 필자는 각 星의 묘왕함지를 기초로 태양의 향배를 참조하는 절충의 관점을 가져야 한다고 생각한다. 그렇지 않고 무조건 태양의 향배에만 따르다 보면 이러한 모순 속에서 상당한 고민에 빠지게 되게 되기 때문이다.

9) 성의 중화

남·북두성을 비교해보면, 북두성에 속하는 별들은 비교적 강하고 남두성에 속하는 별들은 비교적 부드럽다. 그래서 본명이나 삼방에 북두 성계가 많은 사람은 무슨 일을 할 때 과감한 반면, 남두성계가 많은 사람은 머리를 쓰고 생각이 많으며 보수적이다. 만일 명궁과 삼방에 북두성이 많으면 신궁(身宮)이나 삼방에서 남두성을 많이 보는 게 좋은데, 이것은 중용을 취해야 되기 때문이다. 그래야 중화가 된다.

　만일 명반에 살파랑염무가 많으면 일할 때 생각이 부족하고 겁없이 일을 하며 성공이나 실패를 막론하고 비교적 격렬하다. 반대로 명반에 남두성이 많으면서 북두성이 비치지 않으면 일생 동안 일할 때 방해가 있어도 선뜻 놓지 못하게 된다. 그래서 중화가 되어서 치우치지 않는 것이 가장 좋은 것이다.

　▶ 이 분류법은 『전서』에 나온 것이다. 이처럼 남두와 북두만으로 강유를 판단해도 상당한 적중률이 있어서, 시(時)가 불분명할 때 時의 정확 여부를 가리는 데 아주 유용한 관점이다. 즉 남두성은 사고력이 풍부하지만 우유부단하며 박력과 패기가 부족하고, 북두성은 과단 · 과감 · 충동 · 강렬 · 고집이 있지만 사려가 부족하다.
　하지만 이 경우에도 예외가 있다. 자미성은 북두의 음토(陰土)로서 북두의 강함이 나타나기보다는 오히려 남두의 성질인 영민함이 있고, 북두의 특성인 강한 주관이 있기는 하지만 우유부단한 면도 있다. 그러므로 자미성은 타인에게 의견을 제출하게 해서 자신이 결정하는 주제(主帝) 또는 주재(主宰)의 성질을 발휘하여 외강내유의 식으로 표출하는 특성이 있고, 반대로 천부성은 외유내강의 속성이 있다.
　그러나 필자 개인적으로는 이것은 星의 사대계통으로 강유를 분류하는 것만 못하다고 생각한다.

　① 자부염무상 : 북두 셋, 남두 둘
　② 살파랑 : 북두 둘, 남두 하나(그러나 그것도 칠살로 강하다)
　③ 거일 : 북두 하나, 중천성 하나
　④ 기월동량 : 모두 남두성

대체로 살파랑이 가장 강하고, 그 다음이 자부염무상으로 막상막하며, 기월동량은 가장 유하고 거일은 그 중간 정도다.

북두 조성(助星) 중에 양타, 남두 조성 중에 화령은 살의 입장끼리 빗대어볼 때 강함은 양타가 화령을 앞지르지만 그렇다고 화령을 본다고 해서 사람이 유하지는 않다.

그러므로 필자는 사대계통의 속성에 따라 강유를 분류하고 거기에 살을 보면 강함을 더한다고 판단할 뿐 북두성과 남두성이라는 단어에 얽매이지는 않는다. 이미 사대계통 속에 그 속성들이 녹아들어 분류되어 있기 때문이다.

그리고 진계전이 말하는 중화부분에도 논리적으로 문제가 있다. 신궁(身宮)은 기본적으로 명궁을 기준으로 1·3·5·7·9번째 위치에 들어간다. 따라서 만약 명궁이 자부염무상이라면 신궁은 자부염무상과 살파랑 두 조합이 섞이게 되지 절대로 신궁에 기월동량이나 거일이 들어가는 법은 없으며 그 반대도 마찬가지다. 진계전이 암시하고 있듯이 구조적으로 북두성과 남두성이 명·신궁에서 현격한 차이를 내면서 분포될 수는 없는 것이다.

다만 명궁이 천기인데 태양이 신궁이거나 명궁이 탐랑인데 신궁이 천상이거나 하는 경우는 배합상 있을 수 있다. 즉 한두 星의 남·북두간의 배합은 가능해도 많이 볼 수 있는 것은 구조상 불가능하다.

10) 주동과 피동

각 星이 궁위(宮位)에 있을 때를 살펴보자. 예를 들어 자녀궁을 궁의 관점에서 보면 한 개인의 성생활과 성능력의 강약을 볼 수 있다. 그러나 또 다른 측면에서 본다면 각 星마다 대표적인 주요범위가 있다.

　주로 재백을 맡고 있는 무곡성에는 재백의 뜻이 있으며, 풍속의 星인 천요성은 선명하고 예쁘며 개방적인 것과 사람을 홀리는 뜻이 있는 도화성이다. 또한 성생활과 실질적인 관계가 있어서, 자녀궁에서 천요성과 북두성이 동궁하면 부부생활에서 비교적 주동적이며 조급하고 빨리 끝낸다. 반면에 천요성과 남두성이 동궁하면 비교적 정신적인 것에 편중하여 분위기를 중시하거나 피동적이 된다.

　이것은 단지 하나의 예일 뿐이지만 각 방면으로 확대하여 해석해 볼 수 있다.

▶ 그러나 어떤 궁이든 명궁의 속성을 떠날 수는 없다. 특히 사상이나 관념에 관련된 문제에서는 명·신궁의 속성과 더욱 밀접한 관계가 있으므로, 명·신궁의 속성을 도외시하고 자녀궁만으로 성능력의 동정을 판단하는 것은 어딘가 부족함이 있다.

11) 성정의 명암

　성정(星情)에는 묘왕리함의 왕약의 관계를 제외하고도 명암의 구분이 있다. 예를 들어 묘왕지에 있는 태양·천동·태음·천부·천기·칠살 등 명성(明星)은 성격이 비교적 광명하고 시원시원하며, 일할 때나 돈을 벌 때도 분명하고 확실한 곳에서 하고, 발생하는 모든 것도 이러하여 태양이 빛으로 땅을 낱낱이 비추는 것과 같다. 반면에 낙함한 태양·태음·탐랑·거문·염정·파군 등 암성(暗星)들은 파재를 해도 암적으로 하게 되어 생각지 못한 파재가 있다.

명성은 예측할 수 있고 예견과 개선이 가능하지만 암성은 예기치 못한 일이 터지게 된다. 돈을 버는 것으로 비유를 해보면 명성은 주식·예금 등 그 등락을 누구나 알 수 있는 방법으로, 암성은 무자료 거래·투기 등 다른 사람이 그 내용을 알기 힘든 방법으로 돈을 번다고 이해하면 좋을 것이다.

각 성계는 각 星 나름의 뜻이 있고 연대관계가 형성되기 때문에 상관적인 성질이 존재한다.

▶ 星에 따른 명암의 구분은 징험함이 많다. 진계전이 언급한 정성 외에도 화령과 양타·문곡화기 등도 명암을 가리는 데 아주 중요한 단서가 되는 星들이다. 특히 본질적으로 암적인 본질이 있는 거문성이 화기가 되면서 문곡화기·타라·영성·음살·비렴·지배 등을 만나면 암적인 속성이 매우 증폭된다.

• 예3) 1960년 8월 ○일 묘시 여명

명궁이 오궁의 자미다. 기묘대한(33~42세)까지 선천의 자전선 운에 와 있다. 이 대한의 부처궁은 축궁으로 거문·천동화기에 영성·회기가 동궁하고 있으며 대궁인 미궁에는 대모·타라·대한의 문곡화기가 동궁하고 있다. 암적인 속성이 모두 비치고 있는 것이다.

거문·천동 성계는 성계 자체가 감정적으로 어두움을 띠는데 여기에 거문화기나 천동화기가 되면 마음고생이 말할 수 없이 많아진다. 게다가 암적인 살성인 영성·타라·문곡화기가 비치면 더욱 마음고생을 하게 된다. 이 명 역시 축미궁으로 암적인 성계가 모두 들어와 있어서 살면서 지금처럼 힘든 때가 없었다 싶을 정도로 극심한 마음고생을 하고 있다.

기묘대한의 기묘유년 후반기에(축궁 대한부처궁의 성계가 미궁으

大大大破封三火天 馬曲陀碎詰台星機 旺平	大截天天天紫 祿空幅才虛哭微 廟	大天大陀天文文 羊月耗羅鉞曲昌 廟旺旺平 忌	大輩天祿地破 鉞廉姚存空軍 廟廟陷
小劫小　13~22　42辛 耗煞耗　【兄弟】　病巳 　　　　【大幅】	青災歲　3~12　43壬 龍煞破　【命】　衰午 　　　　【大田】	力天龍　　　　44癸 士煞德　【父母】　旺未 　　　　【大官】	博指白　　　　45甲 士背虎　【福德】　冠申 　　　　【大奴】
旬龍天七 空池刑殺 旺	음력 1960년 8월 ○일 묘시 여자 命局 : 木3局 命主 : 破軍 身主 : 火星		大台八天擎 昌輔座喜羊 陷
將華官　23~32　41庚 軍蓋符　【夫妻】　死辰 　　　　【大父】			官咸天　93~　46乙 府池德　【田宅】　帶酉 　　　　【大遷】
紅右天太 鸞弼梁陽 陷廟廟 祿 科			紅寡年鳳天廉 艶宿解閣府貞 廟旺 科
奏息貫　33~42　52己 書神索　【子女】　墓卯 　　　　【大命】			伏月弔　83~92　47丙 兵煞客　【官祿】　浴戌 　　　　【大疾】
解天孤天地天武 神廚辰馬劫相曲 旺平廟閑 權 祿	天天鈴天巨天 使空星魁門同 陷旺旺陷 忌	大天天恩陰貪 魁壽貴光煞狼 旺 權	天天天左太 官傷巫輔陰 閑廟
飛歲喪　43~52　51戊 廉驛門　【財帛】　絶寅 　　　　【大兄】	喜攀晦　53~62　50己 神鞍氣　【疾厄】　胎丑 　　　　【大夫】	病將太　63~72　49戊 符星歲　【身遷移】　養子 　　　　【大子】	大亡病　73~82　48丁 耗神符　【奴僕】　生亥 　　　　【大財】

로 차성안궁해서 들어와 묘궁의 입장에서는 천동화기 · 문곡쌍화기 · 양타 · 화성을 다 보게 된다) 남편이 시가 6억 원대의 배를 보증이 잡힌 줄 모르고 샀다가, 이러지도 못하고 저러지도 못해서 말할 수 없이 마음고생을 했다. 또 연말에는 남편이 정축년에 보증을 선 것이 잘못되어 수천만 원에 대한 이자를 물어주면서 마음고생을 얼마나 했던지 신경성 위염에 심장병이 생겼다고 한다.

　부처궁의 성계가 그러하니 남편과 이혼하려고 마음먹기도 했던 것이다. 암성의 피해가 이와 같다.

12) 성정의 격국

앞에서 상술한 것 외에 또 중요한 것이 격국이다. 격국이란 간단히 말해서 星이 조합하는 상황을 말한다.

부처궁이 좋든 나쁘든, 복덕궁·전택궁에서 도화성을 만나든 그렇지 않든 간에 본명궁이 도화격국이 형성되면 일생의 감정생활이 복잡하다고 판단할 수 있다. 예를 들어 탐랑이 해자궁에서 양타를 만나면 범수도화격(泛水桃花格)이 되는데, 이것은 탐랑이 해궁이나 자궁에서 타라를 만나거나 자궁에서 양인을 만나는 것을 말한다. 또 어떤 궁에서든 탐랑이 타라나 경양을 만나면 풍류채장격(風流綵杖格)이 형성된다. (원래 풍류채장격은 인궁에서 탐랑이 타라와 동궁하는 경우를 말하는데, 탐랑의 속성상 어느 궁에서든 양타를 만나면 도화로 변할 가능성이 있다.)

그 밖에 천기가 인신사해궁에서 태음을 만나면 남낭탕 여다음(男浪蕩 女多淫)이라 하여 타향살이를 하거나 타향에서 유랑하는 조합이 된다. 일생 동안 동적이고 밖에서 분파하며 하는 일도 사무실 밖에서 함이 많다.

명궁이 염정·칠살에 축미궁이 되면 웅숙건원격(雄宿乾垣格)이 형성되어 일생 동안 집을 떠나 밖에서 발전하며, 개성이 강강하고 문무겸전하며 책임감도 있고 본분을 지킨다.

무곡·파군이 사해궁에 있으면 사업심이 매우 강하고 모험을 마다하지 않는 정신이 있어 일생 동안 투기 경향이 있는 장사에 종사하게 된다.

자오궁의 거문이 祿·權·科를 만나면 석중은옥격(石中隱玉格)이 되는데, 일생 명성을 떨치게 되나 소년 시절에 한차례 고생을 한 뒤에 성취할 수 있다.

따라서 星을 볼 때는 격이 이루어졌는지, 즉 어떤 조합의 상황이 되었는지를 반드시 살피고, 그 명격이 어떤 궁에 있는가를 봐야 한다. 부처궁을 예로 들면, 부처궁에서 천기 · 천량과 경양이 만나면 조유형극 만견고(早有刑剋晩見孤)의 조합이 된다. 이것은 천기 · 천량이 진술궁에서 동궁하거나 축미궁에서 상대하면서 경양을 보는 것을 말하는데, 일찍 결혼하면 이별하는 현상이 있고 배우자가 먼저 죽는다든지 하여 만년에 혼인생활이 비교적 고독해진다.

격국이 어떤 궁에 있는가에 따라서도 나타나는 것이 다르다. 고극의 격국이 명 · 신궁에서 이루어지면 부처궁이나 복덕궁에 도화성이 있든지 없든지 간에 일생 동안 이성의 인연이 별로 없다. 또한 고극의 星은 육친에 불리하므로 육친궁에 있는 것도 좋지 않다.

그래서 격국이 가장 중요하며, "격이 있으면 격으로 논하고 격이 없으면 성정으로 논해야 한다"는 말이 나온 것이다. 즉 격국이 있으면 격국으로 궁을 판단하는 근거를 삼아야 한다. 대한에서도 마찬가지다. 그러나 격국이 이루어지지 않으면 星을 살펴야 한다.

▶ 이러한 관점은 아주 중요하다. 그러므로 항상 명을 볼 때는 격이 이루어져 있는지부터 살펴야 한다. 명궁뿐만 아니라 나머지 열한 개 궁 역시 마찬가지다.

13) 십이지지궁의 기본의미

명궁이 어느 궁에 있느냐에 따라 星을 보지 않고도 그 사람의 성격이나 성향을 대충 파악할 수 있다. 구체적인 것은 星과 배합해야 하지만 좌명한 궁이 기본적으로 어떤 의미를 가지고 있는가를 알아

두면 간명하는 데 도움이 된다.

명궁이 자오묘유궁에 있으면 사왕지 또는 도화지라고 하는데, 대체로 주색을 좋아하고 사교와 교제에 능하며 표탕을 면하기 힘들고 일생의 감정이 비교적 복잡하다. 여기에 다시 星과 배합해서 도화성이 좌명하면(탐랑·천요·홍란·염정·함지 등) 표탕함과 도화의 형상이 두드러진다.

또 명궁이 진술축미궁에 있으면 사묘지·사고지(四庫地)로 보수적이고 고독하며 이조(離祖)·이종(離宗)한데, 배합된 星이 태양·태음·살파랑의 星일 경우는 더욱더 증험(축미궁은 日月交會)하다.

명궁이 인신사해궁에 있으면 사생지(四生地)·사마지(四馬地)로 비교적 바쁘고 고생스러운데, 이는 사마가 분주를 의미하는 동(動)의 의미가 있기 때문이다. 또한 사마는 재성이므로 비교적 노록으로 고뇌함이 많다. 특히 동적인 星인 천마성이나 천기성이 있으면 이러한 특성이 더욱더 명확하지만, 비교적 온중한 星인 천부·천상을 만나면 서로 상충하여 노록의 정황이 감소한다. 살파랑·태양·태음은 동적인 星인데 사마궁에 있으면 비교적 노록의 명이 된다. 일월은 쉬지 않고 운전(運轉)하는 것을 의미하므로 더욱더 그러한 것이다.

인신사해궁에 주성이 있으면 일생 동안 사업의 변동이 매우 크거나 동시에 두 개 이상의 사업을 하는 수가 많은데, 이 궁은 쌍(雙)의 의미가 있기 때문이다.

8. 제가논명실례

자미두수를 추론하는 방법론에 이르면 학자마다 관점의 차이가 많고 새로운 이론을 만들어 응용하는 학자도 많아서, 초학자들이 자미두수의 추론법을 습득하기란 매우 어렵다.

게다가 별에 관해 설명해놓은 책은 많으나 추론에 힌트를 얻을 수 있는 추단 실례를 언급한 책은 별로 없어서 더욱 어렵게만 느껴진다. 그래서 별에 관한 속성을 모두 공부해놓고도 추론 부분에서 막혀 손을 놓는 사람이 많다.

이 장에서는 『심곡비결』, 대만의 자운 선생, 관운주인이 쓴 『두수선미』, 중주파, 북파의 추명 실례를 통해 자미두수의 추론에 관한 개론적인 이해를 할 수 있게 했다.

또한 명례를 제시하기에 앞서 각각의 추론법에 대한 간단한 소개와 필자의 견해를 정리해서 추론에 대한 안목을 넓혀주고 이해를 돕는 데 최선을 다했다.

1) 『심곡비결』

(1) 추명의 특징

『심곡비결』의 추명의 특징은 오행의 생극제화를 핵심으로 삼고 있다는 점이다. 추론에 대해 나와 있는 2권 이후의 명례들을 보면 생극제화가 아니면 내용이 없을 정도로 생극제화의 관점을 많이 쓰고 있다. 생극제화에 관한 한 어떤 책에서도 찾아볼 수 없는 자세한 내용이 실려 있다고 하겠다.

그러나 『심곡비결』에서 응용하는 오행의 생극제화를 보면 생년지와 생년국, 묘과 궁과의 관계뿐만 아니라 묘과 묘끼리도 생극제화가 발생한다고 하므로 이 문제를 명쾌하게 정리해서 이해하기란 쉽지 않다. 또한 본명의 분석에만 치중하고 있을 뿐 대운·유년이나 유월에 대한 분석은 없다. 그래서 『심곡비결』으로 공부하는 사람들의 경우 본명 분석은 그런대로 하지만 실제적인 운 추론은 약하다는 단점이 있다.

또한 『심곡비결』은 잡성에 상당한 비중을 두고 추론한다. 특히 천복·천관·청룡·백호·은광·천귀·삼태·팔좌, 잡성 중의 태양·태음 등 길한 힘을 가진 잡성에 대한 비중을 상당히 크게 보고, 이들과 정성과의 관계를 소중히 여기며, 이러한 잡성과 정성과의 조합에 온갖 별명을 붙이고 있다.

그리고 『심곡비결』은 거의 모든 궁에서 협이나 암합(명리학에서의 六合)을 아주 소중히 여기고 있는 것이 특이하다. 다른 책에서는 볼 수 없는 색다른 이론도 많이 실려 있는데, 그중에 하나를 예를 들면 태양은 공성(空星)을 좋아하기 때문에 공성을 보는 것을 흉으로 보지 않는 것 등이 있다.

마지막으로 『심곡비결』은 삼방사정의 사정도 기존의 이론과는 다르게 진계전의 주장처럼 사생·사왕·사묘지로 파악하고 있으므로 유의해서 보기 바란다. 『심곡비결』에는 대만의 책에서도 보기 드문 명례가 많이 실려 있다.

(2) 추명 실례 — 임술년 3월 ○일 진시 남명

天傷 大耗 紅鸞 火星 天鉞 旺 旺廟	天福 天壽 封誥 文昌 左輔 天機 陷 旺 廟	寡宿 天使 地空 鈴星 破軍 紫微 平 旺 廟 廟 權	天哭 天馬 文曲 右弼 旺 平 平
飛亡龍 53~62 20乙 廉神德【奴僕】病巳	喜將白 63~72 21丙 神星虎【遷移】死午	病攀天 73~82 22丁 符鞍德【疾厄】墓未	大歲弔 83~92 23戊 耗驛客【身財帛】絶申
天月 天虛 天貴 太陽 旺	임술년 3월 ○일 진시 남자 命局：木3局 命主：貪狼 身主：文昌		天廚 天府 陷 科
奏月歲 43~52 19甲 書煞破【官祿】衰辰			伏息病 93~ 24己 兵神符【子女】胎酉
三台 天姚 地劫 天魁 七殺 武曲 平 廟 陷 陷 忌			解神 天官 台輔 陰煞 陀羅 太陰 廟 旺
將咸小 33~42 30癸 軍池耗【田宅】旺卯			官華太 25庚 府蓋歲【夫妻】養戌
截空 龍池 恩光 天巫 天梁 天同 廟 閑 祿	破碎 天相 廟	紅艶 旬空 蜚廉 年解 鳳閣 擎羊 巨門 陷 旺	孤辰 天空 八座 天喜 天刑 祿存 貪狼 廉貞 廟 平 陷
小指官 23~32 29壬 耗背符【福德】冠寅	青天貫 13~22 28癸 龍煞索【父母】帶丑	力災喪 3~12 27壬 士煞門【命】浴子	博劫晦 26辛 士煞氣【兄弟】生亥

① 경양이 자궁에서 수명하면 성정이 조폭한데, 만약 북방생인과 사묘생인이라면 꺼리지 않는다. (이 명은 임술년생이므로 戌이 되어

사묘생에 해당하므로 꺼리지 않는다.)

②만약 목국인(木局人)이 거문과 동궁하면 금수상생으로 가장 발복한다. 녹존과 천상이 협하며 문창·문곡이 내조하고 좌보·우필이 비치면 조정에 올라가고, 태양과 천귀·천복·화과 등의 길성이 내조하면 영진(榮進)한다.

③수생·수국인인데 우필·문곡이 신궁(身宮)에 동수한 자, 자궁의 거문, 인궁의 천동·천량화록·용지, 진궁의 태양·천귀 등의 星이 비치면 반드시 청조(淸朝)의 명신(名臣)이 된다.

④자녀궁이 유궁에서 천부가 독좌하면 土生金하고 태향(胎向)에 거하며 진궁의 태양과 상합하면 5남 4녀다.

⑤술년생이 술궁에 처궁이 좌하고 태음이 좌수하면 아름다운 처를 얻는다. 만약 타라가 동궁하고 칠살·지겁·화기·천요가 암합해도 사묘생이므로 꺼리지 않으며, 일찍 극하는 근심이 없다. 처첩이 남편을 쥐고 흔들려는 불미한 행동을 한다.

⑥진궁 관록궁에 태양이 독좌하고 천귀가 동궁하며 술궁의 태음과 상조할 때 술생인은 복이 지귀(至貴)한데 목국이면 더욱 발달한다. 만약 자궁의 거문·문곡과 타라·우필 등의 水가 내회하면 여러 水가 생목하게 되므로 수생인의 복록이 최대가 된다.

⑦동량 두 星이 인궁 복덕궁에 동궁하고, 화록과 녹존이 해궁에서 암합하면 지귀하여 일생 복경(福慶)하고 환희로 세월을 보낸다.

⑧천이궁의 문창이 화과를 띠면서 조명하면 반드시 과거에 급제한다.

⑨질액궁에 파군·지공·영성이 있으면 불미한데, 만약 자미와 권성이 동거하고 천상·녹존이 삼방에서 비쳐서 구해주면 도리어 질병이 없고 있어도 가볍게 풀어진다.

⑩전택궁의 칠살·지겁은 불미하나 만약 무곡 재성(財星)이 주

성이며 자부 · 녹존이 삼방에서 내조하면 좋은 전답에 아름다운 집이 있다. 전택궁에서 이러한 격을 얻었는데 칠살 · 지겁이 화기와 동궁하고 파군 · 지공 · 타라 · 영성 · 천형 등 제살이 회합하면 반드시 전택으로 인해 다투는 근심이 있다.

⑪진궁 관록궁에 태양이 독좌하며 천귀나 천관귀인이 대조하고 괴월이 협하면 소위 양귀협귀 봉일금전(兩貴夾貴 捧日金殿)하는 귀격인데, 한조(漢朝)의 곽광이 이 격을 얻어 전혀 근심이 없었다.

⑫부모궁에 천상이 홀로 있으면 부모가 향수하나, 순공과 절공이 협하며(『심곡비결』은 정성뿐만 아니라 잡성이나 공망성의 협도 소중하게 본다) 화령 · 공겁 등의 살이 모여 있으면서 경양이 암합하면 일찍 부모를 잃는다.

2) 자운 선생

(1) 추명의 특징

자운 선생은 남파 계통의 학자로서 스승 하로사(河老師)를 통해 10년 가까이 배우고 약 30년의 추명경험이 있는 학자다. 자운 선생은 대만에서 가장 저명한 두수가로 알려져 있으며 책만 해도 열 권 가까이 나와 있는데, 그의 책은 실전추명위주로 구성되어 있다는 특징이 있다. 따라서 자미두수의 추론에 관한 문리를 트려는 사람에게는 자운 선생의 책들을 꼭 한번 읽어보기를 권한다.

물론 자운 선생의 책 역시 추론에 대한 원리나 메커니즘을 구체적으로 밝히고 있지 않으므로, 그의 책을 통해 추론의 원리적인 부분을 파악하기는 힘들다. 그러나 수많은 자미두수 책들 가운데 추론에 관한 내용이 이 정도나마 언급된 것은 대만이나 홍콩을 통틀

어도 보기 힘들며 내용도 괜찮은 편이다.

자운 선생의 논명은 전통적인 자미두수 고전인 『자미두수전서』를 근거로 하여 논리적으로 이치를 전개해나가는 것이 큰 특징이다. 명을 추론할 때 星의 특성이나 사화의 운용법, 격국의 운용 등에 대해 뛰어난 기교를 발휘하고, 경험을 통해 세운 자신의 이론인 태세입괘법(太歲入卦法)·중점궁위(重點宮位)·삼태이론(三台理論) 등을 구사하며 매우 치밀하게 명을 분석한다.

다음의 명례는 필자가 약간의 편집을 가해서 옮긴 것이다.

(2) 추명 실례 — 1957년 8월 ○일 해시 남명

명반의 주인공인 A는 전자공학을 전공한 후 기유대한 말에서 무신대한 초에 가전제품을 수리·판매하는 회사에 들어갔다. 그 후 진 선생과 함께 무신대한 임술년(1982년, 스물여섯 살)에 동업했다.

처음에는 서로 뜻이 잘 통했다. 그러다가 기사년(1989년)·경오년(1990년)의 실적이 아주 좋아 돈을 많이 벌었는데, 이때부터 두 사람의 경영이념이 어긋나(경오년 정미대한 1년) 급기야는 신미년(1991년)에 A가 진 선생에게 경영권을 넘겨주고 주식은 빼지 않고 나왔다.

① 합자에서 봐야 할 궁
진 선생은 신묘생이다.
A의 무신대한 천이궁이 좋으니 당연히 좋은 합자관계를 유지할 수 있었겠지만, 정미대한도 천이궁이 나쁘지 않은데 왜 이런 일이 발생했을까?
혼인의 경우 부처궁이 좋은 것 외에 배우자의 태세궁위(해당인의 띠가 있는 궁을 뜻한다. 예를 들어 배우자가 용띠면 진궁이 태세궁위가

旬天破天天台天陀太 空廚碎使壽輔貴羅陽 　　　　　　　陷旺 力指白　54~63　45乙 士背虎【疾厄】　　生巳	紅祿破 鸞存軍 　旺廟 博咸天　44~53　46丙 士池德【財帛】　　養午	紅天寡天擎天 艷月宿才羊機 　　　　廟陷 　　　　　　科 官月弔　34~43　47丁 府煞客【子女】　　胎未	天天紫 姚府微 　平旺 伏亡病　24~33　48戊 兵神符【身夫妻】　絶申
天武 刑曲 　廟 青天龍　64~73　44甲 龍煞德【遷移】　　浴辰	음력 1957년 8월 ○일 해시 남자 命局 : 金4局 命主 : 祿存 身主 : 天同		天鈴天太 哭星鉞陰 　陷廟旺 　　　　祿 大將太　14~23　49己 耗星歲【兄弟】　　墓酉
截天天文右天 空傷虛曲弼同 　　旺陷廟 　　　　　權 小災歲　74~83　55癸 耗煞破【奴僕】　　帶卯			天地貪 空劫狼 　　平廟 病攀晦　4~13　50庚 符鞍氣【命】　　死戌
解天大三火七 神官耗台星殺 　廟廟 將劫小　84~93　54壬 軍煞耗【官祿】　　冠寅	年封鳳龍恩天 解誥閣池光梁 　　　　　旺 奏華官　94~　　53癸 書蓋符【田宅】　　旺丑	八陰天地天廉 座煞喜空相貞 　　　平廟平 飛息貫　　　　52壬 廉神索【福德】　　衰子	蜚天孤天天文左巨 廉福辰巫馬魁昌輔門 　　　　平旺旺閑旺 　　　　　　　　忌 喜歲喪　　　　　51辛 神驛門【父母】　　病亥

된다)가 좋아야 한다. 하나만 고려한다면 편차가 생기게 된다. 만약 두 궁위 중 하나만 좋으면 혼인에 곤란함이 있게 된다.

　선천부처궁이 좋으면 좋은 배우자를 비교적 쉽게 만나며, 배우자가 좋은 태세궁위에 좌할 확률이 비교적 높다. 그러나 부처궁이 길해도 실제 혼인에서 평정과 화해하지 못하는 경우가 있다. 그래서 혼인대상이 좌한 태세궁위의 길흉은 항상 혼인의 좋고 나쁨에 중요한 조건이 된다.

　혼인과 마찬가지로 사업 역시 파트너의 태세궁위의 길흉으로 합자기간, 의견이 통하느냐의 여부, 협조의 일치 등을 보는 근거로 삼는다.

② 생년태세
진 선생은 신묘생으로서 묘궁의 삼기에 육길성이 비친다.
- A는 정유생이고 진 선생은 신묘생이니, 두 사람의 생년태세가 정확히 묘유궁으로 마주보고 있다. 두 사람의 태세가 삼방에서 만나는 궁위 속에 있는 것은 일종의 계합(契合)으로, 이러한 계합은 서로의 길흉작용을 가강시켜 길흉을 증가시킨다.
- 진 선생의 거문화록이 A의 명궁을 쌍록으로 협한다.
- 진 선생의 괴월이 A의 선천사업궁과 재백궁에 있다.
- 삼기가회(三奇嘉會)에 육길이 비친다.

그래서 합자하려는 의기가 상통해서 동업할 수 있었다.

③ 운의 작용
흉상 방면으로는 해궁에 거문화기·영성·경양이 비쳐 묘궁을 간섭한다.

사업을 개시한 무신대한에는 태음화권이 묘궁을 비쳐 쌍화권이 되어 일종의 길화로 합작 창업하려는 마음이 생기게 되었다. 그러나 미궁에서 천기화기와 경양이 흉격을 형성하면서 묘궁을 비친다. 그런데 미궁은 진 선생의 태세궁위의 사업궁이다. 만약 해궁의 거문화기까지 고려하면 기살(忌煞)이 번갈아 충하는 격국이다. 따라서 태세궁위는 길흉혼잡 궁위라 할 수 있다.

④ 왜 경오년에 의견이 발생했는가?
무신대한에 사업을 시작해서 천기화기가 흉상으로 악인(惡因)을

감추고 있다가, 정미대한에 이르자 해궁의 거문쌍화기가 묘궁과 미궁을 충해 해궁과 미궁에 원래 있던 기살(忌煞)이 연속해서 인동되므로 그 흉이 가중되었다.

미궁에서는 무신대한에 천기화기로 인해 '천기화기 경양회(天機化忌 擎羊會)'의 흉격이 형성되었는데, 이 흉격의 역량은 해궁의 거문화기로 인해 가중된다. 해궁의 거문은 정미대한에 쌍화기가 되어 미궁의 쌍기의 충격 외에 미궁의 흉격으로 하여금 계속 연장해서 더욱 강렬한 흉격의 작용을 형성시킨다.

해궁의 상황을 보면 원래 화기인 거문이 공겁의 협제를 당하고 있다. 그 결과 거문이 무신과 정미 양 대운의 연속 화기의 간섭 후에 이 궁에 원래 있던 공겁협기로 하여금 아주 강한 흉격작용을 낳게 했다.

그래서 진 선생의 태세궁위는 표면으로 보면 길하나 더 깊게 보면 상당한 흉상이 숨어 있어 길처장흉(吉處藏凶) · 선길후흉(先吉後凶)의 궁위가 된다.

⑤ 무신대한의 태음화권에 정미대한의 祿 · 權 · 科가 비치는 것은 어떻게 보아야 하나?

정미대한의 삼기가회가 묘궁으로 들어가 두 사람이 합자하는 데에 긍정적인 작용을 낳게 된다. 단 삼기가회의 길상작용은 정미대한에 비로소 출현하나 해궁 · 미궁의 연속되는 두 대한 모두 흉격이 형성되어 묘궁을 충격한다.

해궁 · 미궁에서 형성된 흉격작용이 정미대한에 의해 묘궁에 출현시킨 삼기가회 길상보다 더욱 강렬하여, 묘궁에서 받는 흉상은 길상보다 더욱 강렬하다.

이 밖에 경영이념 차이로 갈라설 때는 정미대한이므로 미궁은 해묘미의 삼합궁위가 되는데, 삼합으로 인한 길흉으로 일어나는 명리현상은 비교적 강렬하여 길흉을 가중시킨다. 이것이 진 선생의 태세묘궁이 A가 정미대한에 진입할 때 흉상을 초래하여 사업경영 의견이 어긋난 원인이 된다.

무신과 정미 두 대한의 화기가 연속적으로 해미 두 궁을 인동시키는데, 이 두 궁은 진 선생의 태세궁위의 재백궁·관록궁이며 A가 정미대한으로 들어갈 때 본궁과 사업궁이 된다. 이것이 두 사람의 경영이념에 문제가 발생한 명리현상이다.

⑥ 정간(丁干)의 삼기가회는 묘궁에 어떤 길상작용을 하는가?

이 길상은 진 선생에게 비교적 유리한 작용을 한다. 그래서 문제가 생기자 사업을 진 선생에게 넘기게 된 것이다. A는 이 길상으로 인해 회사의 경영관리는 참가하지 않지만 완전히 결렬되지는 않아 주식은 빼지 않게 되었다.

⑦ 합자궁위의 논단근거

혼인의 좋고 나쁨에 부처궁과 배우자가 좌한 태세궁위가 중요한 영향을 끼치듯이, 사업 합자인이 좌한 태세궁위가 낳는 호동작용(互動作用) 역시 큰 영향을 끼치므로 중시해야 한다.

한 개인의 명조에서 사업상 합자 파트너로부터 힘을 얻느냐의 문제는, 천이궁과 합자인이 좌한 태세궁위 외에도 명·신격국의 왕약과 만나는 육길성의 상황으로 정해진다. A는 명·신궁에 좌한 토이 강하고 왕하기는 하지만 육길성이 없어 합자사업상 비교적 곤란하고, 유력한 합자인을 만나서 장기간 한마음으로 협력하여 같이 경영할 수 없었던 것이다.

3) 『두수선미』의 관운주인

다음은 관운주인의 『두수선미(斗數宣微)』에서 인용한 것이다.

자미두수를 입문하는 데 가장 중요한 텍스트는 자미두수의 기본 원서라고 할 수 있는 『자미두수전서』와 『자미두수전집』이고, 그 다음으로 봐야 할 책 중의 하나가 『두수선미』이다. 『두수선미』는 청나라 말, 중화민국 초기의 관운주인이 쓴 것으로 1928년에 처음 출판되었으나, 대만에서 다시 출판된 것은 1976년이다.

대만의 많은 학자들이 『두수선미』를 주목하는 이유는, 이 책에 관운주인이 간명한 쉰 개 남짓한 명반과 더불어 두수추론상의 중요한 여러 이론들이 들어 있어 자미두수를 부흥시키는 데 일조를 했기 때문이다.

그래서 많은 학자들이 옛사람들이 쓴 책 중에서는 『자미두수전집』이 가장 좋고, 근대 이후에 나온 책 중에는 『두수선미』가 가장 좋다는 말들을 한다.

『두수선미』를 읽으면 자미두수의 추론방법에 대한 면모를 엿볼 수 있는데, 『자미두수전서』 이후 명례가 이처럼 많이 실리고 설명되어 있는 책은 이 책이 처음이 아닌가 싶다.

옛사람들을 비판하기 좋아하는 대만의 요무 거사까지도 『두수선미』에 대해서는, 자미두수의 고전적인 자료가 빈곤한 오늘날 그나마 자미두수에 입문하는 사람이 봐야 할 기초 참고서의 자격을 갖췄다고 말할 정도. 심지어 『자미두수전집 현대평주』와 더불어 『두수선미 현대평주』까지 요무 거사가 썼을 정도로 자미두수의 현대적 고전의 지위에 있는 책이다.

다음의 내용은 『두수선미』 중에서 비교적 길게 논명한 부분만을 발췌하여 넣었다. 취할 것만 취하면 허물이 없을 것이다.

(1) 추명의 특징

관운주인은 항상 고전에 근거하여 추론한다. 星의 조합으로 길흉을 판단하는 것은 그리 독특한 부분이 아니지만, 유년을 볼 때 유년과 소한을 같이 보면서 유년의 신살들, 특히 상문·백호·삼살(三殺:겁살·재살·천살)·유년양타·유년녹존·태세·세파·관부 등을 자유자재로 쓰는 것은 관운주인만의 특이한 점이다. 또한 절로공망이나 순중공망 같은 星들을 상당히 중요하게 보고 태세와 소한과 대한과 선천명과의 관계, 천라·지망 등을 운 추론에 응용하고 있는 점도 특이하다.

(2) 추명 실례 — 공자의 명(경술년 11월 ○일 자시 남명)

천량이 자궁에 입묘하면서 수신명(守身命)하며, 일월과 쌍록·문곡·화과·박사가 비치고 우필이 보조하고 있다. 좌보·장생은 복덕궁에 떨어져 있다.

경에 말하기를 "천량은 주인이 청수하고 온화하며 생김새가 온중하고 성정이 시원시원하다. 창곡·보필이 비치면 그 지위가 태성(台省)에까지 이른다"고 했으므로 노나라에서 벼슬을 했다. 또 "천량·태양·문창·녹이 만나면 일등으로 과거급제한다"고 했으니 문장으로 성명함이 있었다.

천량은 본래 도리를 잘 이야기하는 별이기 때문에 공자는 문장으로 그 시대에 으뜸이었으며 더불어 후세의 모범이 되었다.

첫 대운인 기축대운은 괴월에 자부가 비쳐서 비교적 좋았다.

26세 이후는 좌보·장생에 일월·녹마를 만나 본래 좋게 논한다. 그러나 애석하게도 공망지를 행했다. 태양이 오궁에 떨어져 있기는 하지만 대궁에서 기월도 동궁하고 있는데 기월은 심지가 좁은 별이다. 그래서 참사람을 만나지 못했다.

天大紅破武 傷耗鸞軍曲 閑平 權 大亡龍 56~65 32辛 耗神德【奴僕】 冠巳	截解天台陰太 空神福輔煞陽 廟 廟 祿 伏將白 66~75 33壬 兵星虎【遷移】 旺午	寡天天陀天天 宿使刑羅鉞府 廟旺廟 科 官攀天 76~85 34癸 府鞍德【疾厄】 衰未	天祿天太天 哭存馬陰機 廟旺平閑 博歲弔 86~95 35甲 士驛客【財帛】 病申
天文天 虛曲同 廟平 忌 病月歲 46~55 31庚 符煞破【官祿】 帶辰	경술년 11月 ○일 자시 남자 命局：火6局 命主：貪狼 身主：文昌		恩擎貪紫 光羊狼微 陷平平 力息病 96~ 36乙 士神符【子女】 死酉
天鈴 貴星 廟 喜咸小 36~45 42己 神池耗【田宅】 浴卯			紅天天天文巨 艷月壽才昌門 陷旺 青華太 37丙 龍蓋歲【夫妻】 墓戌
旬天封龍三天左 空廚詁池台巫輔 廟 飛指官 26~35 41戊 廉背符【福德】 生寅	破火天七廉 碎星魁殺貞 旺旺廟旺 奏天貫 16~25 40己 書煞索【父母】 養丑	蜚年鳳八右天 廉解閣座弼梁 旺廟 將災喪 6~15 39戊 軍煞門【身命】 胎子	天孤天天天地地天 官辰空喜姚劫空相 旺陷平 小劫晦 38丁 耗煞氣【兄弟】 絶亥

    36세 후에도 공망지를 행하며 본궁 星이 좋지 않으나 자부·천상을 만나 귀인의 도움을 받을 수 있었다. 그러나 천부 옆에 타라가 있고 제흉이 작란하고 있으며 천상은 여러 패성들과 동궁하고 있어 더욱 무력하니 도리어 흉하다. 대궁의 자미·탐랑은 귀한 별이나 경양에 의해 충산(沖散)되었으니 이 운엔 단지 베풀기만 했다.

    46세 후에 관록궁으로 들어가니 마땅히 품은 뜻을 크게 펼쳐야 했으나, 화기와 거문은 시비와 순조롭지 못한 星이다.

    56세 이후에는 사궁에 들어가는데 대궁인 해궁의 星이 불길하다.

따라서 열국을 주유하느라 바쁘기만 하고 편안치 못했다. 경에 말하기를 "공자가 양식이 끊어진 것은 천상(天傷)이 있는 운에 들어갔기 때문이다"라고 했다. 게다가 대모를 만나니 더욱 심했다.

오대운은 일생에서 좋은 운이었으나, 73세 때 소한이 천라궁(술궁)에 들어가 화기나 거문으로 인해 길하지 못했다. 또 태세를 만났으며 세파·백호가 대한에 들어가고, 명·신궁에는 상문이 충하며 유년경양과 역사가 자궁에 있고, 태세술궁에는 유타(流陀)가 있으며 이 해의 삼살은 해자축궁에 있게 된다. 신명이 이미 약한데 제흉이 같이 대·소한을 충하니 임술년 4월 2일에 죽었다.

화기가 관록궁에 들어가 있으니 일생 동안 순조롭지 못했고 해로움이 적지 않았다. 천상·천사가 대한을 협하니 이 운에서 벗어나지 못했던 것이다.

부모궁을 살펴보니 염정·칠살은 주무(主武)하고 화성과 천괴는 주용맹하니 아버지가 건장(健將)으로 위명이 있었다. 형제궁엔 겁공이 있고 대궁에 파군과 천상이 있으며 대모도 상잔(傷殘)을 주한다. 만약 천상이 없었다면 생존하기 어려웠을 것이다.

부처궁에는 문창·화개가 있어 처가 청고했고 가정을 다스릴 수 있었으며, 자녀궁의 자탐은 본래 후사가 왕하지 못하므로 비록 백어(伯魚)가 있었으나 일찍 죽었다. 경양이 있고 또 대궁에서 영성과 살이 중하니 극한 것이다. 재백궁은 적손(嫡孫)의 궁인데(관운주인은 재백궁을 손주궁으로 본다) 그 안에 기월·녹마·박사·화과의 각 星이 있으니 자로를 얻어 가풍을 이었으며, 저술로 후세를 이롭게 했다.

천이궁의 태양이 오궁에 떨어져 명궁에 있지 않지만 그래도 일려중천(日麗中天)이라 할 수 있으며, 화록이 있으니 도처에서 도움을 받았다. 노복궁의 무파는 주고(主孤)하고 주용(主勇)하며, 천상은 주요(主夭)하고, 대궁에 겁공·고진·겁살은 고고(孤苦)하고 표박하다. 홍란·천희와 천요·화권은 학식이 순정하여 아랫사람들이 각기 장점을 갖추고 있었다.

　관록궁의 천동은 수고(水庫)에 들어갔으니 발전하지 못했지만 문곡과 대궁에서 힘을 얻을 수 있었다. 문창은 평생의 직책이 되고 화기와 대궁의 거문은 모두 시비쟁론을 주하니, 만일 관록궁에 살성이 있었다면 오히려 위권이 오래 가서 결코 노나라에서 3개월 벼슬하는 데 그치지 않았을 것이다.

　전택궁의 영성·함지는 전원이 쇄락하게 되지만 대궁의 자미·탐랑이 아주 묘하다. 서거 후에 왕실로부터 봉증(封贈)을 받고 영원히 유전되었으니 말이다.

　복덕궁의 좌보와 용지·삼태는 지위가 높고 품격이 있지만 대궁의 기월·녹마로 인해 복을 누리기 어려워 떠돌아다녔다. 화과·박사는 모두 문호(文豪)가 되는 것을 主하니 만세의 사표가 되었다. (여기서는 庚干 태음화과로 본다.)

4) 중주파

(1) 추명의 특징

　중주파는 자미두수 학파 중에서 가장 정통적인 학파다. 자미두수는 1970년대부터 홍기하기 시작했으나, 1990년대에 들어와 중주파가 출현함으로써 비전으로 내려오던 모습이 비로소 온전하게 드러나게 되었다.

　중주파의 책 가운데『성요의 특성』『왕정지 담성』과 같은 대중적인 책은 각기 대만과 홍콩에서 여러 쇄를 거듭해서 읽히고 있지만,

그보다 더 깊은 내용을 담은 『초급강의』와 『심조강의』는 책값이 매우 비싸기 때문에 대만에서조차도 널리 퍼지지 않고 있다. 그러나 중주파 계열의 책들은 논리성과 내용의 치밀함으로 인해 현존하는 어떤 자미두수 학파도 따라올 수 없을 정도로 탁월하다.

중주파의 특징은 星에 대한 특징과 성계와 성계들 간의 반응으로 인해 일어나는 현상(육십성계라는 이름의 내용이다. 중주파『심조강의』에 나와 있다)들에 대해서 매우 치밀하고 분명하게 언급해놓았기 때문에, 星의 속성과 반응에 관한 한 중주파 계열의 책을 읽지 않고는 안다고 할 수 없다.

또한 중주파는 높은 적중률로 인해서 독보적인 지위를 확보하고 있다. 이론은 그럴듯하지만 실전에 적용하면 맞지 않는 책이 많은데, 중주파 계열의 책 속에 나오는 내용은 엄청난 적중률을 자랑하고 있다. 필자도 중주파의 책을 통해서 자미두수의 정통적인 이론을 정립하고 추명에 응용하고 있지만, 그 책에 나온 내용들이 실전에서 어김없이 적중하는 것을 보고 놀란 적이 한두 번이 아니다.

마지막으로 또 하나의 특징은 잡성을 하나도 버리지 않고 세세한 추단에 응용한다는 것이다.

(2) 추명 실례

초학자들은 명궁 · 천이궁 · 재백궁 · 관록궁의 삼방사정의 추단에 집착하는데, 이러한 방법으로는 전체적으로 명반의 격국의 고저를 파악하기 어렵다. 따라서 다음의 방법으로 관찰하는 것이 좋다.

① 먼저 부모궁을 본 후에 전택궁을 본다.

부모궁과 전택궁을 통해 그 사람의 출신과 부모의 도움 정도를 추단할 수 있다. 따라서 두 궁을 먼저 살피고 명궁을 봐야 비로소 자수성가에 적합한 사람인지 아니면 부업을 지키고 보수적인 삶을 살기에 적합한 사람인지를 알 수 있다.

이 점은 아주 중요하다. 가령 부모궁과 전택궁이 아주 좋은데 명반에서 분명한 자수성가의 운세로 간다면 이것은 가정이 한차례 붕괴됨을 나타내주는 것이며, 반대로 부모궁과 전택궁이 모두 나쁜데 연속되는 2~3개 대운에서 보수적인 운을 돌파할 수 없는 운으로 흐른다면 그 사람이 환경을 좋게 바꾸기 어렵다는 것을 뜻한다.

②명궁과 복덕궁을 동시에 관찰한다.

일반적으로 명궁의 삼방사정의 星은 물질향수·재부(財富)의 다과·사업의 성패와 같은 비교적 실질적인 운을 나타내며, 복덕궁의 삼방사정은 한 개인의 정신향수와 사상활동을 나타낸다.

이 두 궁이 모두 좋으면 당연히 양호한 가정을 꾸린다고 할 수 있다. 그러나 만약 명궁은 아주 좋은데 복덕궁이 나쁘다면 이때는 혼인이 여의치 못하거나, 요행에 의해 치부했다 하더라도 정신적인 향수는 고상하지 못하거나, 혹은 처지는 상당히 좋더라도 고질병을 앓는다거나 하게 된다.

③특별히 주의를 기울여야 할 궁을 찾는다.

만일 혼인이 여의치 않을 것 같으면 부처궁을 살피고, 고질병을 앓을 것 같으면 질액궁을 검사하여 명궁과 복덕궁을 배합해서 판단해야 한다.

• 예1) 부인
1957년 4월 ○일 유시 여명
명궁에 천기화과·태음화록이 있는데 재백궁에서 천동화권을 만

旬天破天陀破武 空廚碎才羅軍曲 　　　　陷閑平 官指白　95～　45乙 府背虎【子女】　絶巳	紅祿太 鸞存陽 　旺廟 博咸天　　　46丙 士池德【夫妻】胎午	紅寡鈴擎右左天 艶宿星羊弼輔府 　　旺廟廟廟廟 力月弔　　　47丁 士煞客【兄弟】養未	陰地太天 煞劫陰機 　　廟平閑 　　　　祿科 青亡病　5～14　48戊 龍神符【命】　生申
八天天 座姚同 　　平 　　權 伏天龍　85～94　44甲 兵煞德【財帛】墓辰	음력 1957년 4월 ○일 유시 여자 命局：土5局 命主：廉貞 身主：天同		天天貪紫 哭鉞狼微 　廟平平 小將太　15～24　49己 耗星歲【父母】浴酉
截天天台天恩 空使虛輔貴光 大災歲　75～84　55癸 耗煞破【疾厄】死卯			解天三巨 神空台門 　　　旺 　　　忌 將攀晦　25～34　50庚 軍鞍氣【福德】帶戌
天天大地 月官耗空 　　　陷 病劫小　65～74　54壬 符煞耗【身遷移】病寅	天年鳳龍文文七廉 傷解閣池曲昌殺貞 　　　　廟廟廟旺 喜華官　55～64　53癸 神蓋符【奴僕】衰丑	天天火天 喜刑星梁 　　平廟 飛息貫　45～54　52壬 廉神索【官祿】旺子	蜚天孤天封天天天 廉福辰壽誥巫馬魁相 　　　　　平旺平 奏歲喪　35～44　51辛 書驛門【田宅】冠亥

나 '녹권과회(祿權科會)'가 되어 두수 중에서 양호한 구조가 된다.

　복덕궁에는 거문화기가 있고, 부처궁에서 홍란과 함지의 두 개의 도화성을 보며, 재백궁에서 천요를 본다. 이러한 구조는 혼인생활로 인해 정신적인 고통이 생길 수 있음을 나타내므로 반드시 부처궁의 星의 조합을 살펴야 한다.

　부처궁을 살펴보니 태양과 녹존이 동궁하여 남편이 빈궁하지 않다. 그러나 거문화기를 만나는데 더욱 나쁜 것은 대궁 관록궁에서 천량과 천형·화성을 만나는 것이다. 이러한 조합은 부처간에 인연이 없음을 나타낸다.

그러나 부처 무연(無緣)이라고 해도 여러 가지 성질이 있을 수 있다. 예를 들어 뜻이 맞지 않는다든지, 서로 얼굴 볼 날이 적다든지, 남편이 바람을 피운다든지, 남편이 다병(多病)하다든지 하는 것 등이다. 어떤 성질인가를 결정하려면 선천명반의 십이궁만으로는 해결할 수 없으며 반드시 대운과 유년을 살펴야 한다.

④ 근거궁을 관찰하고 운을 조사한다.

대한과 유년의 운세를 조사하려면 항상 명반을 종합적으로 관찰해서 판단해야 한다. 예를 들어 예1)의 명은 매대한의 부처궁을 추적하면 더욱 정확한 판단을 할 수 있다.

경술대한(25~34세)은 술궁이 대한명궁이 되고 신궁(선천명궁)은 대한부처궁이 되는데, 이 궁에 庚 대한의 녹존(流祿)이 들어가며 동시에 대한의 양타가 협하고 있다. 선천명반의 부처궁에도 양타협의 현상이 있는데 대한도 이러하니 아주 공교롭다. 또 대한명궁에 있는 거문화기가 천동화기와 마주보고 있으므로 이 대한에서는 부처 간에 반드시 문제가 있음을 알 수 있다.

계해년(1983년)의 유년부처궁 역시 큰 문제가 있다. 유년부처궁은 유궁으로 자미·탐랑이 있는데 탐랑화기가 되면서 동시에 대한의 경양이 동궁하고 있으며, 사궁에서 선천타라를 만나고 축궁에서 유년의 경양과 무곡·파군·염정·칠살 등의 星을 만난다. 이러한 성계는 가정에 즐거움이 없는 것으로 나타난다.

가장 나쁜 것은 유년경양이 대한경양을 충동하며 동시에 자탐 성계의 화기를 인동시키는 것이다. 그래서 초보적인 추단으로는 부처생활이 매우 비협조적임을 알 수 있다. 그래서 물어보니 계해년에 결혼했는데 결혼 1개월 만에 남편이 성적으로 무능하다는 것을 알게 되었다고 한다.

그 남편 명반의 질액궁을 보니(예2 명반 참조) 천기·태음이 좌수하고 영성과 타라가 동궁하며 천량과 문창화기를 만나고 있다. 그리고 동시에 삼방사정에서 대모·함지·홍란 등의 도화잡성을 만나며 음살이 있다.

• 예2) 남편
1951년 10월 ○일 술시 남명

截蜚天破孤天破武 空廉福碎辰馬軍曲 　　　　　平閑平 將歲喪 85~94 51癸 軍驛門【官祿】　冠巳	天天天天天天太 月廚傷喜刑鉞陽 　　　　　廟 　　　　　權 小息貫 75~84 52甲 耗神索【奴僕】　帶午	旬年鳳龍火天 空解閣池星府 　　　　閑廟 青華官 65~74 53乙 龍蓋符【遷移】　浴未	天大陰天鈴陀太天 使耗煞巫星羅陰機 　　　　旺陷平閑 力劫小 55~64 54丙 士煞耗【疾厄】　生申
解天天台天三天 神才空輔貴台同 　　　　　　平 奏攀晦 95~　50壬 書鞍氣【田宅】　旺辰	음력 1951년 10월 ○일 술시 남자 命局：土5局 命主：巨門 身主：天同		紅天天祿地貪紫 艶官虛存劫狼微 　　　　旺平平平 博災歲 45~54 55丁 士煞破【身財帛】　養酉
天 　　　　　　哭 飛將太　　　61辛 廉星歲【福德】　衰卯			八天擎巨 座姚羊門 　　廟旺 　　　祿 官天龍 35~44 56戊 府煞德【子女】　胎戌
恩天文 光魁曲 　　平 　　科 喜亡病　　　60庚 神神符【父母】　病寅	寡地右左七廉 宿空弼輔殺貞 　　陷廟廟廟旺 病月弔 5~14 59辛 符煞客【命】　死丑	天封紅文天 壽詰鸞昌梁 　　　旺廟 　　　　忌 大咸天 15~24 58庚 耗池德【兄弟】　墓子	天 相 平 伏指白 25~34 57己 兵背虎【夫妻】　絶亥

임상경험에 의하면 이러한 성계의 조합은 육욕에 빠져 무절제한 생활로 말미암은 원기부족으로 추단할 수 있다〔陰分虧損〕.

그래서 의사에게 가서 치료하고 원기를 배양하라고 남편에게 권하자, 을축년(1985년) 초 이혼을 면하게 되었다고 부부가 같이 감사하러 왔다.

⑤ 관찰궁위의 길흉을 볼 때 필요한 몇 가지 기교들
실제로 명반을 추론할 때는 약간의 기교를 알아야 한다.

■ 차성안궁
어떤 궁에 정성이 없으면 반드시 대궁의 星을 본궁으로 들여와 써야 하는데, 이것을 차성안궁(借星安宮)이라고 한다. 차성안궁을 할 때는 정성뿐만 아니라 빌린 궁의 성계를 모두 가져다 쓴다.

■ 성요호섭
한 가지 조합의 성계의 성질을 다른 한 가지 조합의 성계가 파괴할 수 있는 것에 주의해야 한다.

• 예3) 1967년 5월 ○일 인시 남명
이 명반은 중학생 남자의 명반이다(원문에는 여자라고 되어 있는데 도표로 보면 남자가 맞기 때문에 남자로 고친다).

갑자년(1984년)에 중학교 시험을 봤는데 계묘대한이다. 갑자년의 유년을 살펴보면, 명궁은 자궁으로 천부·무곡이 좌수하는데 무곡은 갑년의 화과가 되어 있으며, 신궁과 오궁 두 궁에서 보필·창곡이 비치면서 오궁의 녹존은 대한의 녹존과 중첩된다. 이처럼 녹성·문성이 같이 오니 녹문공명(祿文拱命)의 격국이 이루어진다.

天天天天陀天 廚巫姚馬羅梁 　　　平陷陷 力歲弔　　35乙 士驛客【父母】絕巳	陰祿文右七 煞存曲弼殺 　旺陷旺旺 博息病　　36丙 士神符【福德】墓午	紅天擎 艶月羊 　　廟 官華太 96~ 37丁 府蓋歲【田宅】死未	孤天台紅文左廉 辰空輔鸞昌輔貞 　　　　旺平廟 伏劫晦 86~95 38戊 兵煞氣【身官祿】病申
寡封天紫 宿誥相微 　　旺陷 青攀天 6~15 34甲 龍鞍德【命】　胎辰	음력 1967년 5월 ○일 인시 남자 命局 : 火6局 命主 : 廉貞 身主 : 天相		天地天 傷空鉞 　廟廟 大災喪 76~85 39己 耗煞門【奴僕】衰酉
旬截蜚天年鳳巨天 空空廉壽解閣門機 　　　廟旺 　　　　　忌科 小將白 16~25 45癸 耗星虎【兄弟】養卯			天破 貴軍 　旺 病天貫 66~75 40庚 符煞索【遷移】旺戌
天天貪 官喜狼 　　平 將亡龍 26~35 44壬 軍神德【夫妻】生寅	破天八三天地太太 碎虛座台刑劫陰陽 　　　　　陷廟陷 　　　　　　　祿 奏月歲 36~45 43癸 書煞破【子女】浴丑	解大恩鈴天武 神耗光星府曲 　　　　陷廟旺 飛咸小 46~55 42壬 廉池耗【財帛】帶子	天天天天龍火天天 福使才哭池星魁同 　　　　平旺廟 　　　　　　　權 喜指官 56~65 41辛 神背符【疾厄】冠亥

　일반적으로 보면 이 해에 중학교 시험을 치르면 실패하지 않아야한다. 그러나 유년명궁의 자궁을 보니 함지와 대모가 동궁하고 있다. 함지와 대모가 동궁하면 역량이 상당히 커지는데 주로 불량한 결과를 낳는 남녀의 감정이 발생한다.

　또한 유년복덕궁인 인궁을 살펴보니(명궁과 복덕궁을 동시에 관찰해야 한다는 원칙 때문에) 탐랑이 있는데, 계간 대운의 탐랑화기가 염정과 상대하고 있으며 홍란·천희의 짝성이 서로 마주보고 있다. 그리고 인궁에서 만나는 신궁·오궁의 보좌 제성을 보니 보필·문창·문곡으로 가위 도화가 복덕궁에 모여 있다고 말할 수 있다.

상황이 이러하니 애석하게도 이 해에 연애에 빠져서 시험성적에 영향을 끼쳤음을 알 수 있다. 그 결과 시험에 실패하여 필자에게 왔던 것이다.

이처럼 단지 유년명궁에 함지와 대모라는 두 개의 잡성이 출현함으로써 녹문공명의 성계에 변화가 발생하게 했는데, 이것은 성요호섭(星曜互涉)의 한 예라 할 수 있다.

■ 견성심우
짝성이 출현하면 역량이 가강된다.
자미두수를 추단할 때 사람들이 그다지 주의를 기울이지 않는 원칙이 있는데, 그것이 바로 견성심우(見星尋偶)다. 그러나 중주파에서는 견성심우를 상당히 중요한 추단 기교로 여긴다. 견성심우란, 자미두수에는 수많은 잡성이 있는데 하나만 단독으로 보면 역량이 한정되어 있으나 짝으로 출현하면 역량이 크게 증감된다는 것이다.
옛사람들은 이것에 대해서 봉부간상(逢府看相), 봉상간부(逢相看府)라 하여 천부와 천상은 짝성임을 이미 언급하고 있다.
짝성을 열거해보면 다음과 같다.

정성 : 천부·천상, 태음·태양, 천동·천량, 염정·탐랑
    (이 중에서 동량과 정탐은 중주파에서만 짝성으로 인정할 뿐 다른 부분에서는 구체적인 언급이 없다. 일반적으로 부상과 일월만 짝성이라고 이해하면 되겠다.)
보성 : 좌보·우필, 천괴·천월
좌성 : 문창·문곡, 녹존·천마

잡성 : 홍란 · 천희, 함지 · 대모, 용지 · 봉각, 은광 · 천귀, 삼태 · 팔좌, 고진 · 과숙, 천곡 · 천허, 천복 · 천수, 태보 · 봉고

짝성이 출현할 때 역량의 대소는 다음의 방법으로 정한다.

巳	文昌 午	未	文曲 申
太陰 辰			酉
卯			天虛 太陽 戌
天哭 寅	太陰 太陽 丑	子	亥

역량이 가장 중요한 경우는 짝성이 동궁했을 때이다. 명반을 보며 설명하면, 먼저 축궁에서 일월이 동궁하고 있다. 이러한 경우 성계의 역량은 절대로 소홀히 할 수 없다.

다음으로 역량이 중요한 경우는 짝성이 호조(互照)하는 것이다. 앞 명반의 진술 양궁에 태음 · 태양이 서로 대조하고 있는 것과 같은 경우로, 그 역량의 발휘도 소홀히 할 수 없다.

그 다음은 쌍비호접식(雙飛蝴蝶式 : 두 개의 나비날개 모양으로 들어오는 것)의 회합인데, 짝성이 본궁의 좌우 두 개의 삼합궁에서 만나는 것이다. 앞 명반의 오궁이 본궁이라면 인궁에 천곡, 술궁에 천

허가 있어 짝으로 나비날개처럼 오궁과 만나므로 오궁 입장에서 보면 역량이 크다고 할 수 있다. 그러나 인궁과 술궁 두 궁의 입장에서 보면 곡허가 만나기는 해도 그렇게 중요하지는 않다. 그것은 쌍비호접식의 회합이 아니기 때문이다.

마지막으로 편사식(偏斜式 : 한쪽으로 치우쳐서 보는 것)으로 만나는 것이다. 앞 명반에서 자궁이 본궁이라면 신궁의 문곡과 대궁 오궁의 문창이 상회하는데, 자궁 입장에서 보면 신궁과 오궁의 궁위는 상대의 위치가 평형하지 않다. 이렇게 들어오는 짝성의 형식은 역량이 비교적 적다.

종합하면 짝성이 출현할 때의 역량은 다음의 순서로 줄어든다.

동궁→상대→삼합에서 회조→하나는 삼합궁 하나는 대궁에서 회조 → 각기 삼합궁에 있으면서 상회(즉 인궁·술궁의 곡허처럼 만나는 것)

이것은 옛사람들이 비법으로 전하지 않은 것으로, 어떤 星의 회합은 작용이 아주 강한데 어떤 경우는 큰 작용이 없는 것은 이러한 역량의 차이를 간과했기 때문이다.

5) 북파 논명

(1) 추명의 특징

마지막으로 북파(北派)의 논명법을 소개한다. 앞에서도 언급했듯이 자미두수에는 남파와 북파가 있는데, 남파는 星에 강한 반면 사화에 약하고 북파는 星에 약한 반면 사화에 강하다.

다음의 추명 실례는 북파 계통의 학자 능일 거사의 『자미두수판단』이라는 책에서 옮긴 것인데, 북파 추론의 면모를 살펴볼 수 있다. 북파의 이러한 추론법은 일반적으로 남파에 익숙한 학자들에게는 매우 이질적인 방법으로 보인다.

북파의 논명법은 본명사화는 물론 대한사화·소한사화·유년사화·두군사화에 각 십이궁의 궁간사화까지 쓸 뿐만 아니라 궁간사화가 떨어진 곳에서 다시 2차로 사화를 돌리기도 하므로, 전문가조차도 이런 논리에 적응을 못하는 경우가 많다. 다시 말해서 지나치게 복잡하고 이언령비언령의 소지가 많다.

그러나 그런 한계에도 불구하고 나름대로의 논리성을 갖추고 있어, 남파의 논명법으로 길흉을 판단할 때 부딪히게 되는 모호한 부분이 훨씬 줄어들며 길흉을 분명히 나눌 수 있다는 장점이 있다. 하지만 남파처럼 星의 속성을 치밀하게 사용해서 세밀한 추단을 하지 못하는 단점도 있다.

(2) 추명 실례 — 1954년 10월 ○일 인시 남명

1984년 갑자유년에 친구와 동업했다가 수천만 원의 손실을 보았다.

① 24~33세 대한 을해궁 태음화기가 본명전택궁에 들어가면서 자녀궁을 충한다. (자녀궁은 노복의 관록궁으로 합자궁이 되는데 충을 당한다.) 그래서 이 대한에는 합자하면 좋지 않다. 을해대한의 자녀궁인 임신궁의 임간 무곡화기가 대한복덕궁(본명관록궁)으로 들어가며, 전기(轉忌: 무곡화기가 들어간 궁의 천간으로 다시 화기를 찾는 것을 말한다) 정간(丁干) 거문화기가 노복궁으로 들어가 형제궁을 충하고 있으므로, 이 대한에 합자하면 사업이 반드시 파재한다. (본명자녀궁의 화기가 노복궁·형제궁에 들어갈 때 합자하면 좋지

天破天鈴七紫 廚碎貴星殺微 　　旺平旺 小亡病　84~93　48己 耗神符【財帛】　　生巳	紅天天文 艷月刑曲 　　　陷 將將太　94~　　49庚 軍星歲【子女】　　浴午	天天天恩天 官壽空光鉞 　　　　旺 奏攀晦　　　50辛 書鞍氣【夫妻】　帶未	截孤台陰天天文 空辰輔煞巫馬昌 　　　　　旺旺 飛歲喪　　　51壬 廉驛門【兄弟】　冠申
旬解寡天年封鳳天天 空神宿使解詰閣梁機 　　　　　　旺廟 青月甲　74~83　47戊 龍煞客【疾厄】　　養辰	음력 1954년 10월 ○일 인시 남자 命局 : 金 4局 命主 : 文曲 身主 : 火星		天紅地破廉 福鸞空軍貞 　　廟陷平 　　　　權祿 喜息貫　4~13　52癸 神神索【命】　　旺酉
天天火擎天 才喜星羊相 　　平陷陷 力咸天　64~73　58丁 士池德【遷移】　胎卯			龍天 池姚 病華官　14~23　53甲 符蓋符【父母】　衰戌
蜚天祿巨太 廉傷存門陽 　　廟廟旺 　　　　忌 博指白　54~63　57丙 士背虎【奴僕】　絶寅	大八三地陀天右左貪武 耗座台劫羅魁弼輔狼曲 　　　陷廟旺廟廟廟 　　　　　　　　　科 官天龍　44~53　56丁 府煞德【身官祿】墓丑	天天太天 虛哭陰同 　　廟旺 伏災歲　34~43　55丙 兵煞破【田宅】　死子	天 府 旺 大劫小　24~33　54乙 耗煞耗【福德】　病亥

않다. 대한의 자녀궁 화기가 본명의 노복궁·형제궁에 들어갈 때 그 대한에서도 역시 합자하면 좋지 않다.)

② 갑자유년에 태양화기가 본명의 노복궁에 들어가고 형제궁을 충(대한의 자전선)했기 때문에 이 해에는 합자하면 좋지 않다. 1984년 갑자년의 유년노복궁은 기사궁(己巳宮)이 되는데, 기간(己干) 문곡화기가 오궁에서 을해대한의 부모궁인 자궁을 충하니(이때 자궁은 대한자녀궁인 申宮을 기준으로 할 때, 대한자녀의 관록궁이 된다), 합자의 관록궁이 충을 받으므로 불리하다.

③30세 유년두군이 본명재백궁인데, 그 궁간인 기간 문곡화기가 본명자녀궁에 들어간다(합자사업과 관계됨).

④30세 소한은 계유궁인데 계간(癸干) 탐랑화기가 대한복덕궁에 들어가면서 대한재백궁을 충한다. 대한의 노복궁 무간(戊干) 천기 자화기(自化忌 : 본궁의 천간의 화기가 본궁에 좌명한 별에 있을 때를 자화기라 함)에 소한의 쌍경양이 있고 이 해의 노복궁에 살기가 치므로 친구에게 부담을 받아서 파재하기 쉽다.

9. 논명관념

■ 논명관념 하나

다음은 운을 볼 때 참고할 만한 내용으로『전서』의 「담성요론(談星要論)」에서 星의 중요한 점을 논한 것이다.

명·신궁을 볼 때 녹마는 공망에 떨어지지 않아야 하는데, 천공(지공을 말함)·절공에 떨어지지 않는 것이 중요하며 순공은 그 다음이다. 제일 먼저 명주(命主)의 길흉·묘왕·화길(化吉)·화기(化忌)·생극을 보고, 그 다음으로 신주(身主)의 길흉·생극을 보며, 세 번째로 천이궁·재백궁·관록궁 삼방의 星의 형충극파를 본다. 네 번째로 복덕궁의 녹권·겁공·묘함을 보는데, 복덕궁은 재백궁의 대궁에 있기 때문이다.

명궁·신궁·천이궁·재백궁·관록궁·복덕궁의 육궁을 팔좌(八座)라고 한다. 육궁이 모두 묘왕지에 있고 길이 모이고 길화가 있으면 부귀하며 오래 살고, 모두 함지에 있으면서 흉이 모여 있고 화기가 있으면 요수하고 고빈하게 된다.

또 부모궁·부처궁·자녀궁의 삼궁을 봐야 하는데 모두 겁공·살기가 있으면 승도의 명이 되지만 그렇지 않으면 고독빈궁하다. 명궁에 정성이 없어도 재백궁·관록궁에서 길성이 공조하면 부귀전미하지만 첩이나 후처소생이고, 삼방에서 악성이 충조하면 배가 다르게 태어나며 이조(離祖)해야 무사히 성가(成家)할 수 있다.

예를 들어 명궁에 정성 길성이 있을 때 묘왕에 길화가 있고 삼방에서 길성이 회합해주면 상상(上上)의 명이 된다. 만일 정성 길성이 없고 삼방에 길이 있다면 상차(上次)의 명이 된다. 명궁의 星이 길하지도 흉하지도 않고 길흉이 상반하면서 삼방에도 중등의 星이 있으면 중격이 된다. 명궁의 星이 입묘왕하고 삼방에 악성이 수조하면 파격이 되고, 명궁의 星이 함지에 있고 양타·화기·지겁이 더해지나 십간의 祿이 상수하고 길화가 있어도 역시 중등의 명은 된다. 만약 명궁에 길성이 없고 흉살·화기·무록(無祿)·낙함하면 하격의 명이 된다.

삼방에 길성이 있으면 역시 중등이 될 수 있어 먼저는 미미하고 나중엔 커지나 오래가지 못하고 종내는 성패 요절함이 있게 된다. 만약 명궁의 星이 함지에 있고 흉살·화기가 더해지고 삼방에서 양타·화령·공겁이 비치면 하격이 되어 빈천하게 되고, 이성연생(二姓延生)하며 노복의 명이다. 그렇지 않으면 요절하고 단수하는 명이 된다.

■ 논명관념 둘

다음은 『전서』에서 남자의 명과 여자의 명을 볼 때 같은 점과 다른 점을 논한 것이다.

남녀의 명이 다르고 별도 각기 다르다.

남명은 먼저 명·신궁을 본 다음 재백궁·관록궁·천이궁을 보는데 모두 묘왕이어야 길하며, 패하고 함지에 있으면서 흉이 모여 있으면 흉하다. 세 번째로 복덕궁을 봐야 하는데 화권·화록·겁공·묘왕리함과 길하거나 꺼리는 것이 있는가를 봐야 한다. 그 외에 전택궁·부처궁·질액궁의 길흉을 봐야 한다.

또 부모궁·부처궁·자녀궁의 삼궁을 봐야 하는데 모두 겁공·살기가 있으면 승도의 명이거나 빈궁고독하니 자세히 살펴야 화복과 영욕을 판단할 수 있다.

여명 역시 먼저 명·신궁의 길흉을 봐야 하는데 탐랑·칠살·경양 등이 있으면 좋지 않다. 다음으로는 복덕궁의 길흉을 살펴야 하는데, 칠살이 홀로 복덕궁에 있으면 반드시 창기와 노비가 된다. 세 번째는 부처궁을 보고, 네 번째는 자녀궁·재백궁·전택궁을 봐야 한다. 만약 도화·형살이 있으면 패절 공망이 있어야 길하고, 제길이 묘왕한데 좋지 않으면 비록 고생스럽고 빈곤하더라도 하천 요절한다고 논하지 않는다. 여명은 남편의 영향을 받아 귀하게 되기 때문에 여명에서 귀격은 쓸데없다.

자녀궁·부처궁·복덕궁은 강궁이고 전택궁·재백궁은 그 다음이며 관록궁·천이궁은 함궁이다.

『전서』의 내용 가운데 '복덕궁에 칠살이 있으면 창기와 노비가 된다'는 말은 수긍하기 어렵다. 명궁에 천상이 있는 사람은 반드시 복덕궁에 칠살이 있게 되기 때문이다. 『전서』의 내용대로라면 명궁에 천상이 있는 사람은 모두 창기와 노비가 된다는 말이 된다. 매우 비합리적인 말이므로 믿을 것이 못 된다.

그러나 남명과 여명에 따라 봐야 할 궁의 우선순위를 논한 부분은 현대에서도 참고할 가치가 많다. 끝부분의 강궁과 약궁도 아주 중요한 개념이다.

■ 논명관념 셋

다음 역시 『전서』의 내용으로 사람이 태어난 시(時)에 따라, 어느 궁에 안명했느냐에 따라 길흉이 달라진다는 것을 논한 것이다. 특별히 중요한 내용은 아니지만 참고할 만한 가치는 있다.

모든 남녀가 寅午戌 · 申子辰 육양시(六陽時)에 나면 명궁도 이러한 육궁에 있는 것이 길하고, 巳酉丑 · 亥卯未 육음시(六陰時)에 나면 명궁도 이 육궁에 있는 것이 길하다. 이와 반대라면 뜻대로 됨이 적다.

■ 논명관념 넷

『전서』에서 명의 선빈후부를 논한 부분이다.

명 가운데는 부귀한 집안에서 태어나 쾌락향복하고 재관이 현달하며 처자가 영귀하고 노복이 많으며 성명을 드러내다가, 중간에 상함을 만나 골육과 재산이 흩어지거나 관재와 화재와 도둑을 만나 자신과 집안이 망하는 명들이 있다. 이것은 본명 때문에 그러한 것이 아니다. 운이 돕지 않거나, 대소이한(大小二限)과 유년태세가 서로 충조하면서 흉살이 수조하기 때문에 파패하게 되고 가난하지 않으면 손수(損壽)하게 되는 것이다. 이것을 소위 먼저 이루었다가 뒤에 패하고 먼저 컸다가 뒤에 적게 되는 것이라고 한다.

반면에 미천한 출신으로 태어나 먹고 살기 위해 의 · 약 · 점 · 풍수 등 여러 가지 교예나 농사에 종사하면서 처음에는 고생으로 세월을 보내다가, 중·말년에 이르러 갑자기 낮은 데서 높은 데로 올라가고 발재하여 고을을 놀라게 하는 명이 있다. 이것은 태어날 때는 중용의 局으로 태어났지만 후에 운이 돕고 길성이 묘왕지에 있게 되자 갑자기 발달하고 돈을 벌게 되는 것이다. 이것을 소위 선빈후부, 선소후대(先小後大)한다고 한다.

■ 논명관념 다섯

『전서』에서 대한의 10년의 화복을 어떻게 볼 것인지에 대해 논한 부분이다. 옛사람들이 운을 어떻게 보았는가를 살피는 중요한 단서이므로 잘 봐야 한다.

宮에 따라 들어가 있는 星이 모두 길하고 묘왕득지에 있으며 양타·화령·공겁·화기가 없으면 주로 10년이 편안하고 사람이나 財가 전미(全美)하다. 만약 운 안에 양타·화령·공겁·화기가 짝하고 있으면 성패가 한결같지 않게 된다. 예를 들어 궁에 따라 들어가 있는 星이 함지에 있는데 양타·화령·공겁·화기까지 있고 유년의 악살이 더해지며 소한에서 흉살을 만나면 관재나 사망을 즉시 본다.

대한을 빠져나갈 때 길이 많으면 재앙이 없는데 길이 적으면 사람이 다치고 파재하며 불리하다. 대개 인신사해자오궁을 행할 때 자미·천부·천동·태양·태음·창곡·녹존·화록의 길성을 만나면 주로 사람과 財가 모두 흥왕하고 식구가 느는 경사로움이 있다. 반면에 진술축미묘유궁을 행할 때 악살·염정·천사·양타·화령·공겁·화기를 만나면 주인이 주색에 빠지고 가난에 찌들려 사망한다. 보필·창곡을 만나면 벼슬아치는 승진하고 서민은 생자하고 발재하며 부인이라도 기쁜 일이 있고 승도라도 이로우며 장사하는 사람은 이익을 얻는다.

대개 대소이한과 태세에서 천상·천사의 협이 되는 궁을 지나는 것을 꺼리며, 공겁과 동궁하게 되거나 양타와 동궁하는 것, 양타가 충조하는 곳으로 지나는 것을 꺼린다. 또 흉한을 벗어날 때와 흉한을 만날 때, 상사·겁공·양타가 더불어 협하는 것을 꺼린다.

세한 즉 유년태세와 대소한에서 천상이 자궁에 있고 천사가 인궁에 있는데 대소한·유년이 축궁에 있으면 병협이 된다. 양타가 수명해도 흉한데 게다가 운을 협하니 더욱 흉하다. 만약 흉을 피해 지나가려면 반드시 수성(壽星)을 봐야 하는데 자미·천동·천량·탐랑이 좌명해 있으면 해(解)할 수 있다.

■ 논명관념 여섯
대·소한과 유년의 길흉성에 대해 논한 부분이다.

대한이 독수한 길흉, 소한이 독수한 길흉, 태세가 독수한 길흉을 살폈을 때 태세·대소한이 모두 흉하면 흉하다. 또 대한과 소한이 상봉할 때의 길흉, 대한이 태세를 만날 때의 길흉, 소한이 태세를 만날 때의 길흉을 살피면 화복이 정해진다. 그 밖에 태세가 대한·소한을 충하는 것을 봐야 하며, 태세에 양타·칠살이 충한 것을 본 연후에야 길흉을 판단할 수 있다.

다음은 유년태세에서 길흉살을 만날 때의 화복을 논한 것이다.

대개 태세는 삼방과 대궁의 星의 길흉을 살펴서 화복을 정한다. 태세가 명궁을 행하면 화복이 더욱 밀접하고 긴밀하다. 예를 들어 명궁이 자궁인데 태세가 구이고 계년생이라면, 길을 만나면 길하고 흉을 만나면 흉하다.

'태세가 명궁을 행하면 화복이 더욱 밀접하고 긴밀하다'는 말은 새겨두어야 한다. 유년이 선천명궁의 삼방사정뿐만 아니라 대한의 삼방사정에 들어가도 길흉의 변화에 민감함을 임상을 통해 수없이 경험했다.

■ 논명관념 일곱
다음은 관운주인이 쓴 『두수선미』에 나오는 「상계(相契 : 서로 계합된다, 서로 궁합이 맞는다 등의 뜻)」를 옮긴 것으로, 자미두수에서 궁합을 보거나 인연을 볼 때 사용하는 중요한 이론이다. 경험에 의하면 실제로 징험하다.

사람은 끼리끼리 모이고 사물도 무리지어 나뉜다. 그 선악·부귀·빈천을 막론하고 상계되지 않음이 없는데 이러한 상계로 모든 것을 관찰할 수 있다.
만약 어떤 사람이 나와 기미상투(氣味相投)가 되면 지위의 고하·선악·부귀·빈천을 가리지 않고 모두 용납하여 같이 지내며 사랑하거나 두려워하거나 부리거나 위탁한다. 설혹 약간 상계치 않는 부분이 있다 해도 버리거나 떠나보내지 않고, 다시 합하거나 떠나보내는 것도 모두 마음먹은 대로 한다.
선과 선의 상계도 있고 악과 악의 상계도 있으며 일언(一言)의 상계, 일시(一時)의 상계, 일일(一日)의 상계, 일월(一月)의 상계, 1년·수년·수십년과 일생의 상계도 있다. 또 억지로 상계하거나 상계치 못하거나 짐짓 꾸며 상계하는 경우도 있다.
간명하는 사람은 자기를 보든 다른 사람을 보든 간에 상계되는 부분을 감별할 줄 알아야 한다. 예를 들어 부자·모녀·부처·친구 사이나 혼인 등에서 여러 가지 일에 상계가 되면 바라는 바를 성취할 수 있다.

　상계란 상합을 말한다. 가령 명궁이 사궁으로 천상이 있고 신궁(身宮) 묘궁에 자탐이 있다면 이 두 궁과 삼방에 있는 별과 같은 별을 가진 사람끼리는 상계·상합할 수 있다. 다시 말해서 천이궁에 무파라면 만나는 사람은 무파가 많고 관록궁 역시 그렇다. 전택궁에 염정이 탐랑을 만나고 있으면 동거하는 사람들은 이런 사람들이 많다. 명반 중에 명·신궁의 삼합·사정에 상동의 토(土)이 있으면 자연히 상합하지만, 상동·상합함이 없으면 반드시 생리사별하여 상계라 할 수 없게 된다.

　심성의 바르고 사됨, 애정의 장단 등 모든 인연법은 반드시 이 방법에 의지해서 찾는 것이 마땅하다. 상계의 뜻과 이치는 칠살은 칠살을 찾고 파군은 파군을 찾으며 창곡과 창곡은 서로 가깝고 괴월과 괴월은 서로 왕래한다는 것이다. 즉 같은 것끼리는 서로 모이고 동기끼리 서로 찾게 된다.

10. 논명의 자료

1) 1년운의 판단

1년운을 보는 데는 몇 가지 방법이 있다. 학파마다 취용하는 방법이 다르지만 대개 다음의 네 가지 방법을 쓰고 있다.

(1) 태세파

태세파(太歲派)란 유년파를 말한다. 즉 1년운을 볼 때 유년을 기준으로 삼는 파로, 매유년의 유년지지 궁으로 1년의 길흉화복을 판단한다.

예를 들어 경진년 1년운을 본다면 진궁이 유년명궁이 되고 진궁의 삼방사정과 유년십이궁을 돌려 1년의 길흉화복을 결정한다.

필자를 비롯하여 대만이나 홍콩의 저명한 학자들의 대부분이 태세파에 속한다고 할 수 있다.

(2) 소한파

소한파(小限派)란 소한으로 1년운을 판단하는 파를 말한다. 소한이란 태어난 생년지지를 기준으로 진술축미의 사고(四庫) 중 한 지에서 1세가 시작해서 돌아가는데, 남자는 순행하고 여자는 역행하며 보고자 하는 해당 소한지지를 명궁으로 삼아 십이궁을 돌려서 1년의 길흉을 판단한다.

예를 들어 계묘년 남자가 38세의 소한을 볼 경우, 38세의 소한은 인궁이 되는데 이 인궁이 소한명궁이 되고 이 명궁을 기준으로 십이궁을 돌려서 1년의 길흉을 판단한다.

소한파는 대만에서 일부 학자들이 채용해서 쓰고 있다.

(3) 본명파

본명파(本命派)는 본명반의 명·신궁과 십이궁을 근거로 유년을 판단한다. 본명반의 명궁을 유년의 명궁, 본명반의 재백궁을 유년의 재백궁 등으로 삼으면서 운의 영고성쇠를 모두 유년성(流年星)을 배치하여 보는 것이다.

예를 들어 본궁이 축궁에 있는데 1983년 계해년이라면 유양(流羊)이 축궁에 들어가고 유타(流陀)가 해궁에 들어가므로 본명궁(축궁) 星의 길흉을 유양이 들어오는 것으로 판단한다.

본명파는 우리나라에서 자미두수를 하는 몇몇 분들이 쓰고 있다.

(4) 종합파

종합파(綜合派)는 위의 세 가지 중에서 유년과 소한을 같이 본다거나 유년·소한·본명을 다 본다거나 하여, 종합적으로 위의 방법을 참고하여 1년운의 길흉을 판단하는 파를 말한다. 즉 유년궁과 소한궁과 유성(流星)을 배치해서 판단한다는 것이다.

2) 삼멸관

『자미유년』의 저자 장승일은 운을 볼 때는 삼멸관(三滅關)이 매우 중요하다고 말한다.

삼멸관이란 운의 두관(頭關)·중관(中關)·말관(末關)을 말하는데, 절대적인 시간을 지칭한다기보다는 어떤 운을 대략 세 단계로 구분해서 시작점과 중간 지점과 마지막 지점을 각기 頭·中·末의 삼관(三關)으로 칭하는 것이다.

예를 들어 2~11세의 대한이라면 2세를 두관, 7세를 중관, 11세를 말관이라고 한다.

삼관에서 운의 길흉화복이 아주 분명하게 나타나는 경우가 많으며, 운이 좋지 않을 때는 삼관이 난관(難關)이 된다. 장승일은 경험상 아주 높은 징험도가 있었다고 하는데, 필자 역시 임상에서 높은 적중률을 경험했다.

그러나 두관과 말관에서 길흉이 현저한 것은 수없이 경험했으나 중관은 시기구분이 모호해서 자세히 살피지 않았다. 독자들의 경험과 검증이 필요한 부분이라고 하겠다.

두관·중관·말관의 해당년에 살기가 비치면 길흉에 현저한 변화가 생기므로 특별히 주의해야 한다. 명리에서도 대운의 교접운에 들면 변화가 있는데, 자미에서도 그러한 것을 보면 실로 불가사의한 일이라 아니할 수 없다.

• 예1) 1968년 7월 ○일 사시 여명
명궁이 묘궁으로 대궁에서 기거를 끌어다 쓴다.
22~31세는 을축대운인데, 을축대운의 말관에 해당하는 31세에 결혼중매 사기단에 걸려 2억 원을 날렸다고 한다.

祿文天 存昌同 廟廟廟 博劫天　　34丁 士煞德【福德】冠巳	天地擎天武 廚空羊府曲 　廟平旺旺 官災弔 92~　35戊 府煞客【田宅】帶午	寡封紅天火天太太 宿誥鸞姚星鉞陰陽 　　閑旺平平 　　　　　權科 伏天病 82~91 36己 兵煞符【官祿】浴未	天貪 傷狼 　平 　祿 大指太 72~81 37庚 耗背歲【奴僕】生申
紅蜚三地陀右破 艷廉台劫羅弼軍 陷廟廟廟旺 力華白　　33丙 士蓋虎【父母】旺辰	음력 1968년 7월 ○일 사시 여자 命局 : 水2局 命主 : 文曲 身主 : 天梁		破天天文巨天 碎壽空曲門機 　　廟廟旺 　　　　忌 病咸晦 62~71 38辛 符池氣【遷移】養酉
天天大天鈴 福官耗刑星 　　　　廟 青息龍 2~11　44乙 龍神德【命】　衰卯			天天恩八左天紫 使哭光座輔相微 　　　　廟閑閑 喜月喪 52~61 39壬 神煞門【疾厄】胎戌
旬解天年鳳天陰天天廉 空神虛解閣貴煞巫馬貞 　　　　　　　　旺廟 小歲歲 12~21 43甲 耗驛破【兄弟】病寅	天天 喜魁 　旺 將攀小 22~31 42乙 軍鞍耗【身夫妻】死丑	截龍七 空池殺 　　旺 奏將官 32~41 41甲 書星符【子女】墓子	天孤天台天 月辰才輔梁 　　　　陷 飛亡貫 42~51 40癸 廉神索【財帛】絶亥

• 예2) 1944년 9월 ○일 자시 남명

명궁은 술궁의 태양화기다.

병인대한(46~55세)에서 중관에 해당하는 51세 갑술년에 교통사고가 났다.

상대방은 식물인간이 되고 본인은 골반뼈가 부스러져 지금도 지팡이를 짚고 다닌다.

天天天天天貪廉 廚使貴巫刑狼貞 　　　　　陷陷 　　　　　　祿 小劫天　76~85　58己 耗煞德【疾厄】　冠巳	紅旬天天台巨 艷空壽才輔門 　　　　　旺 將災弔　86~95　59庚 軍煞客【財帛】　旺午	天寡紅天天 官宿鸞鉞相 　　　旺閑 奏天病　96~　60辛 書煞符【子女】　衰未	截天天 空梁同 　陷旺 飛指太　　　　61壬 廉背歲【夫妻】　病申
解蜚文太 神廉曲陰 　　　廟閑 青華白　66~75　57戊 龍蓋虎【遷移】　帶辰	음력 1944년 9월 ○일 자시 남자 命局: 火 6局 命主: 祿存 身主: 天梁		天破天天七武 福碎空姚殺曲 　　　閑旺 　　　　　科 喜咸晦　　　　62癸 神池氣【兄弟】　死酉
天大擎天 傷耗羊府 　　　陷平 力息龍　56~65　68丁 士神德【奴僕】　浴卯			天陰鈴文太 哭煞星昌陽 　　廟陷陷 　　　　　忌 病月喪　6~15　63甲 符煞門【身命】　墓戌
天天年封鳳三祿天火右 月虛解誥閣存馬星弼 　　　　　廟旺廟廟 博歲歲　46~55　67丙 士驛破【官祿】　生寅	天陀天破紫 喜羅魁軍微 　　廟旺旺廟 　　　　　權 官攀小　36~45　66丁 府鞍耗【田宅】　養丑	龍八左天 池座輔機 　　旺廟 伏將官　26~35　65丙 兵星符【福德】　胎子	孤恩地地 辰光劫空 　　旺陷 大亡貫　16~25　64乙 耗神索【父母】　絶亥

• 예3) 1970년 5월 ○일 술시 여명

명궁이 신궁의 칠살이다.

계미대한(12~21세)을 보니 천량에 천월 질병성이 동궁하고 있으며 천희와 천형·영성·타라·화성 등이 비친다.

21세인 신미년(1990년)에 눈이 멀기 시작하여 병원을 전전하고 있으나 지금은 거의 맹인에 가깝다고 한다. 계미대한의 말관인 21세에 눈이 멀었다는 것을 주의해서 보기 바란다.

大天紅天巨 耗巫鸞姚門 　　　　　平 小亡龍 32~41 32辛 耗神德【子女】　冠巳	截天天陰右天廉 空福才煞弼相貞 　　　　旺旺平 青將白 22~31 33壬 龍星虎【夫妻】　帶午	天寡陀天天 月宿羅鉞梁 　　　廟旺旺 力攀天 12~21 34癸 士鞍德【兄第】　浴未	天祿天左七 哭存馬輔殺 　　廟旺平廟 博歲弔 2~11 35甲 士驛客【命】　生申
天台八貪 虛輔座狼 　　　廟 將月 42~51 31庚 軍煞破【身財帛】旺辰	음력 1970년 5월 ○일 술시 여자 命局：水 2局 命主：廉貞 身主：文昌		地擎天 劫羊同 平陷平 　　忌 官息病　　　36乙 府神符【父母】　養酉
天天太 使貴陰 　　　陷 奏咸小 52~61 42己 書池耗【疾厄】　衰卯			紅三武 艷台曲 　　廟 　　權 伏華太　　　37丙 兵蓋歲【福德】　胎戌
旬天天龍文天紫 空廚壽池曲府微 　　　　平廟廟 　　　　　　科 飛指官 62~71 41戊 廉背符【遷移】　病寅	破天恩天地鈴天天 碎傷光刑空星魁機 　　　　陷陷旺陷 喜天貫 72~81 40己 神煞索【奴僕】　死丑	解蜚年封鳳文破 神廉解詰閣昌軍 　　　　　旺廟 病災喪 82~91 39戊 符煞門【官祿】　墓子	天孤天天火太 官辰空喜星陽 　　　　平陷 　　　　　祿 大劫晦 92~　38丁 耗煞氣【田宅】　絕亥

3) 행운과 남·북두의 관계

『전서』에서 남·북두에 따라 화복을 논한 내용이다.

　　연간이 양간인 남자와 연간이 음간인 여자는 남두성이 복이 된다.
　　연간이 음간인 남자와 연간이 양간인 여자는 북두성이 복이 된다.
　　북두 제성의 길흉을 판단할 때 대한에 북두성이 있으면 전반 5년,
　소한일 경우는 전반 6개월에 길흉이 응하게 된다.

남두 제성의 길흉을 판단할 때 대한에 남두성이 있으면 후반 5년, 소한일 경우는 후반 6개월에 길흉이 응하게 된다.

이 부분에 대한 필자의 견해는 진계전의 글을 인용하면서 이미 밝힌 바 있다.

4) 양타질병

양타질병(羊陀迭倂)이란 쉽게 말해서 양타가 중첩되는 현상을 말한다.

예를 들어 명궁이 묘궁이고 천이궁이 유궁인 경년생의 경우 선천의 타라는 미궁, 선천의 녹존은 신궁, 선천의 경양은 유궁에 있게 된다. 그런데 경진년이라는 유년에 오면 유년의 유록·유양·유타가 선천과 중첩되어 선천명궁인 묘궁으로는 선천의 양타와 유년의 유양·유타가 중첩되어 비친다. 이것을 옛사람들은 양타질병이라고 하여 흉하게 보았다.

양타질병은 대만과 홍콩의 대부분의 학자들이 채용하고 있는 이론으로, 유년을 추론할 때 사화와 더불어 가장 대중적으로 쓰인다. 그러나 필자는 선천의 양타는 쓰지만 유년이나 대한의 양타는 쓰지 않는다.

물론 丁년생이 丁 대한 정축년에 오면 타라는 사궁에, 경양은 미궁에 있으면서 명운세(命運歲) 세 개씩의 양타가 축궁을 치게 되는데, 이런 경우는 화기의 인동 여하를 막론하고 좋지 않음을 볼 수 있었다. 그러나 그럼에도 불구하고 필자는 양타이론에 대해 상당한 의문점을 가지고 있는데 그것은 다음과 같은 이유 때문이다.

⑥ 巳	⑦ 午	②　流 　　陀 　　未	⑨ 流年命宮 申
⑧ 辰			①　流 　　羊 　　酉
③ 卯			戌
寅	④ 丑	子	⑤ 亥

경신유년의 경우 유년타라는 미궁에, 유년경양은 유궁에 들어가며 유년녹존은 신궁에 들어간다.

이 경우의 길흉을 따져보자.

① 유년경양이 있는 유궁이 나쁠 수 있다.
② 유년타라가 있는 미궁이 나쁠 수 있다.
③ 유년양타를 다 만나는 묘궁이 나쁠 수 있다.
④ 유년양타를 다 보는 축궁이 나쁠 수 있다.
⑤ 유년타라를 보는 해궁이 나쁠 수 있다.
⑥ 유년경양을 보는 사궁이 나쁠 수 있다.
⑦ 오궁은 유년타라와 암합하니 나쁠 수 있다(암합을 인정한다면).
⑧ 진궁은 유년경양과 암합하니 나쁠 수 있다.
⑨ 신궁은 유년양타가 협하니 나쁠 수 있다.

이렇게 보면 십이궁 중에서 유년양타의 영향을 받지 않는 궁은 거의 없다는 것을 알 수 있다. 또한 이론대로 유년양타의 영향을 모두 받는다고 가정할 때 그것이 선천십이궁에 영향을 주는지, 대한 십이궁에 영향을 주는지, 유년십이궁에 영향을 주는지의 문제가 생긴다. 이론적으로는 간단해 보이지만 응용하는 데는 아주 복잡한 면이 있는 것이다.

옛사람들이 유년양타를 쓸 당시에는 이러한 모순을 해결한 어떠한 규칙이 있었을 터이지만, 유감스럽게도『전서』와 같은 원서에 제시되어 있는 것은 없다. 그래서 학자에 따라 유년양타는 본궁과 대궁만 보고 삼합으로 비치는 것은 영향이 없다고 무시하기도 한다. 또한 다행스럽게도 유년양타 이론의 정확한 응용법을 알았다손 치더라도 이것을 통해서 어떤 사안의 원인과 결과를 알기는 어렵다.

필자는 이러한 유년양타의 이론적 모순으로 인해 기본적으로는 쓰고 있지 않다. 그러나 이론 자체를 부인하지는 않는다. 임상에서 응용해보니 유감스럽게도 완벽한 이론이 아니라는 사실을 확인하고 있을 뿐이다.

추론기법이 더욱 치밀해지면 양타의 용법을 정확히 알 수 있게 되겠지만 현재로서는 보류하고 있는 실정이다.

참고로 북파에서 쓰고 있는 유년양타의 용법을 소개한다.

유년양타는 수조(守照)하는 것을 좋아하지 않으며 대·소한을 충하면 주로 파패(破敗)·형극한다. 만약 쌍경양이 들어가거나 충하면 아주 흉하며 형극하고 상망(喪亡)하는 일이 발생한다. 유년양타가 거문·염정·칠살 등의 악성과 만나면 설사 묘왕지라 해도 좋지 않다. 이러한 경우 관재·소송·신체장애·피를 보는 일 등이 발생한다.

5) 칠살중봉

　命의 삼합에 칠살이 수조하고 있는데 유년에서 또 유양·유타가 충합하는 것과 칠살이 중봉하는 두 경우는 화가 가장 독하게 된다. 그러나 입묘하면 재앙이 감소하고 길성을 많이 만나면 흉이 변해서 길로 화할 수도 있으므로 일괄해서 흉으로 논해서는 안 된다.
　양타·칠살을 자미·천상·녹존이 삼합에서 공조해주면 풀어질 수 있다. 태세·대소한에서 이런 식으로 임하면 열에 아홉은 죽거나 감옥에 간다.

　칠살중봉(七殺重逢)에 대한 『전서』의 언급은 표현이 심하기는 하지만 일리가 있다. 살파랑은 변동을 主하므로 이것을 거듭 보면 좋든 싫든 변화가 있기 쉬운데 경험상 징험함이 많았다. 그러나 흉뿐만 아니라 길로도 변화하므로 전체적인 것을 보고 판단해야 한다.

6) 명주·신주·죽라삼한

　자미두수에서 모호한 부분 중의 하나가 바로 명주(命主)와 신주(身主)다. 『전서』나 『전집』에 모두 이들의 배치법이 정확히 나오고 있기는 하지만 응용법에 대해서는 전혀 언급하고 있지 않으므로 베일에 가려져 있다 해도 과언이 아니다.
　대만의 학자 가운데도 반자어는 명주와 신주를 언급하지만 자운 선생은 전혀 언급하지 않는 등 학자에 따라 중요하게 보기도 하고 무시하기도 한다. 대부분의 학자들은 별을 배치할 때 명주와 신주의 배치법을 써놓기는 하나 그것으로 꼬리를 감춰버린다. 필자 역시 중주파에서 말하는 죽라삼한(竹蘿三限)을 볼 때는 신주를 쓰지만 명주는 전혀 보고 있지 않다.

통상 학자들 사이에 알려진 명주와 신주의 쓰임새를 살펴보면 음양택, 즉 풍수에 사용한다고 하며 특히 학자에 따라서 신주를 건강과 관련지어 판단하기도 한다.

우선 명주와 신주의 포국법부터 알아보자.

■ 명주

命宮	子宮	丑亥宮	寅戌宮	卯酉宮	午宮	辰申宮	巳未宮
命主	貪狼	巨門	祿存	文曲	破軍	廉貞	武曲

명주는 자기 명궁을 기준으로 찾는다. 가령 명궁이 술궁이면 녹존이 있는 궁을 찾아 녹존이 있는 궁이 명주가 된다. 자궁이 명궁이면 탐랑이 있는 궁이 명주가 된다.

■ 신주

生年支	子/午年	丑未年	寅申年	卯酉年	辰戌年	巳亥年
身主	火/鈴星	天相	天梁	天同	文昌	天機

신주는 자기가 태어난 생년지지를 기준으로 찾는다. 가령 생년지지가 축년이면 천상이 있는 궁이 신주가 되고 진년이면 문창이 있는 궁이 신주가 된다.

이 포국법은 『전서』에 나와 있는 것인데, 중주파에서는 『전서』와 약간 다르게 본다. 『전서』에는 명궁을 기준으로 명주를 찾는다고 나와 있지만 중주파에서는 명주도 신주처럼 생년지지를 중심으로 찾는다고 주장한다. 신주도 『전서』에서 말하는 자년생은 화성, 오년생은 영성인 것과 달리 자년생은 영성, 오년생은 화성이 신주가 된다고 주장한다.

『전서』의 「담성요론(談星要論)」을 보면 "명·신궁을 볼 때 녹마는 공망에 떨어지지 않아야 하는데, 천공·절공에 떨어지지 않는 것이 중요하며 순공은 그 다음이다. 제일 먼저 명주의 길흉·묘왕·화길·화기·생극을 보고 그 다음으로 신주의 길흉·생극을 본다"는 부분이 있다. 명·신궁에 대한 언급 뒤에 명주와 신주가 언급되어 있는 것으로 보아 옛사람들이 명을 볼 때 명주와 신주를 보았음이 분명하다. 구체적인 응용법이 나와 있지 않아서 아쉽지만 앞으로 후학들이 이 부분에 숨겨진 현기(玄機)를 밝히기를 바란다.

『자미유년』의 저자 장승일은 명주와 신주에 대해서 실용적인 방법을 언급하고 있다. 그에 따르면 명주·신주는 꽤 높은 적중률이 있는데, 그 응용법은 유년명궁에서 명주나 신주 星을 만났을 때 두 星의 영향력이 일반 星들보다 강렬하며, 해당 유년에 있는 명주 星과 신주 星이 유년궁에서 화기가 되면 그 곤란과 불순함은 더욱 심하게 된다고 한다. 장승일의 말은 참고할 가치가 있다.

신주에 대한 응용방법과 관련하여 중주파에서는 죽라삼한에 대한 독특한 견해를 밝히고 있다. 일반적으로 명주와 신주는 선천적으로 고정된 것으로 보지만 중주파에서는 명주는 고정적이지만 신주는 운에 따라 돌아간다고 한다.

앞의 신주표를 보면 자년부터 해년까지 신주의 순서가 火－相－梁－同－昌－機가 되는데, 이 순서를 외우고 나서 대한과 소한을 기준으로 사용한다. 만약 신주가 천상인데 대한이 술궁이라면 술궁에서부터 화성을 일으켜 천상까지 역행으로 돌린다. 그러면 술궁은 화성, 유궁은 천상이 되므로 대한 유(流)신주(대·소한은 고정적이지 않고 시간의 흐름을 포함하므로 流 자를 사용하여 流신주라 한다)는 묘궁과 유궁에 있게 된다.

소한의 流신주도 마찬가지 방법으로 붙인다. 가령 선천의 신주가 천기인데 소한이 진궁이라면 진궁은 화성, 묘궁은 천상, 인궁은 천량, 축궁은 천동, 자궁은 문창, 해궁은 천기가 되므로 소한의 流신주는 해궁과 사궁에 있게 된다.

죽라삼한이란 이처럼 대한 流신주나 소한 流신주가 살파랑궁에 있으면서 살기(煞忌)·흉성(凶星)을 보는 것으로, 주로 흉사(凶事)가 있거나 흉상(凶喪)이 발생한다.

대한의 流신주는 살파랑궁에 있으면서 살기를 볼 때 죽라삼한이라고 하지만, 소한의 流신주는 살파랑을 보지 않고 소한 자체가 살파랑궁에 있어도 역시 죽라삼한이라고 하는데 화(禍)가 가볍다. 또한 대한 流신주와 대한만 살파랑에 있거나 소한 流신주와 소한만 살파랑에 있어도 역시 죽라삼한이라고 칭하지만 禍는 더욱 가볍다.

대·소한 流신주가 어느 하나만 살파랑을 보거나 모두 살파랑을 보지 않으면 죽라삼한은 되지 않는다.

대·소한 流신주가 죽라삼한이 되지만 대·소한궁이 살파랑이 아닐 때, 살파랑 대신 대·소한이 거문궁에 있으면서 살을(경양·화성과 동궁하거나 상회하는 것을 가장 꺼린다) 만나도 그 힘이 대·소한에서 살파랑을 만나는 것과 같아서 '사한(死限:죽을 운)'이 된다.

만일 거문이 경양·화성과 만나면서 대한이나 소한이 되고 대·소한의 流신주가 죽라삼한이 되면 화가 아주 중하여 왕왕 사한이 된다. 이때 유년마저 불길하면 수신양성에 매우 힘써야 하며 육친의 상망이 있기 쉽다. 이것을 두고 '거화양파행지 죽라삼한(巨火羊帕行至竹蘿三限)'이라고 한다.

다음은 죽라삼한에 대하여 표로 정리한 것이다.

번호	大限流身主	大限	小限流身主	小限	禍
1	○	○	○	○	最中
2	○	×	○	×	亦重
3	○	○	×	×	輕
4	×	×	○	○	更輕
5	○	×	×	○	輕
6	×	○	×	○	無禍

※ ○은 살파랑을 보는 것, ×는 살파랑을 보지 않는 것을 말한다.

11. 이두식 추론법

    지금까지 여러 가지 추론기법과 제가(諸家)의 추론방법을 소개했다. 이제 필자가 개발한 추론법을 소개하고자 한다. '이두식 추론법'이란 필자가 개발한 이론의 이름이다.
    10여 년 남짓한 세월 동안 자미두수를 천착하면서 맞닥뜨린 심각한 회의는 적중률이었다. 그래서 처음에는 명리 80퍼센트, 자미두수 20퍼센트 정도의 비중으로 추론을 했는데 당연히 그 과정 속에서 갈등이 많았다. 도저히 잡히지 않는 추론법에 대한 답답함으로 인해 원서를 수십 권씩 다시 살펴보았지만 쉽게 잡히지 않았다.
    그렇게 몇 년 동안 수많은 명례를 보면서 공통점을 발견하고, 그것에서 하나의 모티브를 찾아 가설을 세우고 적용하다 보니 나름대로 하나의 이론이 생기게 되었다. 그리고 그 이론의 적용과정에서 기존의 학자나 『전서』에서 주장하는 이론과 비교해보고, 현실적으로 전혀 맞지 않거나 핵심에서 벗어나 지엽적인 것만을 다루는 부분을 걸러내기도 했다. 그 결과 비로소 대만과 홍콩학자들이 말하는 자미두수의 경이로운 적중률이 무엇인지를 조금이나마 알게 되었다.

필자의 학문적인 토대는 늘 고전에 기초해 있으며, 고전을 무시하는 어떠한 새로운 이론도 심정적으로 공감하지 않는다. 그런데도 자미두수의 추론에 관한 신이론을 만든 것은 고전을 아무리 천착해도 추론에 관한 단서를 찾을 수 없었기 때문이다. 고전뿐만 아니라 현대 두수가들의 책에서도 이러한 단서는 찾을 수 없었다. 이 이론이 더욱 완벽하게 모양을 갖춰 자미두수의 추론이론에 관한 한 최고로 자리잡기를 바라는 마음 간절하다.

1) 사화를 생각한다

선천명이든 운이든 자미두수의 핵심을 돌파하는 관건은 사화(四化)다. 그래서인지 대만의 많은 두수서적들도 사화에 큰 비중을 두고 있다.

사화는 화록·화권·화과·화기를 가리키는 것으로, '化'라는 글자에서 유추할 수 있듯이 어떤 것을 변화시키는 작용을 한다. 따라서 독자적으로는 작용을 하지 않고 열네 개 주성 가운데 상당수와 몇 개의 보좌성에 붙어서 '변화'시키는 역할을 한다.

천기성을 예로 들면, 천기라는 정성에 사화가 붙으면 천기화록·천기화권·천기화과·천기화기가 되어, 천기라는 본질을 祿으로 화하게 하고 權으로 화하게 하며 科로 화하게 하고 忌로 화하게 한다. 즉 사화가 붙음으로써 천기의 성질이 물리적·화학적 변화를 일으켜 각기 독특한 성질을 갖게 된다.

그렇다면 사화가 생긴 이유는 무엇이며 왜 이렇게 붙는 것일까? 여기에 대한 설명은 『자미두수전서』와 『자미두수전집』을 비롯하여 어떤 책에도 구체적인 언급이 없다.

(1) 화록은 발생, 화기는 결과

사화의 원리를 알면 막혔던 많은 것들이 풀리게 된다. 필자의 생각으로는, 사화란 별〔星〕의 흥망성쇠 과정을 공식화한 것이 아닌가 싶다. 즉 별의 생(生)·장(長)·염(斂)·장(藏)의 과정을 화록·화권·화과·화기로 본다는 것이다.

이것은 사계와도 비교해볼 수 있는데 화록은 봄, 화권은 여름, 화과는 가을, 화기는 겨울이 된다. 봄은 만물이 발생하므로, 화록은 재록(財祿)·발생(發生)의 의미가 있다. 여름은 만물이 맹렬한 기세로 자라므로, 화권은 권세·권력·지위·힘의 의미가 있다. 가을은 꽃이 피고 열매를 맺어 결실하므로, 화과는 명예·성망·지명도의 의미가 있다. 겨울은 만물이 얼어붙고 동면에 들어가며 모든 생명활동이 휴식에 들어가므로, 화기는 불순(不順)·장애·좌절·의기(疑忌)·시비 등의 의미가 있다.

인생도 유아기는 인생의 봄에 해당하며 청소년기는 여름, 장년기는 가을, 노년기는 겨울로 대비해볼 수 있듯이 星도 나름대로 성장과 쇠멸의 과정을 거친다. 그래서 星의 유아기는 화록, 노년기는 화기가 된다. 다시 말해서 화록으로 星의 일생이 시작되고 화기로 星의 일생을 마감하게 되는 것이다. 이런 관점에서 필자는 화록은 星의 발생시점으로, 화기는 끝점·도착점·종말로 본다.

계속해서 전개해나갈 논점은 이러한 이론을 바탕으로 성립된 것으로 경험상 징험함이 많았다. 화록은 발생, 화기는 결과라는 이론은 북파에도 있으나 응용방법은 필자와 조금 다르다.

(2) 십간마다 사화가 다른 이유

십간(十干)마다 사화가 다른 이유는 무엇일까? 그것에 대해 필자는 다음과 같이 생각한다.

십간은 별의 생존과 죽음을 결정하는 조건, 즉 계절(시간대)과 같다고 할 수 있다. 우리에게는 봄·여름·가을·겨울의 사계절이 있지만, 열 개의 계절이 있다고 가정해보면 십간은 그 계절의 대명사라고 할 수 있다.

그런데 이 열 개의 계절은 봄→여름→가을→겨울처럼 일정한 순서가 없다는 것이 특징이다. 甲에서 乙로, 乙에서 丙으로…… 壬에서 癸로 순환하는 것은 아니라는 말이다. 오히려 각각이 나름대로의 독자적인 계절로 존재하면서, 그 자체에서 사계의 성질을 다 갖고 있다. (열 개의 각각의 계절 안에 봄·여름·가을·겨울, 즉 화록·화권·화과·화기가 있다.)

즉 열 개의 계절을 의미하는 십간 속에 또 사계가 존재하고 있는 것이 바로 사화다. 다시 비유하자면 십간이라는 계절은 대우주, 십간 속에 있는 사계(사화)는 소우주라고 할 수 있다.

(3) 사화의 생성원리

십간은 대우주, 십간 안의 사화는 소우주라고 했을 때, 각 대우주마다 소우주가 있고 소우주는 자체의 생성과 소멸의 과정을 끊임없이 반복하고 있다. 즉 갑간(甲干)이라는 대우주에 있는 소우주는 염정·파군·무곡·태양의 성계로 구성되어 있으며, 이 성단(星團)들은 각기 소우주 속에서 봄·여름·가을·겨울의 형태로 운행하고 있다.

이러한 소우주 속에 있는 성단들의 별의 흥망성쇠를 화록·화권·화과·화기라는 이름을 붙여 표시하는데, 화록은 별의 탄생과 발생, 화권은 별의 성장, 화과는 별의 성장에 있어 최고극치의 성예(聲譽), 화기는 별의 소멸과 휴식을 의미한다.

예를 들어 갑간이라는 대우주 속에서 염정이라는 별에는 화록, 파군이라는 별에는 화권, 무곡이라는 별에는 화과, 태양이라는 별에는 화기라는 이름이 붙는다. 즉 甲이라는 대우주 속에서의 염정은 탄생을 의미하는 화록이 붙기 때문에 탄생의 기쁨을 누리며 별의 특성을 가장 활발하게 발휘하게 된다. 당연히 염정은 甲이라는 대우주의 계절을 가장 좋아한다. 반면에 염정은 丙이라는 대우주의 계절은 싫어하는데, 그것은 丙 속에서는 염정화기가 되어 별의 종말을 맞기 때문이다.

또한 대우주 甲 속에서 파군은 화권, 무곡은 화과가 되므로 생존조건이 양호하여 이 별들은 甲을 좋아하지만, 태양만큼은 치명적이다. 태양은 화기가 되어 태양의 힘을 전혀 못 쓰고 소멸의 길을 걷게 되기 때문이다.

자미두수라는 온 우주에는 십간이라는 대우주가 있고(이 우주는 무형의 기운으로서 존재한다), 대우주가 이루는 성단은 자미·천기·태양·무곡·천동·염정·천부·태음·탐랑·거문·천상·천량·파군의 열세 개 정성(칠살은 사화가 붙지 않는다)과 문창·문곡·좌보·우필의 네 개 보좌성까지 열일곱 개의 별로 구성되어 있다. 이 열일곱 개의 별들은 대우주가 甲에서 癸로, 癸에서 甲으로 순환할 때마다 성장과 소멸을 거듭하는데, 각 별마다 좋아하는 기운(십간의 기운)이 있어서 우주가 甲에서 乙로, 乙에서 丙으로 바뀔 때마다 희기가 달라지게 된다.

태양이라는 별을 예로 살펴보면, 태양은 庚이라는 대우주의 계절의 기운을 가장 좋아하는데, 그때는 태양이 봄을 맞기 때문이다. 즉 태양화록이 된다. 辛도 좋아하는데 태양의 청년시절인 태양화권이 되기 때문이며, 戊에서는 태양이 성예(聲譽)를 드러내고 열매와 꽃을 피우는 가을이므로 이 또한 좋다. (태양화과는 중주파의 관점이다.) 그러나 甲에서는 별로서의 인생을 마감하고 부서지게 되는데, 태양화기가 되어 별의 겨울을 맞기 때문이다.

모든 별들이 십간의 계절이 순환함에 따라 이런 과정을 거치면서 희기가 갈리게 되어, 인생에도 복잡한 희기의 상(象)을 조사(照射)해내는 것이다.

(4) 십간에서 화록과 화기의 관계

이제 이러한 이론적인 근거를 바탕으로 별의 성장과 소멸과정을 추적해보자. 이렇게 하면 사화를 단순히 낱개로 파악하는 데서 오는 혼란을 정리해줄 뿐만 아니라 사화의 구성 자체가 심오한 이론적인 바탕을 토대로 이루어졌음을 알게 된다.

甲이라는 대우주의 기운이 도래하면 염정은 화록이 되고 파군은 화권, 무곡은 화과, 태양은 화기가 된다. 이것은 마치 甲이라는 계절이 오자 염정이라는 식물은 봄을 만난 것처럼 살아나지만 태양이라는 식물은 겨울을 만나 시드는 것으로 이해할 수 있다.

또한 甲이라는 계절이 오면 염정은 탄생하여 파군화권으로 변하고 다시 무곡화과로 변했다가 끝내는 태양화기로 소멸한다고도 볼 수 있다.

즉 甲이라는 대우주의 시간대에 별이 탄생하고 죽어가는 모습을 염정화록 · 파군화권 · 무곡화과 · 태양화기로 형상화해 놓았다는 것이다. 염정이라는 자체의 성단이 봄 · 여름 · 가을 · 겨울을 거치는 동안 변화하는 모습을 형상화한 것이라는 말이다.

파군 · 무곡 · 태양은 염정과 전혀 상관이 없는 독자적인 별들이지만, 사화라는 특수한 상황에서 甲이라는 우주의 시간대에 염정이라는 성단의 탄생과 죽음을 표현하기 위해서 부득이하게 그 이름을 차용한 것이라고 하겠다.

다시 말해서 염정이 甲이라는 우주의 시간대에 여름으로 진입하면 파군과 같은 속성으로 성질이 변하게 되며, 가을이 되면 무곡과 같은 속성으로, 겨울이 되면 태양과 같은 속성으로 변한다는 것을 다른 별들의 성질을 빌려서 그려놓은 것이라는 뜻이다.

결국 사화를 따로 떨어진 독립된 개체로 보는 것이 아니라, 전체적인 맥락에서 서로 유기적인 관계를 이루고 있음을 알게 하기 위한 것이다.

사람이 태어나서 유년기→청년기→장년기→노년기를 거쳐 인생을 마감하듯이, 유년기의 나와 노년기의 나가 둘이 아니듯이, 사화도 역시 갑간이라면 염정이라는 본질이 여름·가을·겨울의 시간대에 따라 염정의 유년기→청년기(파군화권, 여름)→장년기(무곡화과, 가을)→노년기(태양화기, 겨울)를 거친다는 것이다.

(5) 화록과 화기의 유기적인 성질

이제 화록은 발생이고 화기는 결과임을 갑간부터 계간까지 각 천간의 사화에 담긴 의미를 통해 분석해보자.

① 갑간(甲干)에서는 염정화록이 된다.

염정은 관록을 主하는 별로, 화록이 되면 관적인 측면의 긍정적인 면이 한껏 드러난다. 염정이 늙으면 태양화기의 모습을 취하게 되는데, 태양 역시 관록을 의미하므로 화기가 붙으면 시비와 원망을 초래하거나 심하면 관재소송으로 변한다.

염정의 기운이 봄을 만나면 관의 긍정적인 측면, 즉 관록을 얻을 뿐만 아니라 행정적인 처리를 잘하여 민생을 편안하고 향수하게 하는 면이 나타난다. 그러나 겨울을 만나 경색되고 늙어지면 태양화기와 같은 성질, 즉 관에서 처리를 잘못하여 시비와 원망이 생기거나 관재소송을 불러일으키는 좋지 않은 모습이 된다.

이것을 통해 官(정치)이라는 것은 민생을 편안하게도 하지만 시비와 원망·관재구설을 불러일으키기도 한다는 것을 알 수 있으며, 정치는 세월이 갈수록 그 본질 때문에 결국 시비와 원망과 구설로 막을 내림을 알 수 있다.

② 을간(乙干)에서는 천기화록이 된다.

천기는 머리가 잘 돌아가는 별로서 임기응변과 기지에 능하며 기모가 있다. 따라서 천기가 화록이 되면 머리회전과 영동성이 최대한으로 극대화되므로 정신적인 운동을 하는 일에 아주 적합하여 천기의 예리한 판단력과 임기응변을 긍정적으로 사용할 수 있지만, 겨울을 만나면 태음화기처럼 변한다.

태음화기의 중요한 징험은 투자착오인데, 이처럼 천기의 기지와 기모·임기응변이 경직되면 머리회전과 기지가 판단착오나 투자착오를 일으키게 된다. 즉 물극즉반(物極則反)의 반전이 이루어지게 된다.

이것을 통해 머리를 쓰는 사람의 한계를 보게 된다. 지나치게 머리를 굴리다 보면 넘칠 수 있다는 교훈을 을간의 사화를 통해 배울 수 있다.

③ 병간(丙干)에서는 천동화록이 된다.

천동은 정서를 主하는 별로서, 봄을 만나 화록이 되면 정서적·정신적인 풍만한 만족감으로 나타난다. 그러나 늙어서 겨울을 만나면 염정화기의 속성으로 변한다.

염정은 혈(血)과 정신향수를 主하는데 여기에 화기가 붙으면 감정적인 창상을 의미하며 정신적으로 피 흘리는 일로 변하게 된다. 즉 천동화록이 연애시절의 몽환적인 아름다움이라면 염정화기는 연애의 좌절이라고 할 수 있다. (실제로 염정화기가 감정궁에 걸리면 연애로 인한 말못할 감정의 창상이 매우 심하다.)

이것을 통해 회자정리(會者定離)의 교훈, 기쁨과 만족은 반드시 '悲(슬플 비)'를 불러들인다는 것을 알 수 있다.

④정간(丁干)에서는 태음화록이 된다.

태음은 재성으로서, 봄을 만나면 財가 제 철을 만난 것이므로 재부적인 면에서 충만한 만족감을 준다. 그러나 이러한 만족감이 극대화하면, 즉 태음이 겨울을 만나면 거문화기의 성질처럼 변한다. 거문화기는 시비구설을 의미하므로 결국 돈이란 어느 시점에서는 시비의 근원이 된다는 것을 정간사화를 통해서 알 수 있다.

또 태음에는 주장(主藏)과 주정(主靜)의 속성이 있어서, 돈을 감춰두고 혼자서만 만족하고 있으면 주위 사람들의 시비와 구설을 사게 된다는 의미로도 확대된다. 돈이란 말 그대로 돌아야 제 역할을 하는 것이지, 감춰두고 베풀지 않으면 시비의 근원이 된다는 것을 암시한다고 하겠다.

⑤무간(戊干)에서는 탐랑화록이 된다.

탐랑은 교제와 접대, 수단이 원활함을 의미하기 때문에 화록이 되면 이러한 성질이 더욱 분명해진다. 그래서 대인관계에서 능수능란함을 발휘하여 사교나 접대로 인해 득재(得財)할 수 있다. 그러나 겨울이 되면 그 성질이 천기화기처럼 변한다.

천기의 장점은 임기응변에 능한 것이지만 그것이 또한 결점이 되기도 한다. 지나치게 꾀를 써서 때로는 교활하게 되어 다른 사람에게 믿음을 주지 못하는 것이다. 그래서 후천적으로 도덕적인 수양이 필요하게 된다.

결국 탐랑이 봄을 만나면 교제와 수완이 가장 바람직하게 발휘되어 그로 인해 이익을 얻기도 하지만, 도가 지나치면 즉 겨울이 되면 교활하게 되어 자기 꾀에 자기가 넘어가므로 다른 사람들에게 신뢰를 주지 못하는 것이다.

이것을 통해서 인생에서 교제와 수완도 중요하지만 그 바탕에는 성심과 항심(恒心)이 필수라는 것을 알 수 있다. 그렇지 않으면 천기화기의 교활함으로 변해서 시정잡배와 같은 간사한 인간으로 전락되게 되는 것이다.

⑥ 기간(己干)에서는 무곡화록이 된다.

무곡은 재성으로 계획보다는 행동으로 구재(求財)함을 主한다. 그래서 무곡이 화록이 되면 구재의 행동이 순조롭게 진행되거나 하는 행동마다 돈이 된다. 무곡의 재성이 봄을 만나면 財적인 특성이 최고도로 발휘되기 때문이다. 그러나 무곡이 겨울을 만나면 문곡화기와 같은 성질로 변한다.

문곡화기는 겉만 번드르르하고 유명무실한 속성으로 무곡을 변질시켜 문서계약상 착오를 일으키게 한다. 현대사회에서 문서계약의 착오로 인한 피해가 매우 크다는 것은 말할 것도 없다. 결국 무곡의 재적인 속성을 극한까지 밀고 가다 보면 구재의 행동에서 투기를 유발하게 되고(더 많이 손쉽게 버는 것은 투기밖에 없기 때문이다), 그러다 보면 문서착오로 한순간에 재산을 날리게 된다.

이것을 통해 재적인 측면에서 무한대의 욕망은 문곡화기와 같은 한순간의 문서착오로 물거품이 될 수 있음을 알 수 있다.

⑦ 경간(庚干)에서는 태양화록이 된다.

태양은 貴를 主로 하고 발산의 성질이 있는 별이므로, 화록이 되면 貴적인 속성이 한껏 드러나 사회적 지위가 올라가고 발산의 성질을 더욱 증가시키게 된다. 그래서 봄이 되면 태양의 성가(聲價)를 유감없이 드러내어 좋지만 겨울이 되면 천동화기와 같은 속성으로 변한다. 천동은 복성이지만 화기가 되면 복에 시비(화기의 성질)가 생기는 의미로 변해, 복이 있지만 그 복을 의심하여 누릴 수 없게 된다. 결국 불만으로 나타나는 것이다.

태양이 화록이 되면 유감없이 자기 재주를 뽐내고 드러내며 힘껏 자기를 발산하여 사회적인 지위와 지명도를 얻지만, 겨울이 되면 발산이 극에 이르게 되므로 탈진하여 공허해진다. 그래서 지나친 발산으로 인해 만물에게 원망을 살 뿐만 아니라 자기도 기력을 소진하게 되어 주객 모두 그 빛을 복되다고 느끼지 못하게 된다. 따라서 복을 차버리고 불만스럽게 생각할 뿐만 아니라 정신적인 공허와 고민으로 나타나게 된다.

이것을 통해 가진 재주를 다 드러내는 것은 자기나 타인 모두에게 득이 되지 않고 오히려 불만을 조성하게 되므로, 행동거지에서 중용을 취하는 것이 복을 누리는 것임을 알 수 있다. 또한 지나친 발산은 불만을 불러일으킨다는 우주의 진리를 상징화한 것이라고도 볼 수 있다.

⑧ 신간(辛干)에서는 거문화록이 된다.

거문은 암성으로 시비를 主한다. 또 거문에는 입의 의미도 있다. 그래서 거문이 좌명하면 말을 주로 하는 직업에 종사하는 경우가 많다. 이 거문이 화록이 되면 시비와 구설이 긍정적인 측면으로 전화되어 말을 많이 하는 교사나 변호사·학원강사·외교관 등 바람직한 방향으로 발현되나, 암성의 본질로 인해 노심(勞心)을 많이 하게 된다. 따라서 거문이 봄이 만나면 봄의 기운처럼 입으로 만물을 자라게 하고 키우며 살리는 긍정적인 면을 유감없이 발휘한다.

그러나 겨울이 되면 거문은 문창화기와 같은 성질로 변하는데, 문창은 문서를 주로 하므로 화기가 되면 문서착오가 있게 된다. 그래서 문창화기에는 약속을 어기는 의미가 있다. 즉 구설을 의미하는 거문에 화록이 붙으면 긍정적인 측면이 발휘되어 언변이 있거나 말을 많이 하게 되지만, 겨울이 되어 노쇠해지고 구설이 극한에 이르면 약속을 어기고 실언하며 말의 덕을 잃는 것으로 나타나게 되는 것이다.

이것을 통해 인간생활에서 말은 신용을 얻는 척도가 됨과 동시에 신용을 잃는 관건이 되기도 함을 알 수 있다. 또한 풍부한 언어구사와 달변도 결국 많이 하면 실수가 있음을 옛사람들이 경계한 것이라고 할 수 있다.

⑨ 임간(壬干)에서는 천량화록이 된다.

천량에는 음덕(蔭德)의 '蔭'적인 속성과 형법의 '刑'적인 두 가지 속성이 있다.

천상의 격국 중에는 재음협인격(財蔭夾印格)과 형기협인격(刑忌夾印格)이 있다. 천상이 있으면 반드시 양옆에서 거문과 천량이 협하게 되어, 천상은 이 두 星의 영향을 아주 크게 받는다는 것이다. 그런데 거문에 화기가 붙으면 천량은 刑적인 속성으로 변하고, 거문에 화록이 붙으면 천량은 蔭적인 속성으로 변한다. 즉 거문의 상황에 따라 천량의 刑적인 속성과 蔭적인 속성이 번갈아 나타나 천상에 영향을 주는 것이다.

임간의 경우에서도 마찬가지다. 천량이 봄을 만나면 刑적인 속성보다는 蔭적인 속성이 뚜렷하게 드러난다. 천량에는 '청렴한 관리' 와 같은 속성이 있어서, 화록이 붙으면 청렴한 관리가 백성들의 어려움을 덜어주고 법의 보호 아래 편안하게 지낼 수 있도록 그늘이 되는 역할(蔭은 그늘 음)을 하게 되므로, 부모나 관으로부터 음덕을 입는 것으로 나타난다.

그러나 겨울이 되면 천량의 刑적인 속성이 나타나 포청천과 같은 살벌한 원칙과 형벌만 난무하게 된다. 무곡화기와 같은 속성으로 변질되는 것이다. 그래서 부정축재하는 사람은 재산을 박탈당하며(무곡화기에는 거대한 파재의 성질이 있다), 탐관오리는 파직하고(장사하는 사람은 문을 닫고 샐러리맨은 직장을 잃게 된다), 중죄를 지은 사람은 작두로 사형을 집행당하거나(무곡화기에는 금속으로 傷하는 의미가 있다) 유배당하게 된다(무곡화기에는 결절의 의미가 있다).

이것을 통해 권리에는 반드시 책임이 뒤따른다는 것을 알 수 있다. 법의 보호를 받을 권리가 있어 편안함을 누리지만 또 법의 책임을 추궁당할 수도 있기 때문에 매사에 법을 어기지 않는 삶을 살아야 함을 암시한다.

⑩ 계간(癸干)에서는 파군화록이 된다.

파군에는 옛것을 갱신하는 의미가 있는데, 개변의 폭이 상당히 커서 당사자가 생각지 못할 정도가 된다. 따라서 파군이 봄을 만나면 변화가 유리하여 개창을 통해서 더욱 좋은 상황을 연출하게 된다. 하지만 변화가 크고 유리하다고 하더라도 파군의 본신은 직감적으로 불안함을 느끼게 되므로 다른 사람의 조력이 필요하게 된다. 그래서 파군화록이 명궁에 있으면 다른 사람과 동업하거나 합작하는 것을 좋아한다.

그러나 겨울이 되면 파군은 탐랑화기의 속성으로 변하게 되는데,

개창만 전문으로 하는 파군이 극한까지 가면 개창에 대한 뒤치다꺼리 때문에 귀찮을 정도로 접대가 많게 된다. 게다가 살성을 만나면 말할 수 없는 숨은 고통으로 변하게 되어 급기야는 폭발·폭패로 나타나게 되는데, 그 과정도 모두 의외로 나타나게 된다.

그러므로 이렇게 되면 투기를 해서는 안 된다. 봄에는 파군이 화록이 되므로 개창하고 돌진하는 것이 이로워 투기에도 능하겠지만, 겨울이 되어 파군의 기력이 극한에 이르러 피로하게 되면 뒷감당을 하지 못해 폭패하게 되기 때문이다. 이것을 통해 변화가 클수록 반작용과 대가도 크다는 것을 알 수 있다.

옛사람들은 파군을 좋아하지 않았다. 그것은 옛사람의 철학으로는 파군이 중용을 잃은 별로 보였고, 중용을 잃었기 때문에 많은 무리수를 두게 되며, 그 결과 거대한 좌절을 겪게 되므로 파군을 '광(狂)'이라고까지 표현하면서 꺼렸던 것이다. 보수적인 사회에서 파군이 홀대받은 것을 알 수 있다.

지금까지 설명한 십간사화의 유기적 성질에 대한 원리는 단순히 '갑간의 화록은 염정, 갑간의 화기는 태양'과 같은 내용을 암기하는 차원을 넘어서서, 갑간에서 염정이 화록이 되면 화기가 태양이 될 수밖에 없는 이유를 이론적으로 풀이해놓은 것이다. 그리고 변화하는 과정 속에 담겨 있는 삶에 대한 옛사람들의 심오한 철학적 통찰까지 살펴보았다.

앞에서도 말했듯이 화록과 화기는 인간이 탄생해서 성장하고 죽음을 맞이하는 과정과 같아서, 탄생할 때의 나와 죽을 때의 나가 둘이 아니듯이 화록과 화기도 서로 별개의 것이 아니다. 그래서 한 사람을 평가할 때 출생과 죽음이 중요하듯이, 한 사람의 命을 추론할 때도 발생이 되는 화록과 결과가 되는 화기의 향배가 아주 중요하다.

(6) 祿 · 忌에 관한 몇 가지 규칙
① 발생과 결과는 서로 맞물려 있다.
발생(화록)과 결과(화기)는 陰과 陽처럼 서로 꼬리를 물고 있다. 즉 결과(겨울) 뒤에는 발생(봄)이 이어지듯이, 이 둘은 서로 동떨어져 있는 것이 아니라 서로 밀접하게 맞물려 있으면서 역동적인 균형 속에서 하나의 상(象)을 도출해낸다.
그래서 실제로 命을 추론할 때 태극이라는 원통의 관점에서 발생과 결과를 봐야지 독자적으로 서로 분리된 단독자로서의 발생과 결과로 봐서는 안 된다. 즉 陽의 꼬리에는 陰의 머리가, 陰의 꼬리에는 陽의 머리가 맞물려 있으므로 발생과 결과는 서로 맞물려 있는 것이다.

② 祿과 忌가 어디서 왔는가를 주목하라.
이것은 명을 추론할 때 아주 중요한 관점이다. 특히 원인과 결과를 추론할 때 이 관점은 매우 중요하다. 십간의 발생을 볼 때는 결과가 어디에 있는지를 살펴야 하고, 결과를 보면 발생이 어느 궁에 있는가를 주의해야 하는 이유가 여기에 있다. 즉 발생이면 발생, 결과면 결과가 공히 끝점과 시작점이 있는 것이므로 반드시 원인과 결과, 시작과 끝을 동시에 살펴서 판단해야 하는 것이다.
유년의 삼방사정에 화기가 들어올 때 그것을 단순히 그 궁의 결과로서의 忌로만 보지 말고, 어디서 발생해서 오는 결과인가를 파악해서 忌의 작용이 어떻게 나타날 것인가를 판단해야 한다. 화록 역시 그 발생을 단순하게 보지 말고 결과가 어디까지 연결되는지를 살펴야 祿이라는 발생의 성질을 알 수 있다.
물론 대한 · 선천 · 유년의 祿과 忌가 중첩되면 좀더 복잡해지지만, 원론적인 입장에서는 이러한 원리에 뿌리를 두고 있다.

③祿과 忌의 眞·假를 구별하자!

어느 유년의 어떤 궁에든 화록과 화기는 들어가게 되어 있다. 무인년의 경우 탐랑화록과 천기화기는 고정적으로 어느 궁에든 들어가게 되는데, 화록은 길하고 화기는 흉하다는 고정관념으로만 말하면 화록이 떨어지는 궁은 길하고 화기가 떨어지는 궁은 흉하다.

그러나 실제로 나타나는 현상을 살펴보면, 길흉이 반반씩 나타나는 경우도 있지만 1년이 온통 흉하거나 1년이 온통 길한 현상이 많으며 길흉 없이 무난하게 넘어가는 경우도 있다. 祿과 忌에 대한 상식으로만 보면 祿이나 忌는 어느 궁에든 들어가기 때문에 그 한 해는 길한 일과 흉한 일이 동시에 발생해야 하는데 그렇지 않으니, 이러한 상식은 문제가 있다는 것을 언뜻 보아도 쉽게 알 수 있다.

여기에 대해 필자는 다음과 같은 가설을 세우고 있다. 사화 속에 祿·忌를 모두 아우르고 있기는 하지만 어떤 현상 때문에 한쪽이 드러나면 한쪽이 숨겨지거나 그 반대의 현상이 있을 수 있다는 것이다. 즉 진(眞)·가(假)가 있다. 그래서 祿은 祿으로 忌는 忌로서의 모습을 다 드러내지 않는 것이다.

(7) 眞·假에 대한 이해

祿·忌의 현상은 달이 빛을 반사하는 이치와 같다고 할 수 있다. 달은 본래 둥글지만 지구에 의해 가려진 부분은 빛을 반사하지 않고 그렇지 않은 부분만 반사한다. 지구에 의해 가려진 부분이라고 해서 달이 아닌 것은 아니지만 달빛으로서의 작용은 가려지지 않은 부분으로 하는 것이다.

祿·忌도 마찬가지다. 祿·忌는 동전의 양면처럼 동시에 한 꼴을 이루고 있지만, 달의 현상처럼 祿이 드러나면 忌가 숨겨지고 忌가 드러나면 祿이 숨겨지는 것과 같은 현상이 발생한다. 다시 말해서 어떤 경우에는 祿적인 빛을 발하지만, 또 어떤 경우에는 자신의 꼴이 없어지는 것은 아니지만 마치 祿이 전혀 없는 것처럼 보인다. 忌도 마찬가지여서 어떤 경우에는 忌로서의 빛을 발하지만 또 어떤 경우에는 없는 것처럼 보인다.

그렇다면 그 모종의 법칙, 모종의 우주적인 현상을 祿·忌의 차원에서 어떻게 비유할 수 있을까? 그것은 다음과 같이 설명할 수 있다.

달이 빛을 내는 것은 태양 때문이다. 태양이라는 빛을 달이 반사함으로써 빛을 내는 것이다. 그러나 우주공간에서의 달은 온달로 빛을 반사하고 있지만, 지구에서는 지구가 태양의 둘레를 돌면서 시간을 발생시키는 현상으로 인해 시간의 변화에 따라 달의 크기가 커졌다가 작아졌다가 하게 된다. 결국 달은 전혀 변화를 일으키지 않는데 지구에서 볼 때는 시간적인 문제로 인해 크기가 달라진다.

祿·忌의 현상도 이와 유사하다. 祿·忌 자체의 희기(喜忌)와 선악(善惡)은 그대로 있는데, 공간상으로는 특정한 사물의 이해와 결부되지 않고 단지 祿 본래의 발생과 忌 본래의 결과라는 원초적인 의미만을 갖게 된다. 그러나 시간의 변화에 따라 祿이든 忌든 祿 또는 忌의 모습만으로 자신의 정체를 나타내면서 祿·忌가 가진 본래적인 발생과 결과의 의미뿐만 아니라 길흉과 선악을 시간 속에 투사시키게 된다. 그 결과 祿 또는 忌만 느끼게 되는 현상이 생기게 되는 것이다.

(8) 진록·진기, 가록·가기

이 현상을 필자는 眞·假라는 개념으로 표현한다.

祿·忌는 동전의 양면과 같아서 한 몸이지만 시간의 조건 속에서는 어느 한쪽만 얼굴을 드러내게 된다. 그러나 祿·忌는 둘이 아니라 하나이기 때문에 드러나 있는 것이 祿이라 할지라도 忌의 향배, 즉 忌의 존재를 도외시할 수 없고, 그 반대도 마찬가지다. 따라서 시간의 그물에 祿이 걸리든 忌가 걸리든 그 짝이 어디에 있는가를 반드시 찾아야 한다.

그러므로 祿을 볼 때는 忌가 어디에 있는가를 살펴서 그 발생이 어떤 결과를 나타내는가를 따져야 하고, 忌를 볼 때는 祿이 어디에 있는가를 따져서 그 결과가 어디서부터 비롯된 것인가를 추적해야 한다. (지구라는 시간의 조건에 걸려서 나타낼 때는 祿·忌는 眞祿·眞忌가 되고, 감춰져 있어 나타나지 않을 때 즉 공간에만 있을 때는 假祿·假忌가 된다고 이해하면 쉽다.)

구체적으로 설명해보자. 유년의 삼방사정에서 발생을 의미하는 화록이나 결과를 의미하는 화기가 걸렸을 때, 즉 유년이라는 시간의 그물에 祿·忌가 걸렸을 때 祿·忌가 암시하는 구체적인 象이 나타나게 된다. 발생이든 결과든 그 자체로의 꼴을 가지고 祿은 祿으로, 忌는 忌로서의 역할을 하면서 어떤 象을 나타낸다는 것이다.

그래서 유년의 삼방사정에 걸리면, 즉 유년이라는 시간의 조건 속에 걸리면 祿이든 忌든 진록(眞祿)·진기(眞忌)가 되며, 삼방사정 밖에 있으면 즉 공간상에 있으면 가록(假祿)·가기(假忌)가 된다.

진록·가록, 진기·가기란 필자의 이론을 표현하기 위해 필자가 만들어낸 단어다. 운을 추론하다 보면 祿이 길상으로 작용하지 않거나 忌가 흉상으로 작용하지 않는 경우가 있는 반면, 또 어떤 경우는 제 역할을 톡톡히 해내는 경우가 있다. 처음에는 그 이유를 찾지 못해 매우 혼란스러울 것이다. 그러나 祿·忌를 眞·假로 나누어 파악해보면 분명하게 파악할 수 있다.

진록이란 祿으로서의 역할을 제대로 해낸다는 말이고, 가록이란 마치 지리산이라는 이정표가 지리산은 아닌 것처럼 어떤 역할에 대한 암시만 할 뿐이지 祿 자체의 성질을 드러내지는 않고, 단순히 어떤 일에 대한 촉기나 발생을 알려주는 역할을 하는 것을 말한다. 진기 역시 忌로서의 역할을 제대로 해낸다는 말이고, 가기란 忌로서의 역할을 하지 않고 단순히 결과로서의 어떤 象을 지칭하는 신호등 역할만을 하는 것을 말한다.

그러나 진기임에도 발재하고 승진하거나, 진록임에도 사망하거나 고전하는 등 예외적인 규칙이 30퍼센트 정도는 있음도 알아야겠다. 이런 경우는 나름대로 그럴 만한 이유가 있는 것이므로 차후에 재론하도록 하겠다.

2) 이두가 운을 보는 관점

발생과 결과, 祿·忌의 眞·假에 대한 이론을 구체적으로 응용하는 방법으로 들어가기 전에 필자가 운을 어떤 방법으로 보는가를 먼저 설명하려고 한다.

많은 책에서, 선천명을 볼 때는 선천십이궁의 좋고 나쁨을 살펴서 길흉을 판단하고, 대한을 볼 때는 선천십이궁은 제쳐두고 대한십이궁의 좋고 나쁨을 살피며, 유년이나 소한을 볼 때는 선천과 대한은 제쳐두고 유년십이궁과 소한십이궁을 살펴서 길흉을 결정한다고 한다.

필자도 처음에는 이 이론을 따랐다. 그래서 유년을 볼 때 유년천이궁에 화기나 살성이 있으면 올해 교통사고가 있을 것이다, 유년부부궁에 화기나 살이 있으면 부부문제가 있다, 유년전택궁에 변동의 星이 있으면 무조건 전택변동이 있다는 식으로 봤다.

그러나 이런 식의 추론은 봉사 문고리 잡기 식이어서 실수를 많이 했다. 그리고 임상경험이 쌓이면서 유년운을 추론할 때도 대한과 선천의 궁이 매우 중요함을 알게 되었고, 사화 역시 유년사화는 선천이나 대한의 사화에 비교할 수 없이 미약함을 알게 되었다.

그래서 필자는 운을 볼 때 유년의 화기가 대한이나 선천의 화기와 만나지 않으면 전혀 겁을 내지 않는다. 유년의 화록 역시 대한이나 선천의 祿과 만나지 않으면 좋아하지 않는다.

다음은 필자가 1년운을 추론할 때 사용하는 특징적인 방법 몇 가지이다.

①1년운을 볼 때 소한을 쓰지 않는다.

소한은 죽라삼한을 따질 때만 참고할 뿐 아예 보지도 않는다. 쓰지 않는 이유는 잘 맞지 않기 때문이다.

②유년양타 · 대한양타를 쓰지 않는다.

우리나라에서 자미두수를 하는 사람들은 대부분 사화 외에 유년양타를 기본적으로 쓰고 있다. 대만의 자운 선생이나 홍콩의 중주파 왕정지 같은 분들도 유년양타를 쓰고 있다.

그러나 앞에서도 지적했듯이 유년양타는 이론적으로 모순이 많으며, 길흉도 학자들이 말하는 것처럼 확실하게 가려지게 나타나지 않는다. 그래서 필자는 확실하게 유년양타의 메커니즘에 대한 결론이 나기 전까지는 쓰는 것을 보류하고 있다.

그 동안의 경험에 의하면, 유년양타의 작용은(유년녹존도 포함) 어떤 宮과 星에 작용하면서 그 해에 발생할 구체적인 어떤 사안을 (길흉이 아니라) 암시하고 있는 것이 아닌가 하는 심증이 있기는 하다. 그러나 분명한 메커니즘은 아직 발견하지 못했다.

③운을 추론할 때는 화록과 화기의 교호작용에 의지한다.

　필자는 운을 볼 때 전적으로 사화의 변화로 판단한다. 앞에서 말한 대로 祿·忌의 발생과 결과를 파악해서 한 해에 발생할 일을 추적하며, 祿·忌로 인동된 宮과 星을 종합해서 발생할 사안과 그 일에 대한 길흉을 판단한다.

④잡성을 중시한다.

　많은 명례를 추론하면서 느낀 것은 잡성이 의외로 크게 작용한다는 것이다. 가령 祿이나 忌가 있는 궁에 상문·백호 등이 있으면서 인과를 형성하면 상망(喪亡)하는 일이 많고, 관부·관색 등이 있는 宮의 星이 발생하거나 결과화하면 관재가 많으며, 천요·함지·홍란 등이 있는 宮의 星이 祿·忌로 동하면 도화문제가 많다.

⑤특별한 경우 외에는 유년십이궁을 쓰지 않는다.

　자미두수를 하는 많은 사람들이 유년십이궁을 생각없이 쓰고 있으나, 필자는 유년십이궁의 작용에 대해 회의적인 입장이다. 그 가장 근본적인 이유는 유년십이궁이 맞지 않는 확률이 아주 많기 때문이다.

　또 하나는, 자미두수의 기본명반은 열두 가지 타입으로 고정되어 있어서 어떤 사람이든 그중 하나와 같게 된다. 술궁이 자미인 명반을 예로 들면 무인년에는 인궁에 염정이 있어서 여기가 유년명궁이 되며, 무간(戊干) 탐랑화록은 유년의 천이궁에, 천기화기는 유년의 질액궁에 있게 된다.

　만약 유년십이궁을 인정한다면 무인년에는 열두 명 중 한 사람은 반드시 천이궁은 좋고 질액궁은 나쁘게 된다. 지구의 인구가 60억이라면 5억은 그와 같은 현상이 있게 되는 것이다. 따라서 유년십이궁은 보편적이기는 하지만 개인만의 현상을 설명할 수 있는 특수성은 상실하고 있다.

　필자가 유년십이궁에 의미를 둘 때는 보편적인 상황이 命 당사자의 개인적인 특수상황과 관계되었을 때다. 즉 어떤 유년궁이 선천의 명궁이나 선천의 신궁(身宮), 대한의 명궁이 될 때 유년이라는 보편성 속에 특수성을 가지게 되므로 유년궁을 살핀다.

　예를 들어 자미가 술궁인 명반에서 무인년의 상황을 볼 때 천기 화기가 유년의 질액궁에 떨어져 있다고 해서 올해 질병이 있겠다고 할 수는 없다. 그러나 만약 이 궁이 선천의 명궁이나 신궁(身宮), 대한의 명궁이라면 무인년에 질병이나 사고를 당할 수 있으므로, 유년십이궁을 살펴서 유년질액궁에 문제가 있다고 볼 수 있다. (물론 이것은 宮을 의미하는 것이다. 이것이 구체적으로 질액이냐 하는 문제는 祿·忌의 발생과 결과가 그렇게 인동되고 있는가, 그렇게 인동된다면 그 궁이 질병 성계로 구성되어 있는가 등을 따져야 하기 때문에 단순한 것은 아니지만, 이론적으로는 그렇다는 것이다.)

　이 경우 외에도 유년십이궁을 보는 때가 있는데, 어느 특정한 십이사항궁이 대한에 의해서 암시되었다가 유년 祿·忌에 의해 인동되고 있을 때이다. 이때도 유년십이궁을 참조한다. 그러나 이 몇 가지 경우를 제외하고는 유년십이궁에 그다지 의미를 두고 있지 않다.

⑥ 삼방사정 안에 걸리는 십이사항궁을 중시한다.

　명리든 자미든 육효든 모든 추명학과 점학에서 어떤 사정이 발생하려면 인동의 문제가 중요하다. 명리적으로 이야기하자면 대운이나 유년에서 선천에 암시되어 있는 육신이나 육친, 격국이나 궁과의 合·刑·沖·破·害가 있어야 어떤 사항이 동하는 것처럼, 자미에서도 어떤 宮과 星이 움직이려면 자미의 메커니즘으로 인동이 되어야 한다.

설혹 유년의 삼방사정에 살이 있다고 해도 그것이 인동되지 않으면 아무 문제가 없다. 이것은 마치 호랑이가 무섭기는 하지만 잠자는 것과 같으며, 호랑이 수염을 잡아당겼을 때 비로소 무서운 맹수로 포효하는 것과 같다.

자미두수에서 宮과 星을 인동시키는 핵심적인 키워드는 사화, 즉 화록(발생)과 화기(결과)다. 어느 궁에 화록이나 화기가 붙으면 그 궁과 그 궁 안에 있는 星은 인동되기 시작한다.

평면적으로만 말하자면 어느 궁에 길성이 있고 선천이나 대한의 祿이 있는데 유년에서 화록이 붙으면 길한 상황을 인동시켜서 좋고, 흉성에 살성까지 동궁해 있는데 유년에서 화기가 붙으면 잠자는 호랑이를 깨우는 것과 같아 그 궁의 주사(主司)적인 문제로 흉이 인동되는 것이다.

그런데 祿이든 忌든 어느 궁에 붙으면 인동이 된다고 했는데, 앞에서는 화기라도 흉이 안 되는 경우가 있다고 했으니 모순이 아닌가? 이것이 바로 眞·假의 구별에 기준점을 제공해주는 것이다.

3) 명운세의 관계

(1) 선천은 공간, 대한은 시간

命이란 선천명반을, 運이란 대한을, 歲란 유년을 말한다. 명운세(命運歲)란 이것을 통칭해서 필자가 쓰고 있는 말이다.

명운세를 시간과 공간으로 나누어보면, 선천명반은 공간이 된다. 선천적으로 부여받은 모든 것은 일생 동안 일어날 가능성을 내포하고 있지만 시간이라는 구체적인 매개체를 통해서 나타나야 하므로 선천명반은 공간이 된다.

　이 선천적인 어떠한 암시가 어느 궁에 있다고 할 때, 가령 선천부처궁이면서 태양화기가 있다고 할 때, 선천적인 태양화기의 흉상은 공간적으로 자리하고 있는 것이므로 그것이 구체적으로 표출되려면 시간이 필요하다. 그 시간이 바로 선천명반을 체(體)라고 할 때 용(用)이 되는 대한과 유년이다.

　바로 선천사화인 화록·화권·화과·화기가 어느 궁에 있는데 대한이 그 궁에 해당되면 그 선천사화의 의미가 시간적으로 표출되어 화록이면 길상, 화권이면 권세, 화과면 명예, 화기면 흉상으로 나타난다. 선천의 공간적인 암시가 대한이라는 시간이 오자 모습을 드러낸 것이다.

　물론 선천의 공간에 배치된 모든 별들은 일생을 통해 전방위적으로 깊숙이 영향을 주지만, 강약과 우선순위적인 측면에서 보면 선천의 象은 대한에 직접적인 영향을 준다고 하겠다.

　명반을 예로 들어보자.

• 예 1) 1962년 11월 ○일 인시 여명
　선천부처궁인 신궁에 파군이 있다. 삼방의 조합에는 살파랑이, 대궁에는 무곡화기와 천상이 동궁하고 있다.

　선천부처궁에는 공간적으로 무곡화기라는 좋지 않은 象이 있는데, 이것이 구체적인 현상으로 드러나려면 대한·유년이라는 시간이 이르러야 한다.

　무신대한(선천부처궁, 24~33세)이라는 시간에 오자 이 여자의 나이 서른 살에 남편이 폐암으로 죽었다. 공간적으로 있던 암시가 대한이라는 시간이 오자 나타난 것이다.

大孤天鈴天天 祿辰使星鉞機 　　　旺旺平 　　　　　忌 飛亡貫　54~63　40乙 廉神索　【疾厄】　生巳 　　　　【大子】	大大解天龍三陰文紫 曲羊神福池台煞曲微 　　　　　　　陷廟 　　　　　　　　權 奏將官　44~53　41丙 書星符　【財帛】　養午 　　　　【大夫】	大天天 　　　　鉞喜刑 將攀小　34~43　42丁 軍鞍耗　【子女】　胎未 　　　　【大兄】	大天年台鳳八天破 昌虛解輔閣座馬昌軍 　　　　　　　旺旺陷 小歲歲　24~33　43戊 耗驛破　【夫妻】　絶申 　　　　【大命】
大旬天天封七 陀空壽哭詰殺 　　　　　旺 喜月喪　64~73　39甲 神煞門　【遷移】　浴辰 　　　　【大財】	음력 1962년 11월 ○일 인시 여자 命局 : 金 4局 命主 : 祿存 身主 : 天梁		天破大天地 　　廚碎耗貴空 　　　　　　廟 青息龍　14~23　44己 龍神德　【兄弟】　墓酉 　　　　【大父】
天天火天天太 傷空星魁梁陽 　平廟廟廟 　　　　　祿 　　　　　科 病咸晦　74~83　50癸 符池氣　【奴僕】　帶卯 　　　　【大疾】			蜚天天陀天廉 廉月官羅府貞 　　　廟廟旺 　　　　　　科 力華白　4~13　45庚 士蓋虎　【命】　死戌 　　　　【大福】
大截天左天武 馬空巫輔相曲 　　　廟廟閑 　　　　　　忌 大指太　84~93　49壬 耗背歲　【身官祿】　冠寅 　　　　【大遷】	大寡紅地巨天 魁宿鸞劫門同 　　　陷旺陷 伏天病　94~　48癸 兵煞符　【田宅】　旺丑 　　　　【大奴】	紅天擎右貪 　　艷才羊弼狼 　　　　陷旺旺 　　　　　　祿 官災弔　　　47壬 府煞客　【福德】　衰子 　　　　【大官】	恩天祿太 光姚存陰 　　廟廟 　　　　權 博劫天　　　46辛 士煞德　【父母】　病亥 　　　　【大田】

　이처럼 대한은 선천명반과 상하관계로 직접적인 영향, 즉 공간과 시간의 연결고리로서 밀접함을 갖고 있다.

(2) 대한과 유년의 관계

　선천의 암시가 대한이라는 시간을 만났다고 해서 피부에 직접 와 닿을 정도의 느낌이 있는 것은 아니다. 유년이라는 최종적인 절대 시간이 와야 우리의 피부로 어떠한 길흉이든 느낄 수가 있다. (물론 더 깊숙이 유월·유일·유시까지 따져야겠지만 간단하게 표현하기 위해서 유년까지만 쓴다.)

그런 관점에서 본다면 대한도 유년의 입장에서는 공간인 셈이고, 유년 자신이야말로 최종적인 시간다운 시간인 셈이다. 즉 유년의 입장에서 보면 선천도 대한도 모두 공간적인 범주에 해당한다. 그래서 우리에게 최종적으로 중요한 것은 유년이라는 시간이 된다. 이 이론은 실제의 감정을 통해 매우 징험함을 볼 수 있는데 더 구체적으로 접근해보자.

선천명은 선천궁의 삼방사정, 대한은 대한궁의 삼방사정, 유년은 유년궁의 삼방사정이라고 가정해보자.

선천이 대해(大海)라는 공간이라고 할 때 대해 안의 고기를 잡으려면 시간의 그물이 필요하다. 대한은 그물코가 아주 큰 그물이다. 따라서 대한이라는 그물에는 매우 큰 고기만 걸리므로, 실제로 이 대해 속에 구체적으로 어떤 고기가 얼마만큼 살고 있는가를 가늠하기가 쉽지 않다.

그래서 유년이라는 투망이 필요해진다. 대한의 성긴 그물이 놓친 고기를 유년이라는 그물은 잡아낼 수 있으므로, 이 대해에는 이러저러한 물고기가 어떤 형태로 살고 있구나 하는 것을 알 수 있다. 여기서도 잡히지 않는 것은 더욱더 세밀한 유월이라는 그물을 빌려야겠지만 우선은 여기까지만 생각하도록 하자.

(3) 유년은 운의 결론

결국 최종적인 결론은 유년이라는 그물에서 드러난다. 대한이 잡을 수 없는 작은 고기도 유년이라는 시간의 그물에는 모두 걸리게 되는 것이다. 따라서 운의 핵심은 유년에 있다.

유년의 삼방사정을 유년이라는 시간의 그물〔場〕이라고 생각해보자. 이 개념은 어떠한 象이 인동되는가에 대한 아주 중요한 단서가 된다. 선천과 대한의 공간적인 象이 유년이라는 시간의 그물에 걸리면 비로소 구체적인 象을 나타내게 된다. 이렇게 걸린 것이 우리의 피부에 와닿게 되므로, 유년이 運의 최종결론이 되는 것이다.

필자가 앞에서 유년의 삼방사정을 중시한다고 한 것은 바로 이러한 의미 때문이다. 유년이라는 시간의 삼방사정의 그물에 걸린 궁에 화록이나 화기가 인동되면, 그 해당 궁이 祿이면 진록으로 길을 발생시키고 忌면 진기로 흉을 발생시킨다.

眞·假의 구별은 전적으로 祿·忌가 삼방사정에 걸리는 것으로 구분하는데, 삼방사정 밖에 걸리면 假가 되고 삼방사정 안에 걸리면 眞이 된다. (예외적인 사항은 다음에서 설명하겠다.) 즉 대한의 경우 대한의 삼방사정에 祿이 걸리면 진록, 忌가 걸리면 진기가 되지만, 삼방사정 밖에 걸리면 가록·가기가 된다. 유년의 경우 역시 유년의 삼방사정에 祿이 걸리면 진록, 忌가 걸리면 진기가 되나 삼방사정 밖에 걸리면 가록·가기가 된다. 그리고 가기가 된 화기는 무서운 것으로 보지 않는다.

(4) 유월에 관하여

유년이 운의 최종적인 결론이기는 하지만 유년의 결론이 발현될 시점은 유월·유일·유시로까지 압축될 수 있다. 유일·유시까지는 번거로워서 대체로 진행시키지 않지만 흔히 관심을 가지는 유월에 대해서는 조금 더 논의를 진행시켜보도록 하자.

앞에서 유년십이궁은 쓰지 않는다고 했는데 그렇다면 유년십이궁은 필요가 없는 것일까? 그렇지 않다. 유월에서는 유년십이궁이 관건이 된다. 유월이 활동하는 무대가 유년이 되므로 유년십이궁은 유월의 길흉화복과 밀접한 관계가 있는 것이다. 따라서 유월이 유년의 어느 궁이 되면서 그 궁에 祿·忌가 인동되면 일단 해당 유년궁에 의한 궁주사(宮主事)에 관한 일이 발생될 확률이 높다.

물론 100퍼센트 그렇다는 것은 아니다. 궁주사가 일어나려면 반드시 유월의 祿·忌가 그 궁의 祿·忌와 시간적으로 만나거나 유월의 시간적인 범위, 즉 삼방을 벗어나 공간적으로 그 궁과 관계된 유년궁을 발생·결과로 인동시켜야 한다.

더 구체적으로 설명하기 위해서 유월궁의 삼방사정에 유년의 화기가 걸렸다고 가정해보자. 이 화기가 유년십이궁의 어디에 있느냐 하는 것도 중요하지만, 유년의 공간적인 입장에서(유월의 입장에서 유년은 공간이 되고 유월은 유년에 암시된 象이 나타나는 시간이 된다) 암시된 象이 무엇인가를 먼저 따져야 한다.

즉 그 화기가 유년운에서 전택이 발생이고 문서가 결과인 화기라고 할 때, 그 화기가 어느 유월의 삼방에 걸렸다면 일단 그 유월의 시간의 그물에 유년에서 암시된 象이 걸렸으므로 그 象이 인동되기 쉬운 것은 사실이다. 그러나 이러한 象이 구체적으로 발현되려면 유월의 祿·忌가 발생·결과로 유년전택궁과 유년문서궁을 인동시켜야 전택의 문서변동으로 구체적으로 나타날 수 있게 된다.

4) 실례 추론

추론을 하기 위해서는 아직 설명해야 할 부분이 많으나, 실례를 통해 해당되는 부분들을 하나하나 짚어가도록 하자.

• 실례 1) 1965년 9월 ○일 오시 남명

원명분석은 생략하고 무인대한에 발생한 사건을 중심으로 추론을 해보겠다. 그러나 무인대한에 발생한 사건은 일생 동안 영향을

大年鳳天天地地 祿解閣巫刑劫空 閑廟	大大天天天 曲羊廚空機 廟廟 祿祿 忌科	大截蜚破紫 鉞空軍微 廟廟 科	大大紅天孤封天天 馬昌艷福辰誥貴鉞 廟
伏指太　　　37辛 兵背歲【父母】生巳 　　　【大田】	大咸晦　　　38壬 耗池氣【福德】養午 　　　【大官】	病月喪　94~　39癸 符煞門【田宅】胎未 　　　【大奴】	喜亡貫　84~93　40甲 神神索【官祿】絶申 　　　【大遷】
大解天寡天鈴擎文太 陀神官宿喜星羊昌陽 旺廟旺旺 科	음력 1965년 9월 ○일 오시 남자 命局：金4局 命主：廉貞 身主：天機		破天天天龍天火天 碎傷壽才池姚星府 陷陷
官天病　4~13　36庚 府煞符【身命】浴辰 　　　【大福】			飛將官　74~83　41乙 廉星符【奴僕】墓酉 　　　【大疾】
旬八祿七武 空座存殺曲 旺陷陷			大陰紅文太 耗煞鸞曲陰 陷旺 忌權
博災弔　14~23　47己 士煞客【兄弟】帶卯 　　　【大父】			奏攀小　64~73　42丙 書鞍耗【遷移】死戌 　　　【大財】
天恩陀右天天 月光羅弼梁同 陷廟廟閑 權	大天天 魁哭相 廟	台天左巨 輔魁輔門 旺旺旺	天天三天貪廉 使虛台馬狼貞 平平陷 祿
力劫天　24~33　46戊 士煞德【夫妻】冠寅 　　　【大命】	青華白　34~43　45己 龍蓋虎【子女】旺丑 　　　【大兄】	小息龍　44~53　44戊 耗神德【財帛】衰子 　　　【大夫】	將歲歲　54~63　43丁 軍驛破【疾厄】病亥 　　　【大子】

끼치는 사건이므로 본명을 간략하게 살펴보자.

선천명궁은(身宮과 동궁) 진궁으로 태양이 묘왕지에 있고 삼방사정에서 창곡·보필·괴월이 비치고 있다. 태양이 묘왕지에 있고 오시생이므로 주성(主星)이 되어 문무백관의 조공이 필요한데, 육길성과 은광·천귀·태보·봉고의 백관조공이 비치므로 태양의 귀적인 측면을 유감없이 발휘할 수 있다.

그러나 흉성 방면으로 경양과 영성이 동궁하고 있고, 인궁에서 차성안궁한 동량에 타라가 신궁(申宮)에서 비치며, 대궁 천이궁엔 태음화기가 정조(正照)하고 있어서 삼살에 화기가 비치는 형국이 되었다. 또한 태양은 재성이 아니므로 반드시 녹존이나 화록이 있어서 富적인 측면의 부족을 채워야 하는데, 이 명에는 보이지 않는다.

따라서 이 명은 일생 동안 청고한 貴를 좇으면 무리가 없지만 富를 좇으면 잡을 수도 없을 뿐만 아니라 명예에 손상만 입게 된다. 실제로 이 명반의 주인공은 교육사업인 학원을 했을 때는 전혀 문제가 없었는데, 돈을 불리려다 거의 패가망신한 상황이 되었다.

삼방사정을 살피면 명궁과 천이궁의 상황이 좋지 않음을 알 수 있다. 명궁의 태양은 경양·영성과 동궁해서 태양의 貴적인 측면이 치명적인 영향을 받을 뿐 아니라, 대궁의 태음화기까지 가세하고 있다. 태양에 양타를 만나면 인리산재격(人離散財格)이 형성되어 사람과 재물이 흩어지게 되는데, 천이궁을 유심히 살피니 태음화기에 문곡·대모·음살·주서가 동궁하고 있는데, 천이궁의 입장에서 보면 양타·영성도 보고 있어서 인리산재격이 형성되고 있다.

태음화기의 저명한 징험은 투자착오다. 여기에 문서를 주하는 문곡이 동궁하고, 문서를 의미하는 주서가 동궁하니 이 태음화기의 성질은 문서에 대한 투자착오의 의미가 강하다. 게다가 대모·소모는 모손(耗損)의 역량을 더해주는 것이며, 음살과 영성·타라·문곡 등은 모두 암(暗)의 의미가 있으므로 문제가 뜻밖에 발생하거나 음인(陰人)·소인(小人)들로부터 피해를 당하는 의미가 있다. 따라서 이 명의 선천적인 암시는 천이궁, 즉 대외적인 활동무대에서 문서착오(보증이나 담보·서명 등)로 인해 낭패를 당할 수 있음을 알 수 있다.

선천은 공간이므로 이것은 공간적인 암시가 된다. 이 공간적인 암시가 나타나려면 시간이 필요하다. 그런데 무인대한이라는 시간이 이르자 선천의 천이궁은 대한의 재백궁이 된다. 앞에서 설명한 선천의 공간적인 象이 대한의 시간의 그물(대한의 삼방사정)에 들어와 있는 것이다.

　일단 무인대한의 삼방사정을 살펴보고 이 대한에 어떠한 암시가 있을지를 가늠해봐야 한다. 대한재백궁이 선천천이궁과 중첩되어 있으면서 앞에서 말한 암시가 있으므로, 이 대한 중에 재백의 천이적인 측면에서 문서적인 투자착오를 하기 쉽다는 것을 알 수 있다.

　이 경우처럼 자미두수에서는 궁의 중첩으로 인해서 어떤 일이 일어나는가를 암시해주는 경우가 아주 많다. 그래서 운을 볼 때는 항상 이런 부분에 주의를 기울여야 한다. 즉 재백궁과 천이궁이 중첩되니 돈을 운용하는 문제, 돈을 유통하는 문제가 생긴다고 읽을 수 있는 것이다.

　궁의 중첩을 그대로 읽으면 사건의 암시를 엿볼 수 있다.

　또 하나의 암시는 재백궁은 항상 복덕궁과 마주보고 있으므로 복덕의 천이에서 투자착오를 할 수도 있다. 복덕궁이란 정신을 관장하는 궁이므로 복덕의 천이란 정신이 가는 곳, 정신이 쓰이는 곳, 정신적으로 지향하는 바가 된다. 그 위치에 태음화기가 있으므로 정신적인 투자착오를 할 수 있는데 삼방에서 함지·홍란·대모·창곡까지 가세하고 있다. 태음은 主여성이기도 하므로 도화성과 태음화기가 합쳐지면 여자에 대한 투자착오가 된다.

　기혼자라면 어떻게 될까? 두말할 것도 없이 바람피우는 것으로 나타난다. 이 명반의 주인공은 이 대운에 바람을 피워서 가정불화가 있었을 뿐만 아니라 재적인 측면으로 투자착오까지 해서 거대한 파재까지 있었다.

　여기에 또 하나 기억해야 할 것이 있다. 궁이 중첩되었을 때는 어떤 궁이 동하는가 동하지 않는가를 파악하고, 어떤 현상을 읽을 때는 항상 본궁과 대궁의 궁의 조합만을 고려해야 한다. 이것은 아주 중요한 비결이다.

본궁과 대궁을 살필 때도 두 가지 경우의 수가 있다. 이 경우를 보면 술궁은 선천으로는 천이궁이고 대궁 진궁은 선천의 명궁, 대한으로는 술궁이 대한재백궁, 진궁이 대한복덕궁이 된다. 명궁과 천이궁은 명천선(命遷線), 재백궁과 복덕궁은 재복선(財福線)이 되는데, 이것이 중첩되어 있을 때는 항상 선천궁과 대한궁을 하나씩 읽어야 한다.

궁의 중첩을 읽을 때는 하나는 선천궁, 하나는 대한궁으로 읽어라.

이 명반의 경우 대한재백궁과 선천천이궁으로 읽거나, 대한복덕궁과 선천천이궁 해서 복덕의 천이로 읽거나 해야 한다. 이 말에는 아주 중요한 현기가 숨어 있으므로 이것을 간명에 적용해보면 기가 막힌 부분이 많다.

그리고 명궁은 자기 색깔이 없다는 것도 반드시 기억해야 한다. 이것은 선천명궁이나 대한명궁, 유년명궁 모두 마찬가지다. 이 명반의 경우 진궁이 선천명궁이므로 이 궁은 그냥 대한복덕궁의 암시만 있게 된다. 이처럼 궁이 중첩될 때 명운세의 명궁이 걸리면 그 해당 명궁은 자기 색깔이 없는 것으로 본다.

궁이 중첩될 때 명궁이 중첩되면 그 명궁에는 색깔이 없다.

다시 본론으로 돌아가서, 도화나 바람피우는 것은 차치하고 돈에 관한 문서보증이나 담보·계약착오의 문제를 살펴보자.

대한의 삼방사정에 이러한 암시가 있을 때 구체적으로 어떤 모양·어떤 색깔로 돈에 관련된 문서투자를 잘못하게 되는가를 보려면, 대한이라는 무간(戊干)의 시간이 어떤 식으로 각색해주는가를 살펴야 한다. 따라서 무인대한의 무간사화로 대한의 시간의 변화가 어떻게 인동되는가를 봐야 하는데, 무간 탐랑화록·천기화기이다. 탐랑화록은 해궁으로 선천의 질액궁, 대한의 자녀궁이고 천기화기는 오궁으로 선천의 복덕궁, 대한의 관록궁이다.

이 祿·忌를 앞에서 말한 眞·假개념으로 파악해보면, 탐랑화록은 대한의 삼방사정 밖에 있으므로 祿이기는 하지만 어떤 사건의 발생을 단순히 암시하는 것일 뿐 실질적으로 탐랑화록의 횡발로 나타나지는 않는 가록이다. 반면에 천기화기는 대한의 시간의 그물 즉 대한의 삼방사정에 걸리므로 진기, 소위 말해서 사나운 忌의 모습을 유감없이 드러내는 화기이다. 기본적으로 대한의 삼방사정에 진기가 걸리면 대체로 좋지 않다.

그러나 여기에도 변수가 있다. 가령 이 경우처럼 대한의 관록궁에 천기화기가 있더라도 대한의 삼방사정과 대한관록궁의 삼방사정이 깨끗하면서 길성들로만 뭉쳐 있고 천기가 묘왕지에 있다면, 화기는 오히려 변동으로 나타나면서 흉작용을 하지 않게 된다. 특히 이런 경우가 오궁의 태양이면서 길성을 모두 보고 있고 화기가 되었다면 태양화기는 변경(變景)이라고 해서 꺼리지 않고 좋은 것으로 본다. 그러나 이러한 예외적인 상황을 제외하면 대체로 삼방으로 화기가 걸리는 진기는 흉으로 작용한다.

진기의 흉의 대소는 다시 진기의 삼방사정에 다른 化忌의 간섭이 있는가(이 경우는 선천의 태음화기를 만나고 있다), 살의 간섭이 있는가(이 경우는 타라의 간섭이 있다)를 살펴서 흉의 강도를 판단해야 한다. 이 명반의 경우 이미 진기 외에 다른 선천의 화기의 간섭도 있고(흉이 배가 된다) 살의 간섭도 있으므로 진기의 흉상이 최악으로 나타난다. 따라서 대한의 무간사화로 말미암아 흉적인 시간의 변화가 있음을 알 수 있다.

이제 이 대한의 祿·忌가 어떤 식의 인과를 가지고 있는지 살펴보자. 무간 탐랑화록의 가록은 해궁에 있는데 이 해궁은 선천의 질액궁, 대한의 자녀궁이며 대궁 사궁은 선천의 부모궁, 대한의 전택궁이다. 따라서 탐랑화록은 전택의 문서적인 측면의 문제가 발생된다. (대한궁과 본궁을 같이 읽는다는 말을 기억하라.)

전택의 문서적인 측면에서 나타나는 문제의 속성은 삼방사정의 성계로 판단한다. 삼방사정을 살펴보니 염정·탐랑에 겁공과 천마가 있다. 살파랑은 변동이고, 천마는 역마며, 지공·지겁은 반전통과 반조류이다. 살파랑과 공겁이 만나면 개창을 하거나 뭔가를 새로 시작하는 일이 많다. 흔히 사업변동을 할 때는 대부분 전택궁·문서궁·관록궁의 세 궁이 걸린다.

사업변동이나 직장변동을 할 때는 전택궁·문서궁·관록궁이 걸린다. (천이궁도 걸릴 때가 있다)

그리고 발생이 탐랑 정도화·염정 차도화에 공겁·천마가 있으니 호텔 사업을 시작했던 것은 우연이 아닐 것이다. 이처럼 어느 궁에 발생이 걸릴 때는 반드시 삼방사정과 협궁에 다른 화록(녹존도 해당)이 걸려서 2차로 어떤 궁이 발생되는지를 봐야 한다.

만약 화록으로 발생되었을 때 삼방사정에 다른 화록이나 녹존이 없어서 2차 발생이 되지 않으면 1차 발생으로 사건의 원인이 끝나지만, 화록이나 녹존이 걸려서 2차 발생까지 가면 그 발생의 원인이 2차 발생이 의미하는 궁으로까지 확대된다. 이 정도의 언급으로는 이해가 쉽지 않을 것이므로 표와 자세한 설명을 덧붙이겠다.

1차 발생과 2차 발생을 따진다.

녹존(화록)이나 화록을 만났을 때, 화기와 화기를 만났을 때는 반드시 다음의 두 가지 상황을 살펴야 한다.

①협으로 인동되는가?
②쌍비호접식(雙飛蝴蝶式)으로 인동되는가?

다시 말해서 어떤 대한이나 유년의 화록이 어느 궁에 떨어졌을 때 그 궁만 보는 것이 아니라 반드시 다른 곳에 선천의 화록이나 대한의 화록이 있어서 화록끼리 어느 궁을 협궁하고 있는지, 또는 쌍비호접식으로 어느 궁에 부하를 주고 있는지를 살펴야 한다.

(1) 협으로 인동되는 예

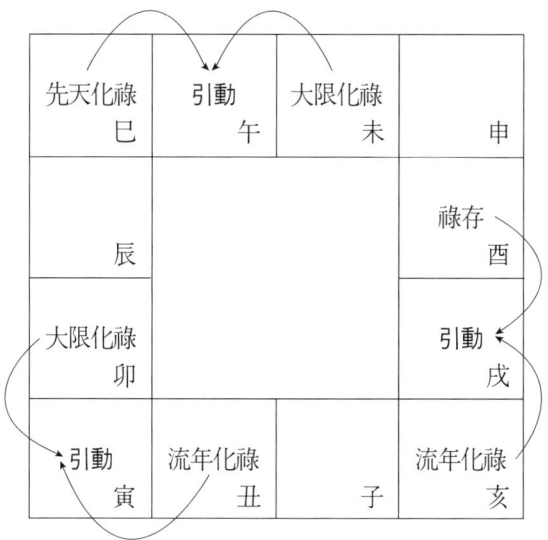

어느 대한이든 화록이 있으면 반드시 협궁으로 祿이 있는가를 봐야 한다. 미궁에 祿이 있을 때 유궁에 화록이나 녹존이 있으면 신궁이 협이 될 수 있고, 사궁에 祿이 있으면 오궁이 협이 될 수 있다. 이처럼 미궁에 대한의 화록이 떨어져 있을 때 유궁이나 사궁에 祿이 있다면 협된 궁이 2차 발생궁이 된다.

선천의 祿·忌는 고정되는 것이므로 2차 발생은 주로 대한이나 유년의 祿·忌에 의해 일어난다. 즉 대한을 따질 때는 대한의 祿·忌와 선천의 祿·忌와의 관계 속에서 2차 발생이 이루어지고, 유년을 따질 때는 유년의 祿·忌와 선천의 祿·忌, 대한의 祿·忌와의 관계 속에서 2차 발생이 이루어진다.

그런데 2차 발생에서 특이한 현상이 하나 있다. 천상이 있는 궁이 2차 발생이나 2차 결과가 될 때는 다른 星과 다르다는 것이다. 천상은 기본적으로 재음협인이나 형기협인의 격국을 이루므로 2차 발생과 2차 결과도 이 과정을 따른다.

천상은 항상 거문과 천량의 협을 받고 있는데 거문이나 거문과 동궁한 星이 화록이 되었다면 천량에 화록이 없더라도 거문궁이 1차 발생이 되고 천상궁이 2차 발생이 되며, 거문이나 거문과 동궁한 星이 화기가 되었다면 거문궁이 1차 결과가 되고 천상궁이 2차 결과가 된다. 이것은 전적으로 필자의 경험에 의한 것이므로 독자 여러분들도 경험해보기 바란다.

(2) 쌍비호접식으로 인동되는 예

협궁으로 인동되는가를 살핀 다음에는 쌍비호접식, 즉 삼각형의 형식으로 인동되는가를 살펴야 한다. 어느 대한에서 유궁에 대한화록이 떨어져 이 궁을 1차 발생시켰다고 할 때 공교롭게도 사궁에 선

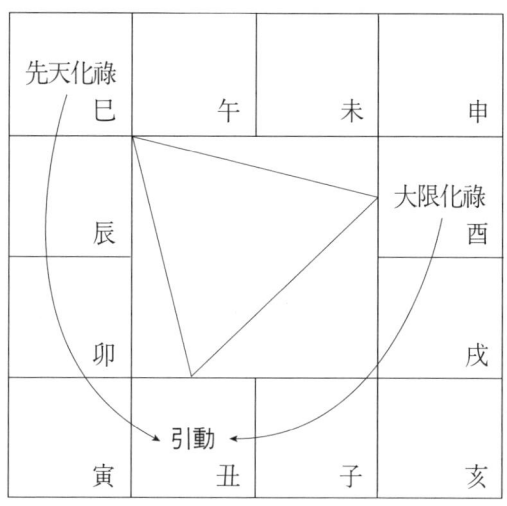

천의 화록이 있다면 이 경우는 축궁이 2차 발생이 된다.

그래서 祿·忌의 발생과 결과를 볼 때는 반드시 협과 삼합을 동시에 살펴서 이 두 가지 상황에서 2차 발생이 형성되는가를 따져야 한다.

이러한 이론대로 실례 1) 명반의 상황을 계속 분석해보자.

해궁에 탐랑화록이 있어서 전택의 문서에 변동이 있다는 것을 알았다. 이제 이 궁 주위, 즉 축궁에 祿이 있는지, 유궁에 祿이 있는지(협으로 인동되는가를 보기 위함) 또는 묘궁에 祿이 있는지, 미궁에 祿이 있는지(삼합으로 인동되는가를 보기 위함)를 봐야 한다.

이 명반에는 묘궁에 녹존이 있으므로 미궁이 2차 발생궁이 된다. (해묘미해서 미궁이 인동된다.) 그런데 2차 발생궁인 미궁은 선천의 전택궁이요, 대한의 노복궁이면서 자파상 조합이다. 흔히 자파상 조합이 걸리면 동업이나 합자·겸업·겸직의 현상이 많다.

1차 발생과 2차 발생을 연결하여 읽어보면 전택의 문서상 또는 전택의 부모(전택을 자기 근무처라고 한다면 전택의 부모는 근무처의 상사가 된다)와, 전택에서 자파상의 노복과의 동업(전택 즉 근무처에서 노복 즉 인간관계상의 동업 또는 같이 하는 어떤 것)이 진정한 발생이 된다.

결과는 천기화기로서 대한의 관록궁, 선천의 복덕궁이 되는데 관록궁은 사업이나 직장이요, 복덕궁은 정신의 의미 외에 투자궁위도 되므로 사업상 투자가 결과다. 그런데 계획을 주로 하는 천기에 화기가 붙었으니 계획착오로 나타난다.

이 화기 역시 협궁이나 삼합궁으로 다른 화기가 있어서 인동이 되는가를 살펴야 하는데, 이미 술궁에 태음화기가 있으므로 인궁이 2차 결과궁이 된다. 관록의 투자는 결국 인궁과 신궁의 象으로 2차 결과의 의미가 나타나는 것이다. 즉 부처의 천이나 관록의 천이로 나타나는데, 부처로 나타난다면 부인과의 문제가 되고 관록으로 나타난다면 사업이나 직장의 문제가 된다. 즉 1차 결과는 관록에 대한 투자계획착오가 되고, 2차 결과는 관록의 천이가 된다.

이것을 종합해보면 노복과의 동업에서 발생하는 전택의 문서착오, 거기에서 비롯된 관록의 투자에 관한 계획착오다.

이것은 무인대한 삼방사정의 평면적인 암시, 다시 말해서 재백의 천이에서 재적인 측면의 문서투자착오(보증 · 담보 · 계약)에 관한 문제에 대한 구체적인 현상이다. 따라서 이 둘을 종합해보면 명반의 주인공이 무인대한에 재적인 측면에서 문서착오를 일으키는 현상은, 결국 직장의 상사나 친구와 같이 사업을 하려다가 계획에 차질이 생기게 된 착오라는 것을 알 수 있다.

실제로 명반의 주인공은 특급관광호텔을 짓는 선배와 같이 일을 추진하는 과정에서 선배를 믿고 자신의 명의로 은행에서 신용보증

대출을 냈는데, 특급호텔을 따놓기는 했지만 돈 감당을 못해 선배가 부도를 내고 도망가버리는 바람에, 은행 보증 빚 10억 원을 모두 떠안게 되었고, 결국 이 사람 역시 처갓집의 돈을 몇 억 날리고 도망가버리고 말았다.

명반의 주인공이 선배와 동업관계가 된 것은 1995년 을해년부터이다. 대한의 발생이 있는 탐랑화록궁에 있을 때 선배와 만나서 일을 하기 시작한 것이다. 을해년은 공교롭게도 을간(乙干) 천기화록이 대한의 결과가 있는 천기화기, 즉 관록의 투자에 관한 공간적인 암시(유년의 입장에서 대한은 공간이 되고 유년은 시간이 된다)의 象을 유년의 발생인 화록으로 인동시키고 있다. (협궁이나 삼합궁에 祿이 없으므로 2차 발생은 없고 단지 1차 발생으로만 끝난다.)

을간 태음화기는 대한의 재백궁, 선천의 천이궁에 떨어져 있어서 관록에 투자하는 것이 발생, 財의 천이상 문서의 투자착오가 결과가 된다. 오궁에 대한의 화기가 있으므로 인궁, 즉 관록의 천이가 2차 결과가 되는데 이 궁은 대한명궁이면서 유년의 전택궁이다. (유년궁은 선천의 명·신궁이나 대한의 명궁과 중첩되었을 때 쓴다는 것을 기억하라.) 대한의 발생과 결과가 꼬리에 꼬리를 무는 상황이면서 이해부터 이 대한에서 암시된 象이 일어나게 된다.

흔히 대한이 암시하는 어떤 象은 대한의 1차 발생궁이나 2차 발생궁에서 많이 발생하게 된다. 그 발생의 구체적인 성질은 대한을 분석했을 때처럼 유년의 사화, 즉 유년의 발생과 결과가 어떤 색깔과 모양을 가지고 있느냐로 파악한다. 매우 중요한 말이므로 여러 번 곱씹어서 자기 것으로 소화시키기 바란다.

• 실례 2) 1969년 8월 ○일 인시 여명
실례 1)의 부인의 명반이다. 과연 부인에게도 그러한 象이 나타나

大破火陀七紫 鉞碎星羅殺微 　　旺陷平旺 官指白　　　33己 府背虎【夫妻】絶巳 　　　　【大財】	恩紅祿文 光鸞存曲 　　旺陷 　　　忌 博咸天　　　34庚 士池德【兄弟】胎午 　　　　【大子】	天寡擎 月宿羊 　　廟 力月弔　5~14　35辛 士煞客【命】養未 　　　　【大夫】	天天台天天文 廚壽輔姚鉞昌 　　　　廟旺 青亡病　15~24　36壬 龍神符【父母】生申 　　　　【大兄】
紅天封天八天天天 艶才詰貴座刑梁機 　　　　　　旺廟 　　　　　　　科 伏天龍　95~　　32戊 兵煞德【子女】墓辰 　　　　【大疾】	음력 1969년 8월 ○일 인시 여자 命局：土5局 命主：武曲 身主：天同		截天天地破廉 空官哭空軍貞 　　　　廟陷平 　　　　　　祿 小將太　25~34　37癸 耗星歲【福德】浴酉 　　　　【大命】
大大旬天右天 昌魁空虛弼相 　　　　陷陷 大災歲　85~94　43丁 耗煞破【財帛】死卯 　　　　【大遷】			天三 空台 將攀晦　35~44　38甲 軍鞍氣【田宅】帶戌 　　　　【大父】
解天天大巨太 神福使耗門陽 　　　　廟旺 　　　　　權 病劫小　75~84　42丙 符煞耗【疾厄】病寅 　　　　【大奴】	大年鳳龍地貪武 羊解閣池劫狼曲 　　　　陷廟廟 　　　　　權祿 　　　　　　忌 喜華官　65~74　41丁 神蓋符【遷移】衰丑 　　　　【大官】	大天陰天鈴天太 祿傷煞喜星魁陰同 　　　　　陷旺旺 　　　　　　　科 飛息貫　55~64　40丙 廉神索【奴僕】旺子 　　　　【大田】	大大大輩孤天天左天 馬曲陀廉辰巫馬輔府 　　　　　　　平閑旺 奏歲喪　45~54　39乙 書驛門【身官祿】冠亥 　　　　【大福】

있는지 살펴보자.

　선천명궁은 미궁으로 정성이 없이 경양이 동궁하고 대궁의 무탐을 차성안궁하고 있다.

　25~34세는 선천복덕궁인데 대한으로 염정·파군이 동궁하고 있으며, 삼방사정에서 절공·순공·지공·지겁의 네 개의 공망성이 비치고 있다. 게다가 잡성 중 파쇄·천허·대모·소모가 공망성의 모재(耗財)적인 상황을 더욱 악화시키고 있다.

　또 화성과 타라는 대한재백궁·선천부처궁과 동궁하면서 화살위패의 형국이 되어 있다. (대한의 삼방에 걸린 대한재백궁과 선천부처궁의 자미·칠살 조합은 이 대한의 남편의 상황과 공교롭게도 맞아떨어진다.) 공겁은 대한재백궁으로 쌍비호접식으로 비치고 있어, 대한궁에서 공겁의 영향력을 가장 강하게 받는 궁은 부처의 재백을 의미하는 대한재백궁이라고 할 수 있다.

먼저 이 정도로 대한의 분위기를 파악한 다음 대한의 계간사화로 구체적으로 어떤 일이 일어나서 공망성들로 인한 모재가 나타나는지를 봐야 한다. 대한의 발생과 결과를 보면 계간 파군화록과 탐랑화기가 모두 삼방사정에 걸리고 있다. 이처럼 발생과 결과가 대한의 삼방에 걸리면 祿의 기운이 忌(결과)로 흘러들므로 忌적인 상황으로 일이 전개되는 경우가 많다.

파군화록은 대한본궁(선천의 복덕궁)에 걸린다. 파군화록은 동업이나 겸업, 더불어 하는 것을 나타내는 경우가 많으므로 남편의 2차 발생과 상황이 비슷하다. 즉 파군화록이 대한본궁의 선천복덕궁에 걸리므로 복덕의 천이(선천궁으로 복덕궁을 읽었으니 대궁은 대한궁으로 읽어야 한다)가 발생이다. 이 대한에 누군가와 더불어 복덕의 천이(투자)를 하는 것이 동기가 되었는데, 축궁에 무곡화록이 있으므로 2차 발생은 사궁, 즉 부처의 재백궁이 된다.

이 사궁은 성계가 자살의 화살위권 조합이고, 사궁의 삼방사정에 공겁의 반전통·반조류적인 창신·창업의 속성의 기운이 비친다. 부처가 재적인 측면으로 화살위권(이때의 화살위권은 남편이 큰돈을 한꺼번에 벌겠다는 거대한 야망으로 발현된다) 하려다가, 사궁에 화성과 타라·파쇄에 관부·백호가 동궁하고 있어서 살을 권으로 변화시키지 못하고 위패(爲敗)하는 상황이 벌어진다. 그 과정에서 돈 때문에 관재가 일어날 가능성이 있음을 2차 발생으로 짐작할 수 있다. (실제로 남편이 이러한 상황이 되자 온 집안에 차압이 들어와 재산권을 행사할 수 없는 상태다.)

　공교로운 것은 부처궁이 있는 사궁의 대궁 해궁에 문서를 의미하는 주서가 있는데다 천마까지 있어서 사궁의 타라와 '타라·천마 절족마(折足馬)'가 된다는 것이다. 남편이 재적인 측면의 문서로 인해 화살위권 하려다가 그 뜻이 좌절될 수 있는 암시가 있음을 알 수 있다.

　1·2차 발생을 종합해보면, 남편이 커다란 돈을 벌려고 누군가와 투자에 관여했다는 것을 읽을 수 있다. 이 결과가 탐랑화기가 되는데 탐랑화기는 축궁에 있다. 축궁은 관록의 천이궁이므로(대한관록궁과 선천천이궁 중첩) 남편의 관록의 상황 자체가 문제가 될 수 있음을 알 수 있다.

　이 궁을 보니 양타·화성·겁공의 오살에 절로공망까지 비치고 있다. 또한 무곡과 탐랑화기가 미궁으로 가면 탐랑화기에 경양이 동궁하는 것이나 마찬가지가 된다. 게다가 대한부처궁은 문창과 문곡이 협하고 있는데 문곡이 화기가 되어 있다. 따라서 탐랑화기와 문창, 탐랑화기와 문곡화기는 탐창·탐곡의 작사전도(作事顚倒) 분골쇄신의 격국이 되어 남편의 천이가 뒤집어엎어지게 된다.

　더욱 공교로운 것은 이 대한의 2차 발생궁인 사궁과 마주보는 해궁 을해년에 남편이 그 일을 시작했고, 대한의 결과가 있는 탐랑화기궁인 축궁 정축년에 남편과 같이하던 선배가 도망을 가 이 해에 다 망해버렸다는 사실이다.

　이처럼 화록과 화기로 발생하는 해와 결과가 나타나는 궁이 분명한 경우가 많다. 부처동명(夫妻同命)이라 아니할 수 없다.

　이것을 을해년의 유년 상황까지 압축시켜보기로 하자. 을해년은 대한의 복덕궁이고 대궁은 선천의 부처궁이므로 부처의 투자궁이 되며, 이 사궁은 이미 대한의 2차 발생이 된 궁으로 자연스럽게 해궁까지 동하고 있다.

　주의해야 할 것은 자미·천부·칠살·천상에는 화기가 붙지 않기 때문에 대궁이 인동되면 같이 인동되는 경우가 많다는 것이다. 이 명반도 천부가 유년명궁에 있으므로 화록이나 화기로는 이 궁이 영원히 인동될 수 없다. 대궁의 자미·칠살도 화록이나 화기가 붙지 않는 星이므로 이 궁 안에 祿·忌가 붙어 동할 수 없다. 이런 궁들은 주로 협으로 동하거나 이 명반에서처럼 축궁과 유궁에서 祿이나 忌가 2차 발생이나 2차 결과가 될 때 동하며, 덩달아 해궁도 같이 동하는 것으로 나타난다.

　대한의 공간적인 암시를 통해 이 유년에서는 남편이 앞에서 말한 일을 저지를 수 있는 상황이 되는데, 유년이라는 시간의 발생과 결과가 구체적으로 어떤 색깔과 모양으로 발현시키느냐는 유년의 화록·화기로 따진다. 이 해가 을해년이므로 천기화록 발생은 진궁 기량에 화과로 들어가는데, 진궁은 대한의 질액궁, 선천의 자녀궁이다. 대궁은 선천의 전택궁, 대한의 부모궁(문서궁)이 된다. 따라서 천기화록은 전택의 문서로 발생되며, 2차 발생은 오궁에 녹존이 있으므로 사궁이 2차 발생이 된다.

　여기에서 반드시 기억해야 할 것이 있다. 화록으로 인해서 발생되었다가 다른 祿과 2차 발생이 될 때 화록은 2차 발생이 되지만, 녹존과 화록이 2차 발생이 되면(이 명이 바로 그 경우다) 2차 발생이 되는 궁은 주로 '문제'를 암시하는 경우가 많다. 그래서 필자는 화록과 녹존이 2차 발생되는 궁을 '문제궁'으로 보고 있다.

　이 명반의 경우 천기화록 발생에 의해서 전택의 문서문제가 일어났는데, 그것이 오궁의 녹존과 더불어 사궁을 2차 발생시키고 있다. 그 전택의 문서(즉 보증)부분은 남편이 자미·칠살의 공겁에 화살 위권적인 창업이나 창신을 하려고 한 것으로 나타나고, 전택의 문서라는 1차 발생으로 말미암은 문제는 녹존과 더불어 협된 사궁이 문제궁이 되었음을 알 수 있는 것이다.

또한 사궁은 이미 대한의 화록에 의해 2차 발생이 되어 있다. 이것은 유년의 입장에서는 공간적인 象이 된다. 따라서 이 대한의 암시를 유년이라는 시간에서 발생시키려면 유년의 발생이 이 궁을 물어야 한다.

그런데 을해년이 되자 유년궁 자체가 대한의 2차 발생 선(線 : 부관선)이 되었을 뿐만 아니라(이것만으로도 대한의 암시가 일어날 수 있지만, 이것은 폭탄의 뇌관과 같아서 폭발할 수 있는 개연성만 있을 뿐 반드시 폭발한다고는 할 수 없다. 반드시 유년이라는 시간이 뇌관을 눌러줘야 폭탄이 터지게 되어 있다), 유년에 의해 시간적으로 움직이는 사화가 사궁의 대한의 암시를 2차 발생으로 물었으므로 이 을해년에는 대한의 발생의 암시가 폭발할 수밖에 없는 것이다.

또한 을해년 태음화기의 결과를 살펴보니 대한의 전택궁과 선천의 노복궁에 있는데, 이것은 곧 전택(남편의 근무처)에서 노복(동료)과 관계된 것임을 알 수 있다. 자오궁의 별을 살피니 태음화기에 영성, 문곡화기·음살·비렴이 있어 전형적인 사기 성계(詐欺星係)가 된다. 을해년의 남편의 변동은 결과적으로 사기를 당하는 의미가 많았음을 알 수 있다.

이상의 두 가지 예로 필자가 어떻게 명을 추론하는가를 설명했다. 이러한 규칙에 따라 다른 경우도 추론하면 나름대로 안목을 얻을 수 있을 것이다.

필자는 임상을 통해 사건이 발생할 때는 어느 한 궁만 문제되는 것이 아니라 입체적으로 여러 궁과 관여됨을 수없이 경험했다. 앞에서도 언급했듯이 직장변동·사업변동에는 반드시 전택궁·문서궁·관록궁이 걸린다든지 하는 식으로, 어떤 특정한 사안에 따라 특정한 宮과 星이 인동된다.

　각 사안별로 인동되는 宮과 星에 관한 설명은 다음에 기회가 되는 대로 추론에 관한 책을 집필해서 독자 여러분들에게 자미두수의 오묘한 세계를 소개하기로 하겠다.

참고문헌

紫微斗數 第二集, 金陵文化有限公司
十八飛星策天 紫微斗數全集, 陳希夷, 集文書局
淸朝木刻 陳希夷紫微斗數全集, 現代評註, 陳希夷, 了無居士 評註, 武陵出版社
飛星紫微斗數闡微, 鮑黎明, 武陵出版社
武陵版 紫微斗數全書, 陳希夷, 武陵出版社
斗數宣微, 觀雲主人, 集文書局
安星法及 推斷實例, 王亭之, 博益文庫
中州派紫微斗數, 王亭之, 博益文庫
中州派紫微斗數(深造講義上下), 王亭之, 博益文庫
斗數四書(1~4卷), 王亭之, 博益文庫
王亭之 談星, 王亭之, 博益文庫
星曜的特性, 陸斌兆 編著, 王亭之 輔註, 時報出版社
如何排命盤, 陸斌兆 編著, 王亭之 輔註, 時報出版公司

如何推算命運, 慧心齊主, 時報出版公司
斗數新觀念, 吳東樵, 時報出版社
紫微斗數新詮, 慧心濟主, 時報出版社
紫微隨筆(1～4卷), 鐘義明 編著, 武陵出版社
紫微斗數演繹, 輔弼居士, 武陵出版社
紫微眞言導引, 陳啓詮, 武陵出版社
紫微玄機, 陳啓詮, 武陵出版社
中國絕學 卷5, 金林文化事業有限公司
中國絕學 卷6, 金林文化事業有限公司
中國絕學 卷7, 金林文化事業有限公司
神妙玄微紫微斗數, 張清淵, 武陵出版社
紫微斗數導讀, 陳世興, 尖端
紫微斗數開運全集(1～3卷), 慧耕, 禾馬文化
紫微新探, 文其名, 香港週刊出版社有限公司
紫微新語, 紫微楊, 香港週刊出版社有限公司
紫微閑話, 紫微楊, 香港週刊出版社有限公司
術數述異, 紫微楊, 香港週刊出版社有限公司
紫微流年, 張勝一, 龍吟文化事業
紫微斗數心得, 潘子漁, 水牛出版社
深谷秘訣 1～5卷, 金治

글을 마치며

　누군가 말하기를 이제는 陰의 시대라고 한다. 역사적으로 지금까지가 陽이 지배하는 시대였다면 지금은 陰이 지배하는 시대라는 것이다. 100년을 거슬러 증산과 해월을 들먹이지 않더라도 이제는 정말 그런 말이 실감나는 시절이다.
　추명학의 양대산맥인 명리와 자미두수는 陽과 陰의 표리관계에 있다. 명리는 태양력을 기준으로 하고 자미두수는 태음력을 기준으로 한다는 점에서부터 두 학문의 성격이 두드러지게 드러나고 있다. 명리는 단순·명쾌하지만 자미처럼 섬세하지는 못하다. 반면에 자미는 섬세하기는 하나 명리처럼 단순·명쾌하지 못하다.
　이제까지의 주류는 단순·명쾌한 논리였다. 그러나 陰의 시대에는 섬세한 논리가 주도적인 역할을 하게 될 것이다.
　20여 년간의 실험을 거친 뒤 불어닥친 대만의 자미두수 열풍을 보면, 앞으로 20년 뒤의 우리 모습이 어떨 것인가를 어렵지 않게 상상해볼 수 있다. 필자는 이 책이 그 열풍의 중심에 있기를 바란다.

자미는 아직 그 매장량을 가늠할 수 없는 어마어마한 광맥과 같다. 이제 막 그 문턱에서 약간의 금을 캤을 뿐, 저 뒤에 얼만큼 많은 보석이 매장되어 있을지 아무도 모르는 상황이다.

필자는 그 동안 그 부스러기만을 주었을 뿐이지만, 이제 독자들과 더불어 이 광맥을 깊이깊이 캐들어가고 싶다.

필자는 『왕초보 자미두수』의 뒤를 이어 『자미두수전서』를 평·역주한 책을 낼 계획을 갖고 있다. 자미두수에 대한 학문적인 근거를 마련하기 위해서는 반드시 이 책을 읽어야 하기 때문이다.

그러나 이 책은 독자들의 반응 여하에 따라 빠르면 6개월 안에 나올 수도 있고 1년이나 2년 후에, 아니면 아예 나오지 못할 수도 있다. 물론 그런 일은 없겠지만……

어쨌든 필자는 자미두수의 광풍(狂風)이 이 한반도에도 불어오기를 기대해 마지않는다.

이 책이 세상의 빛을 볼 수 있도록 인연이 되어준 이들을 다시 언급하지 않을 수 없다.

이수님, 변재봉님, 그리고 회사에서 꾸중을 들어가면서까지 시간을 쪼개 교정을 봐주고 프로그램까지 만들어주면서 가난한 필자에게 칼국수 한 그릇도 못 얻어먹은 김재윤군에게 감사드린다.

마지막으로 과감하게 이 책에 모험을 거신 동학사 사장님께도 다시 한번 고마운 마음을 전한다.

2000년 7월 남도의 끝자락 여수에서
履斗 김선호 합장

왕초보 자미두수 2

글쓴이 | 김선호
펴낸이 | 유재영
펴낸곳 | 주식회사 동학사

1판 1쇄 | 2000년 8월 16일
1판 10쇄 | 2025년 7월 15일
출판등록 | 1987년 11월 27일 제 10-149

주소 | 04083 서울 마포구 토정로 53(합정동)
전화 | 324-6130, 324-6131 · 팩스 | 324-6135
E-메일 | dhsbook@hanmail.net
홈페이지 | www.donghaksa.co.kr
www.green-home.co.kr

ⓒ 김선호, 2000

ISBN 89-7190-070-9 03150
ISBN 89-7190-068-7 03150(세트)

- 저자와의 협의에 의해 인지를 생략합니다.
- 잘못된 책은 구매처에서 교환하시고, 출판사 교환이 필요할 경우에는 사유를 적어 도서와 함께 위의 주소로 보내주세요.

「왕초보 자미두수 2」 부록 프로그램 다운로드

① www.donghaksa.co.kr 접속
② 동학사 웹페이지 상단 자료실 내 공지사항 클릭
③ 〈왕초보 자미두수〉 명반포국 프로그램 다운로드 후 설치